Climate Crisis & Future Society

기후위기와 미래사회

박미옥 저

문운당

들어가는 말

바닷물이 넘치고 북극과 남극의 얼음이 녹아내린다.

뉴욕 지하철과 뉴욕 도서관이 해일에 침수되고 극한의 한파에 파묻혀 도서관의 책장을 뜯어 불을 피운 채 밤을 지샌다. 도쿄에 볼링공만 한 우박이 쏟아지고, 로스앤젤레스에 초대형 토네이도가 휘몰아쳐 건물 외벽이 종잇장처럼 뜯겨나간다. 바람처럼 빠른 속도로 닥쳐오는 맹추위로 순식간에 얼어붙고, 태풍의 눈에 갇힌 헬기가 꽁꽁 얼어 맥없이 추락하면서 불시착한 헬기에서 탈출하려 문을 열자마자 그 자리에서 얼어붙어 순식간에 동사하고 만다.

기후변화로 지구가 얼어붙고 미국이 멸망으로 치닫는다는 과학적 상상력으로 그린 영화 [투모로우 Tomorrow (2004년 개봉)]의 장면들이다.

지구온난화 대책에도 결국 빙하기에 직면한 지구는 지상의 모든 것이 얼어붙은 채 전세계 대륙을 1년에 걸쳐 횡단하는 대형 열차만이 끝없이 달린다. …빙하기가 끝나고 열차 밖 세상에는 단 두 사람 그리고 북극곰 한 마리만 허락된다.

프랑스 만화를 원작으로 우리나라에서 제작한 영화 [설국열차 SNOWPIERCER (2013년 개봉)]의 결말은 기후변화로 시작되어 빙하기로 끝난 지구에서 그래도 마지막 남은 희망으로 또 다른 아담과 하와, 두 사람만 생존하게 된다.

친환경과 지속가능한 사회를 넘어 기후변화라는 큰 흐름 속에서 사회구조를 재편하려는 커다란 움직임이 물결처럼 흘러든다.

기후위기, 포스트코로나 시대의 전환 속 미래성장동력을 확보할 수 있는 그린인프라, 녹색기술, 지역재생, 생태계서비스, 그린복지의 중요성이 더욱 부각되고 있다. 기후변화 해답은 생태환경문제를 진단하고, 친환경 지속가능한 사고, 생태윤리, 생태문화, 에코디자인, 녹색에너지 등의 방법을 통해 구현될 수 있으며, 국제사회의 공동 목표인 탄소중립사회를 위한 구체적이고 실천적인 대안으로서 온실가스 감축을 위한 미래 녹색에너지 구현과 탄소흡수원 확대 등의 노력이 더욱 강조되고 있다.

지금은 지속가능한 친환경 녹색에너지 전환을 도모하고 회복탄력성을 증진시키기 위한 기술적 해법과 함께 자연기반 해법으로서 생태요소를 각 공간에 적극적으로 끌어들이기 위한 정책과 계획 등과 같은 다양한 노력을 기울이고 있다.

이 책은 지구환경문제와 생태환경문제의 특성을 이해하고, 기후변화 대응을 위한 에너지 문제를 살펴보고, 에너지의 유형과 특징을 이해함으로써 지속가능한 지역사회를 위한 사회적 책무 함양하고 미래 대체에너지에 대해 창의 융복합적 사고로 고찰하고자 한다.

이러한 배경에서 이 책은 다음과 같은 문제 인식을 바탕으로 구성하였다.

- 탄소중립 녹색사회 구현을 위하여 기후변화 현상 및 적응과 대응 전략에 대한 학술적 이론과 더불어 온실가스 감축과 탄소흡수원 확대 실천 등의 이해와 인식증진 교육에 중점

- 탄소중립 사회를 구현하기 위한 녹색에너지 전환의 학술적 이론과 기술적 실천 과제를 고찰하고 필요성과 문제점 인식

- 녹색사회 구현을 위해 학교 캠퍼스 및 주변 생활공간 시설 각 부분의 온실가스 배출 특성을 이해하고 온실가스 감축에 따른 시설을 도입하기 위한 교육과 탄소중립 녹색생활 실천 전략논의

- 탄소중립도시와 회복탄력성, 그린캠퍼스, 기타 도시-농촌, 국가-지역-마을-캠퍼스 등 실천 전략 논의

- 지속가능한 미래사회를 위한 기후위기 극복과 세계시민으로서 갖추어야 할 지식과 태도

목차

I 편
기후위기와 지속가능발전

Ⅲ장 지속가능발전과 글로벌 위기

5절 지속가능발전목표

6절 글로벌 기후환경 위기

II 편
미래사회와 전환적 사고

IV 장 그린택소노미와 에너지전환

7절 그린택소노미

8절 화석에너지와 신재생에너지

V 장 지속가능한 미래사회를 위한 전환적 사고

9절 지속가능 교육으로의 전환

10절 미래도시의 전환적 사고

표 차례

그림 차례

Ⅰ 편

기후위기와 지속가능발전

사라지기 전에 기억해야 할 장소 사례(위: 표지, 아래: 대표적 사례)

(자료: https://www.newsweek.com/100-places-explore-they-disappear-249742?)

Ⅰ장

기후위기 시대의 우화

1절 하나뿐인 지구, 우리 공동의 미래를 위한 이야기

1. 지구온난화로 사라질 100대 경관

앞으로 50년, 또는 100년. 어쩌면 그보다 훨씬 일찍.

우리가 아무것도 하지 않는다면, 인류는 아름다운 경관 100곳을 잃게 될지도 모른다.

유엔의 기후변화에 관한 정부 간 협의체(IPCC)의 연구 보고서에서 과학자들이 예측한 몇몇 장소들은 지금 이 시대 인류가 마주하고 있는 기후변화와 지구온난화의 아픈 미래를 상징한다. IPCC 보고서에 근거하여 기후변화에 의해 심각한 위협을 받고 있는 100개 장소를 소개하고 있다.

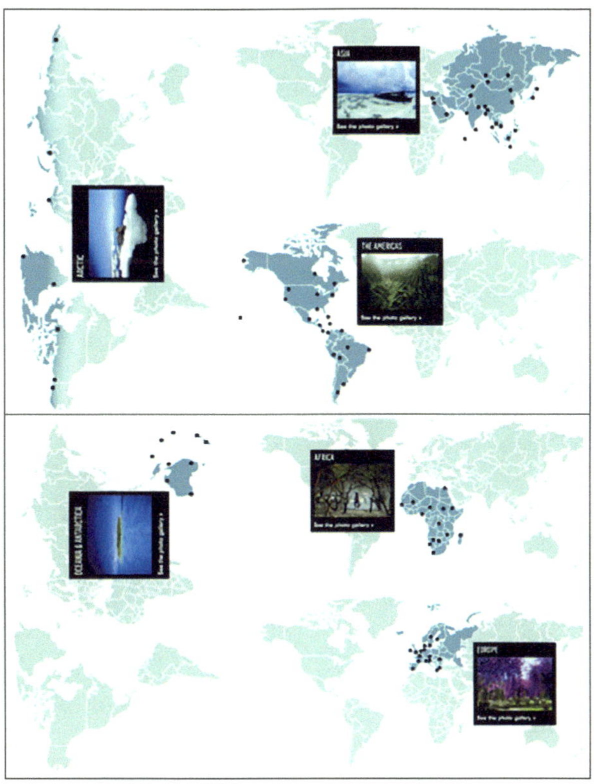

그림 1 사라지기 전에 기억해야 할 장소 지도

(자료: https://www.newsweek.com/)

만약 지구의 평균 기온이 몇 도만 올라간다면 우리의 세계는 어떻게 변할 것인가? 베네치아, 방콕, 런던, 시카고, 그리고 뉴욕은 심각한 홍수를 경험할 것이다. 스리랑카의 차밭과 프랑스의 포도밭은 더위와 가뭄을 겪을 것이다. 베이징과 팀북투는 사막으로 변하고, 호주의 그레이트 배리어 리프 산호 군락은 사라질 것이다. 투발루의 나라 전체가 태평양으로 가라앉을 것이다.
기후변화로 인해 지역 생태계에 필수적인 동식물들이 계속해서 멸종되면서, 지구의 모습은 변화하기 시작했다. 사라지기 전에 가야 할 100개의 장소들은 우리의 일생 동안 사라질 가장 큰 위험에 처한 7개의 대륙에 분포한다.

남극대륙 최북단 지점인 남극반도는 지구상에서 가장 거대한 펭귄 무리의 서식지이다. 남극반도의 온도가 지구상의 다른 어떤 곳보다 더 빠른 속도로 상승하고 있어 그 결과 빙붕을 10,000년 만에 가장 작은 크기로 줄어들고 있다.
열대우림 한복판 톤레삽 호수의 수상마을은 한편으로는 극심한 홍수와 다른 한편으로는 심각한 물 부족으로 극한의 날씨로 인해 홍수와 기근이 반복되고 농업생산이 급감하여 삶의 터전을 상실하고 생존에 위협을 받고 있다.
러시아 바이칼 호는 지구 민물의 20%를 담수하고 있으며 길고 추운 시베리아의 한대기후는 이 일대 약 2천 종의 생물상을 유지하고 있으나 지구온난화로 겨울이 짧고 따뜻해져 생물과 문화유산들의 정상적이고 온전한 생활과 보전 등의 서비스를 방해할 것이다.

그림 2 바이칼 호
(사진: 박미옥)

그림 3 메콩강 톤레삽 호수 수상마을
(사진: 박미옥)

그림 4 아랄해의 위기
(사진: 박미옥)

2. 하나뿐인 지구

(1) 스톡홀름 선언

- [하나뿐인 지구(Only One Earth)]

1972년 스웨덴의 스톡홀름에서 개최된 유엔환경회의(UNCHE; the United Nations Conference on the Human Environment)에는 "하나뿐인 지구(Only One Earth)"를 슬로건으로 113개국, 3개 국제기구 등이 모여 '스톡홀름 선언'으로 알려진 '인간환경선언(Declaration on Human Environment)'을 선언하고, '인간환경에 관한 행동 강령'을 승인하였다.

스톡홀름 회의는 환경문제의 해결에 대한 국제적인 협력의 필요성을 촉구하면서 나아가 인류에게 환경문제와 환경교육에 대한 인식을 일깨우는 계기가 되었다.

스톡홀름 회의의 핵심은 유엔인간환경선언 채택, '세계환경의 날' 지정 및 인간환경을 위한 행동계획 채택, 유엔환경계획(UNEP) 창설 기반 등으로 요약될 수 있다.

- 스톡홀름+50

이와 관련하여 2022년에는 스웨덴에서 '스톡홀름+50'가 개최되었다. 스톡홀름+50의 주제는 '모두의 번영을 위한 건강한 지구-우리의 책임, 우리의 기회'이다. 파리기후협정과 '포스트 2020 글로벌 생물다양성 프레임워크' 등 지속가능한 발전목표(SDGs)를 위한 협약의 이행을 촉진하는 도약대가 되었다.

그림 5 스톡홀름+50

- UNEP, UNESCO, IEEP

스톡홀름 회의의 권고에 따라 1973년 유엔환경계획(United Nations Environmental Programme; UNEP) 설립 기반을 마련하였는데, 주요 기능은 환경 분야의 촉매로서 타 국제기구의 지원 가능한 사업을 선도하며, 다른 국제기구와 국가 등에 경비 및 기술 인력 등을 지원하여 환경보전을 수행하는 보조자 역할을 수행하는 것이다.

1975년에는 국제연합교육과학문화기구(United Nations Educational, Scientific and Cultural Organization; UNESCO), 그리고 국제 환경교육 프로그램(International Environmental

Education Programme; IEEP)을 설립하였다. IEEP는 전 세계에 걸친 환경교육의 연구경향, 환경교육의 개발연구, 유엔의 환경교육 소식지인 'Connect'를 출판하는 등 다양한 측면으로 환경교육이 발전할 수 있는 기틀을 마련하였다.

• 환경의 날

'유엔인간환경선언'은 인간환경의 보전과 향상에 대한 공동 인식과 일반 원칙을 천명한 것으로서, 인간환경을 위한 행동계획은 인근 주거환경의 계획과 관리, 천연자원 관리의 환경적 측면 고려, 국제적으로 중요한 오염물질의 파악과 규제, 환경교육, 정보사회문화적 측면의 고려, 개발과 환경 등의 5개 분야에 걸쳐 109개의 활동 권고안으로 구성되어 있다.
권고안 중의 하나로서 유엔인간환경회의 개최일인 6월 5일을 '환경의 날'로 지정하여 공공인식 증진을 도모하게끔 하였다.

3. 침묵의 봄 그리고 공유지의 비극

• 침묵의 봄(Silent Spring)

"봄이 왔다, 그러나 새가 울지 않는다."

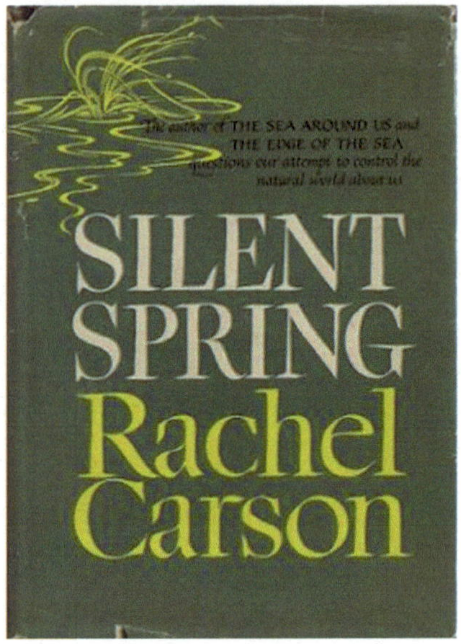

그림 6 [침묵의 봄] 초판 (Carson, 1962) (source: Wikipedia)

만병통치처럼 사용되던 살충제 DDT가 생물학적 농축 현상에 의해 생명체 내에서 분해되지 않고 먹이연쇄 과정을 따라 이동하면서 농축되어, 마침내 상위 포식자 체내에는 치명적 수준의 고농도로 농축된다.

1962년 레이첼 카슨이 출간한 [침묵의 봄]은 과학기술이 초래한 환경오염의 위험을 공식적으로 알린 신호탄으로 평가되며, DDT 등의 살충제와 농약이 새, 물고기, 야생동물, 인간에게 미치는 파괴적인 결말을 고발하였고, 이를 계기로 미국을 포함한 전 세계인들은 환경문제를 심각하게 인식하기 시작하였고 보편화되었다.

먹이연쇄 과정을 따라 상위 포식자로 갈수록 독성물질이 분해되지 않고 농도가 높아지는 '생물학적 농축현상(concentration)'에 의해 상위 포식자들은 독성물질을 직접 섭취하지 않고도 고농도의 농축된 독성물질을 섭취하게 되어 생명에 치명적인 영향을 끼치게 된다는 경고를 하고 있다.
생명체, 환경, 오염과 보건 사이의 불가분의 관계에 대한 대중의 인식과 우려를 불러 일으키면서 24개국에서 500,000부 이상이 팔리면서 인식의 전환점이 되었고 세계적으로 DDT 사용이 중단된 계기가 되었다.

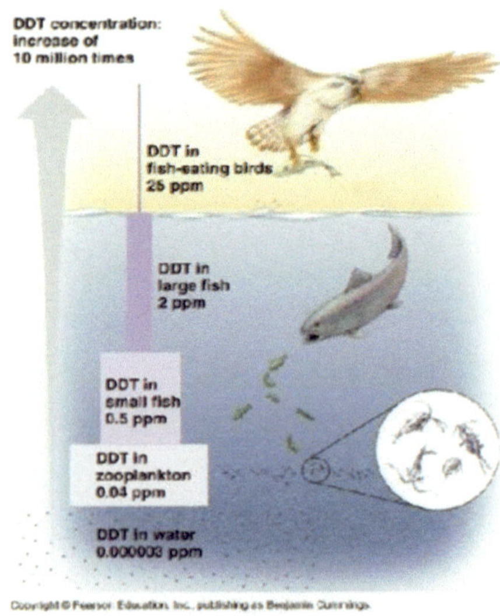

그림 7 해양에서의 먹이연쇄에 따른 DDT 농축현상

반면에, 비판적인 시각도 많아 2004년 뉴욕타임스는 'What the world needs is DDT'라는 글에서 '카슨의 쓰레기 과학(junk science)이 아프리카 어린이

들을 죽이고 있다'고 비난했으며, 또 다른 연구자는 카슨이 나치보다도 많은 사람을 죽인 셈이라며 카슨을 히틀러에 비유하면서 '녹색 테러(green terror)'라고 비판하기도 하였다.

예를 들어 DDT가 전 세계적으로 5억 명이 넘는 사람들의 목숨을 말라리아와 발진티푸스로부터 구해내었고, 우리나라의 경우도 1950년 6.25 전쟁에서도 우리를 이, 벼룩, 빈대 등으로부터 구하는 등 20여 년간 국민 건강에 큰 영향을 끼쳤다.

그 결과 WHO는 [침묵의 봄] 발간 30년 만인 2006년에 제3세계에서 DDT와 기타 살충제를 집과 축사 등에 도포하는 것이 가장 효과적인 말라리아 예방책이라고 하였다.

• 공유지의 비극(The Tragedy of the Commons)

"거기에 비극이 있다.
인간은 제한된 세계에서 자신의 무리를 무한히 증가시키도록 강요하는 시스템에 갇힌다.
모든 사람들이 달려가는 목적지는 결국 파멸이며, 사람들은 공유지의 자유를 믿는 사회에서 자신의 최고의 이익을 추구한다."

1968년 미국의 개럿 하딘(Garrett Hardin)이 [Science]지에 발표한 논문 [공유지의 비극]에서 인구 문제를 해결할 수 있는 기술적 방법은 없으며, 인구 문제를 해결하기 위해서는 도덕성이 근본적으로 확장되어야 한다고 주장하였다.

소를 키우는 마을에서 주민들은 사유지는 아껴두고 사용에 제한이 없는 공유 목초지를 경쟁적으로 사용한 결과, 그 공유 목초지는 풀 한 포기 자라지 않는 땅이 되어 버리고 마을 전체가 비극을 맞고 만다는 논리를 펴고 있다. 인류의 미래를 위해 재생가능 자원의 관리가 그만큼 중요하며 개인의 이기적 행동이 지구 환경에 피해를 입힐 수 있다며, 공유지의 비극을 막기 위해서는 인간의 도덕성이 근본적으로 전제되어야 한다고 말한다.

The Tragedy of the Commons

The population problem has no technical solution; it requires a fundamental extension in morality.

Garrett Hardin

At the end of a thoughtful article on the future of nuclear war, Wiesner and York (*1*) concluded that: "Both sides in the arms race are . . . confronted by the dilemma of steadily increasing military power and steadily decreasing national security. *It is our considered professional judgment that this dilemma has no technical solution.* If the great powers continue to look for solutions in the area of science and technology only, the result will be to worsen the situation."

I would like to focus your attention not on the subject of the article (national security in a nuclear world) but on the kind of conclusion they reached, namely that there is no technical solution to the problem. An implicit and almost universal assumption of discussions published in professional and semipopular scientific journals is that the problem under discussion has a technical solution. A technical solution may be defined as one that requires a change only in the techniques of the natural sciences, demanding little or nothing in the way of change in human values or ideas of morality.

In our day (though not in earlier times) technical solutions are always welcome. Because of previous failures in prophecy, it takes courage to assert that a desired technical solution is not possible. Wiesner and York exhibited this courage; publishing in a science journal, they insisted that the solution to the problem was not to be found in the natural sciences. They cautiously qualified their statement with the phrase, "It is our considered professional judgment. . . ." Whether they were right or not is not the concern of the present article. Rather, the concern here is with the important concept of a class of human problems which can be called "no technical solution problems," and, more specifically, with the identification and discussion of one of these.

It is easy to show that the class is not a null class. Recall the game of tick-tack-toe. Consider the problem, "How can I win the game of tick-tack-toe?" It is well known that I cannot, if I assume (in keeping with the conventions of game theory) that my opponent understands the game perfectly. Put another way, there is no "technical solution" to the problem. I can win only by giving a radical meaning to the word "win." I can hit my opponent over the head; or I can drug him; or I can falsify the records. Every way in which I "win" involves, in some sense, an abandonment of the game, as we intuitively understand it. (I can also, of course, openly abandon the game—refuse to play it. This is what most adults do.)

The class of "No technical solution problems" has members. My thesis is that the "population problem," as conventionally conceived, is a member of this class. How it is conventionally conceived needs some comment. It is fair to say that most people who anguish over the population problem are trying to find a way to avoid the evils of overpopulation without relinquishing any of the privileges they now enjoy. They think that farming the seas or developing new strains of wheat will solve the problem—technologically. I try to show here that the solution they seek cannot be found. The population problem cannot be solved in a technical way, any more than can the problem of winning the game of tick-tack-toe.

Population, as Malthus said, naturally tends to grow "geometrically," or, as we would now say, exponentially. In a finite world this means that the per capita share of the world's goods must steadily decrease. Is ours a finite world?

A fair defense can be put forward for the view that the world is infinite; or that we do not know that it is not. But, in terms of the practical problems that we must face in the next few generations with the foreseeable technology, it is clear that we will greatly increase human misery if we do not, during the immediate future, assume that the world available to the terrestrial human population is finite. "Space" is no escape (*2*).

A finite world can support only a finite population; therefore, population growth must eventually equal zero. (The case of perpetual wide fluctuations above and below zero is a trivial variant that need not be discussed.) When this condition is met, what will be the situation of mankind? Specifically, can Bentham's goal of "the greatest good for the greatest number" be realized?

No—for two reasons, each sufficient by itself. The first is a theoretical one. It is not mathematically possible to maximize for two (or more) variables at the same time. This was clearly stated by von Neumann and Morgenstern (*3*), but the principle is implicit in the theory of partial differential equations, dating back at least to D'Alembert (1717–1783).

The second reason springs directly from biological facts. To live, any organism must have a source of energy (for example, food). This energy is utilized for two purposes: mere maintenance and work. For man, maintenance of life requires about 1600 kilocalories a day ("maintenance calories"). Anything that he does over and above merely staying alive will be defined as work, and is supported by "work calories" which he takes in. Work calories are used not only for what we call work in common speech; they are also required for all forms of enjoyment, from swimming and automobile racing to playing music and writing poetry. If our goal is to maximize population it is obvious what we must do: We must make the work calories per person approach as close to zero as possible. No gourmet meals, no vacations, no sports, no music, no literature, no art. . . . I think that everyone will grant, without

The author is professor of biology, University of California, Santa Barbara. This article is based on a presidential address presented before the meeting of the Pacific Division of the American Association for the Advancement of Science at Utah State University, Logan, 25 June 1968.

13 DECEMBER 1968

1243

그림 8 The Tragedy of the Commons (Hardin, 1968)

II 장

기후위기와 탄소중립

2절 기후변화 현상과 대응전략

1. 기후변화 현상 의미론적 이해

(1) 기후변화란?

기후변화(Climate Change)란 장기적인 기후시스템이 변화하는 것으로서, 인간의 활동에 의한 온실효과와 화산 폭발로 인한 성층권 에어로졸의 증가 등의 자연적인 원인에 의한 효과를 포함하는 전체 자연의 평균 기후 변동을 의미한다. 즉, 자연적 요인뿐만 아니라 인위적 요인에 의해 발생하며, 단기간의 변화가 아닌 장기간에 걸친 기후시스템의 변화를 의미한다.
이때, 기후(climate)와 기상(일기 weather)를 구별하여야 하는데, 단기간의 일시적 현상은 기상 또는 일기라고 하고 기후는 대기현상이 장기간에 걸쳐 기후시스템이 변화되는 상태를 의미한다.

기후변화와 관련된 국제적인 주요 기관의 정의를 살펴보면, 먼저 IPCC (기후변화에 대한 정부간 협의체)에 의하면 기후변화란 '수십 년 또는 그 이상의 장기간 동안 지속되면서, 기후의 평균 상태나 그 변동 속에서 통계적으로 의미 있는 변동으로서 인간 행위로 인한 것이든 자연적인 변동이든 시간의 경과에 따른 기후의 변화'라고 정의한다.
또한 UNFCCC (기후변화협약)에 의하면, 기후변화란 전 지구 대기의 조성을 변화시키는 인간의 활동이 직접적 또는 간접적으로 원인이 되어 일어나고, 충분한 기간 동안 관측된 자연적인 기후변동성에 추가하여 일어나는 기후의 변화를 의미한다. 이때 직접적 또는 간접적으로 전체 대기의 성분을 바꾸는 인간활동에 의한, 그리고 비교할 수 있는 시간 동안 관찰된 자연적 기후 변동을 포함한 기후의 변화를 의미한다.
즉, 대기 조성을 변경시키는 인간활동으로 인한 기후변화와 주로 자연적인 원인에 의해 일어나는 기후변동성을 구분한다.

[기후위기 대응을 위한 탄소중립녹색성장기본법(탄소중립법)]에서는 기후변화를 다음과 같이 정의한다.

"사람의 활동으로 인하여 온실가스의 농도가 변함으로써 상당 기간 관찰되어 온 자연적인 기후 변동에 추가적으로 일어나는 기후체계의 변화"([탄소중립법] 제2조)

나아가 탄소중립법에서는 기후변화로 인해 심각하게 다가오는 위협을 특히 '기후위기'로 정의하고 있다.

"기후변화가 극단적인 날씨뿐만 아니라 물 부족, 식량 부족, 해양 산성화, 해수면 상승, 생태계 붕괴 등 인류 문명에 회복할 수 없는 위험을 초래하여 획기적인 온실가스 감축이 필요한 상태"([탄소중립법] 제2조)

이때, 기상과 기후는 구별이 되는데, 기상(Weather)은 시시각각으로 변하는 순간적인 대기 현상 즉 날씨를 의미하며, 기후(Climate)는 대기현상이 시간적 및 공간적으로 일반화된 상태를 의미한다. 기후변화(Climate Change)는 기상이 아닌 현재의 기후가 자연적 요인과 인위적 요인에 의하여 점차 변화하는 상태인 것이다.

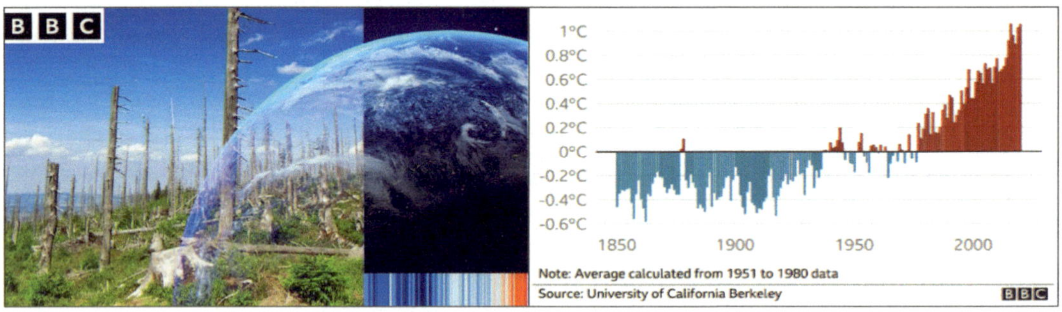

그림 9 기후변화로 인한 기상현상 변동
(자료: BBC)

(2) 기후변화 원인과 변화, 영향

기후변화는 이미 인류와 지구에 상당한 영향을 미치고 있으며 더 심각한 것은 지구온난화는 미래 세대에 지대한 영향을 미칠 것이라는 점이다. 기후위기에 대한 최근의 IPCC 보고서는 우리가 향후 몇 년간 취하는 행동이 지속가능한 지구를 만드는 우리의 능력에 직접적인 영향을 미칠 것이라고 지적하고 있다. 지금 우리가 선택할 수 있는 적응 옵션은 지구가 더워질수록 실현 가능성과 효과가 떨어질 것이다. 전 세계는 이미 기후변화의 영향을 느끼고 있으며, 예측된 위험은 실제로 우리가 생각했던 것보다 낮은 온도에서 더 큰 영향을 미칠 것이다. 온실가스 배출량을 줄이고 기온을 제한하려는 노력을 거의 하고 있지 않으며, 결국 파리협정에 제시된 1.5°C 이내 억제 목표를 달성하기에는 매우 부족할 것이다.

기후변화 현상이 점점 심각해지는 지금 우리의 선택은 우리와 미래 세대가 다가오는 미래 세상을 어떻게 경험할지에 영향을 미친다. 온실가스 배출로 인해 2011~2020년 기간 동안 1850~1900년보다 기온이 1.1°C 상승했다. 1970년 이후 지구 표면 온도는 지난 2,000년 동안 어느 특정 기간보다 더 빠르게 상승했다.

세계기상기구(WMO)의 보고서 "지구 기후 2011-2020: 가속화의 10년(the Global Climate 2011~2020: A Decade of Acceleration)"에 따르면 온실가스의 지속적인 증가는 기록적인 육지와 해양 온도에 연료를 공급하고 얼음이 녹고 해수면이 상승하는 극적인 가속화를 촉진했다. 2011~2020년 사이에 기후변화 속도가 놀랄 만큼 급증했는데, 이는 기록적으로 가장 따뜻한 10년이었다.

미국 국립환경예측센터 과학자들은 2023년 7월 3일 전 세계 평균 기온이 17.01℃를 기록해 종전 최고 기온인 2016년 8월 16.92℃를 경신했다고 밝혔다. 2023년 6월은 세계 평균 기온이 가장 따뜻했던 6월로 기록되고 있다. 이제 인류는 지구 온도 상승을 산업화 이전 시대보다 1.5℃ 이하로 제한하기 위해 훨씬 더 야심찬 기후 행동이 필요하다.

기후변화로 인한 생태계 변화는 점차 심화되고 있다. 1950년 이후 북반구의 봄과 여름 빙산이 약 1~15% 감소하였으며, 지난 100년 동안 지구 해수면의 높이가 10~25 ㎝ 상승하여 투발루, 키리바시 공화국의 일부 도서, 몰디브, 파푸아뉴기니 등 남태평양 섬나라가 물에 잠길 위기에 처해 있다. 또한 폭염과 폭풍, 폭설, 산불, 혹한, 가뭄 등의 기상이변 및 사막화가 극도로 심화되고 있다.

북반구를 기준으로 2016년 8월이 기상 관측 이래 가장 무더운 8월이었고 2020년 8월이 두 번째로 기록되고 있다. 더 심각한 것은 이러한 기온 상승이 점점 증가 추세에 있어 가장 더울 여름이 자주 갱신될 것이라는 데 있다. 지난 10년 동안 북극 온도가 1℃ 상승했으며 현재 추세대로 온실가스 배출이 이루어질 경우 2050년 전후에는 4℃ 정도 상승할 것으로 예측된다. 그러다 보니 과거에는 북극의 빙하는 2050년에는 더 이상 볼 수 없게 될 것이라고 했으나 이제는 2035년이면 사라질 것이라는 전망도 나오고 있다.

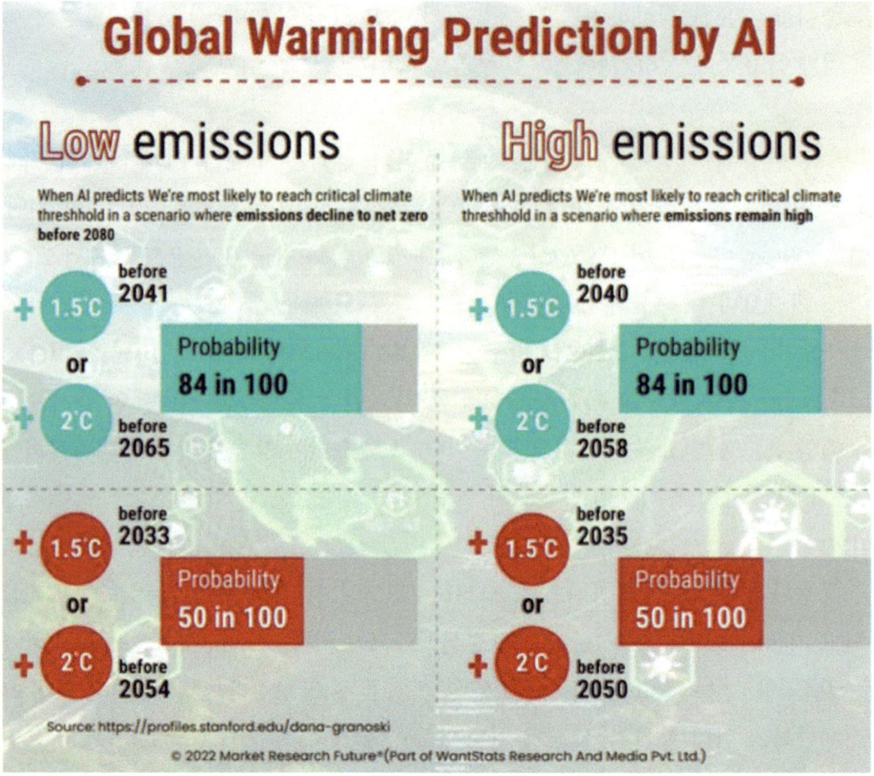

그림 10 AI 로 예측한 미래 지구온난화 시나리오
(자료: Market Rearch Future, 2023)

WFP (세계식량계획)에 따르면 2023년 초 많은 유럽 국가들이 기록적으로 가장 따뜻한 1월을 보냈으며, 이 기록적인 변화가 기아 증가를 의미한다고 하였다. 이와 관련하여 극단적인 기후 변화로 전 세계적으로 거의 3억 5천만 명의 사람들이 극심한 식량 부족에 직면해 있다.

'세계 기상 원인 규명 네트워크(WWA)'에 따르면 스페인, 포르투갈, 아프리카 북서부에서 관측된 기록적인 폭염의 발생 가능성은 기후 변화로 인해 최소 100배 이상 커졌다고 한다. 이러한 현상은 특히 도시공간에서 심각하게 나타난다. 도시는 전 세계 면적의 2%에 불과하지만 인구의 55%, 경제활동의 80%, 에너지 사용의 66%가 이루어지는 집적 공간으로서 도시에서의 온실가스 감축과 기후 탄력성 증진 노력이 없을 경우 온실가스 감축과 기후안전은 거의 불가능하다.

· 우리나라의 기후변화

우리나라의 경우 지구의 평균적인 기후변화보다 빠른 속도로 진행되고 있다. 더구나 과거 100년보다 미래 100년의 기후변화 속도는 3배 이상으로 예측되며, 2100년 평양의 기온은 서귀포의 기온과 유사해질 것으로 예상되고 그 외의 극한 기상현상 또한 증가할 것으로 예상된다.

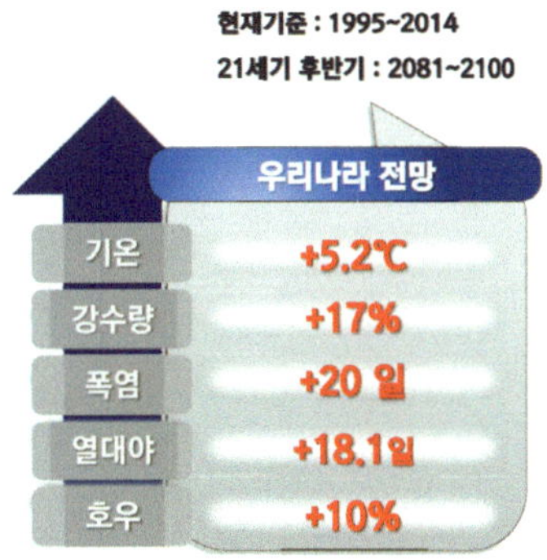

그림 11 우리나라의 기후변화 예측 (자료: IPCC,2018; 기상청,2020)

(3) 기후변화가 생태계 및 삶에 미치는 영향

기후변화를 야기하는 원인은 인위적인 활동에 의한 CO_2 등 온실가스 배출 증가가 가장 큰 원인으로 꼽힌다.

기후변화로 인한 기후시스템의 변화는 극한 기상, 해수면 상승, 해양 산성화, 물순환시스템 변화 등을 들 수 있다. 기후변화로 인해 지구·동식물·사람에게 미치는 영향으로는 물 부족, 홍수, 산불, 열섬효과, 생물다양성 감소, 질병, 기후난민 등의 현상을 들 수 있다. 기후변화로 인해 발생되는 기후 위기는 생태계는 물론 인류의 생존에 위협으로 다가온다.

생물다양성의 경우 동식물의 25%에 이르는 약 100만 종이 멸종 위기에 직면해 있고, 수분 매개자인 벌과 나비 등이 사라지면서 작물의 75%가 직접적인 위협에 처해있다. 대기오염으로 매년 8백만명 이상이 사망하고 있고, 6천만명의 어부가 삶의 터전으로 의존하고 있는 해양자원의 33.1%는 과도한 어업으로 위기에 처해있고 1870년 이후 50%에 이르는 산호초가 손실되고 있다. 농업용 토지의 33%가 소멸되었고, 1988년에서 2013년 사이에 지구 식생의 20%가 사라졌으며, 산림면적의 30.7%가 훼손되거나 소멸되었다(UN, 2019).

그림 12 기후변화 원인과 현상, 영향
(자료: https://www.ovoenergy.com/guides/energy-guides/ what-is-climate -change.html.)

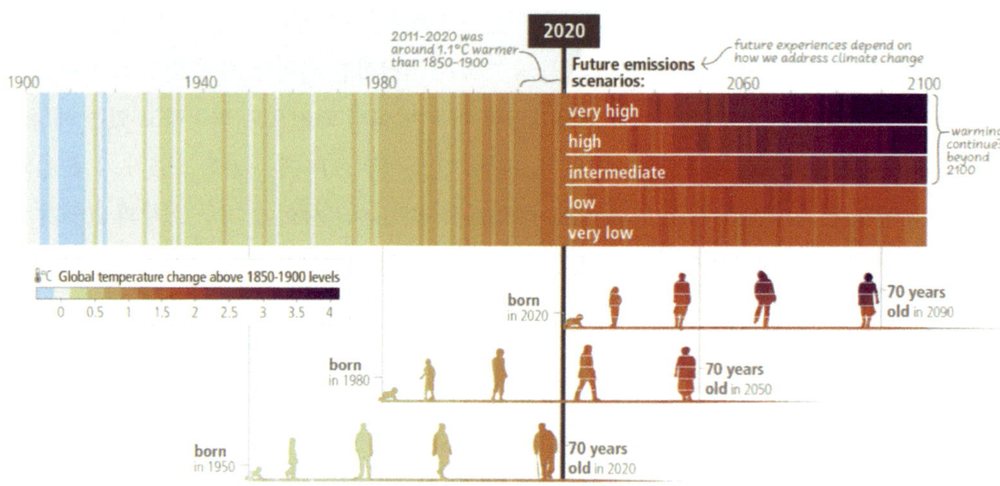

그림 13 기후변화 대응에 따른 미래세대의 삶의 변화
(자료: WER, 2023)

지금 인류가 지구 온도 상승을 1.5℃ 이하로 제한하는 조치를 취하지 않는다면, 현재와 미래 세대는 현재 우리가 알고 있는 것보다 훨씬 더 뜨겁고 아주 다른 세상에서 살게 될 것이다.

오늘날 세계의 초점은 인플레이션, 식량 및 에너지 공급, 사회 및 정치적 양극화, 지지부진한 성장, 지정학적 대립 등의 위기로 옮겨갔다. 사디아 자히디 WEF(세계경제포럼, 다보스포럼) 상임 이사는 “많은 관심이 새로운 위험에서 앞으로 10년 안에 재앙이 될 수 있는 자연 생태계, 인간 건강, 디지털 권리, 안보, 경제적 안정으로 전환되고 있다”고 말했다. 극단적인 기후 사태는 식량, 물, 에너지 공급 위기로 이어질 수 있으며, 이는 결국 정치적 격변, 집단 이주, 사회 불안을 반영한다.

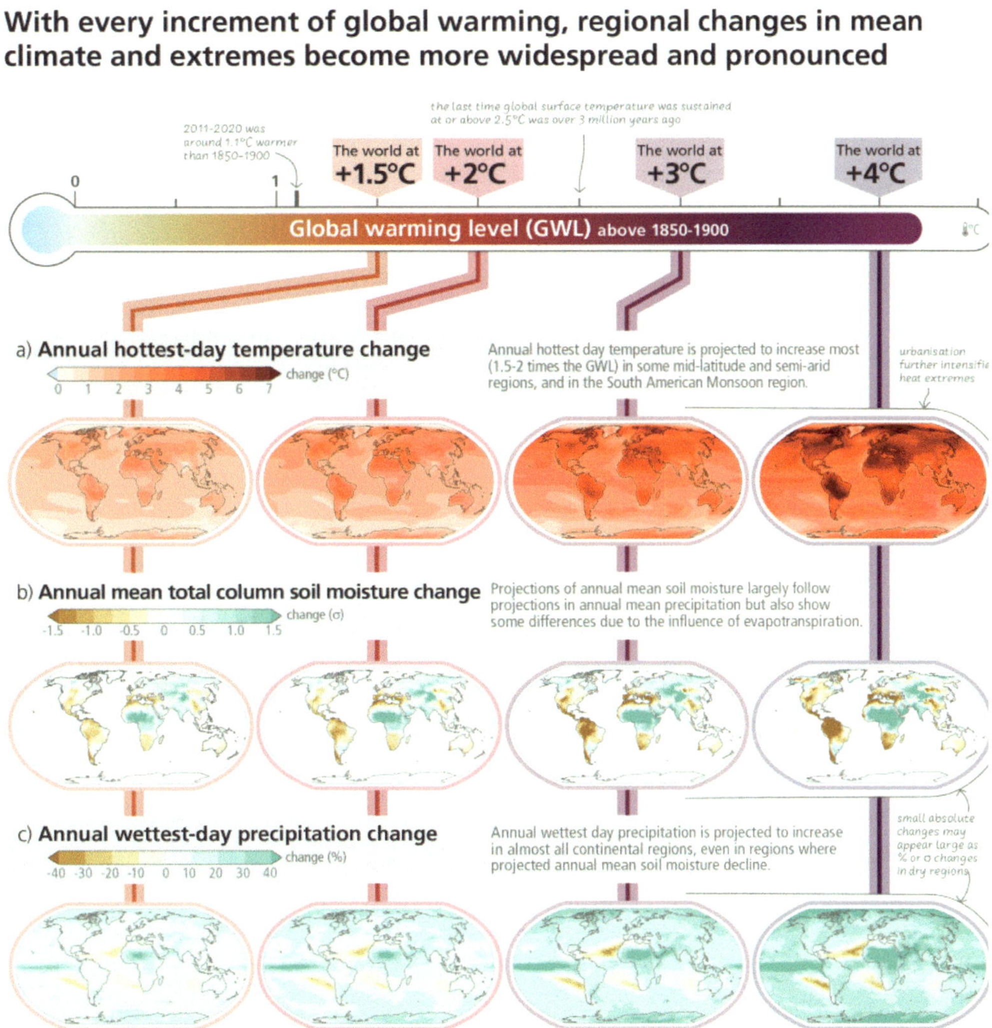

그림 14 온난화로 인한 폭염, 토양수분, 강수량 변화
(자료: Market Rearch Future, 2023)

지구가 따뜻해질수록, 변화는 더 뚜렷해질 것이다. 극단적인 기후와 날씨는 점차 비정상적으로 변화될 것이며 그 결과 인구, 생계 및 환경에 광범위한 혼란과 피해를 줄 것으로 예측된다.

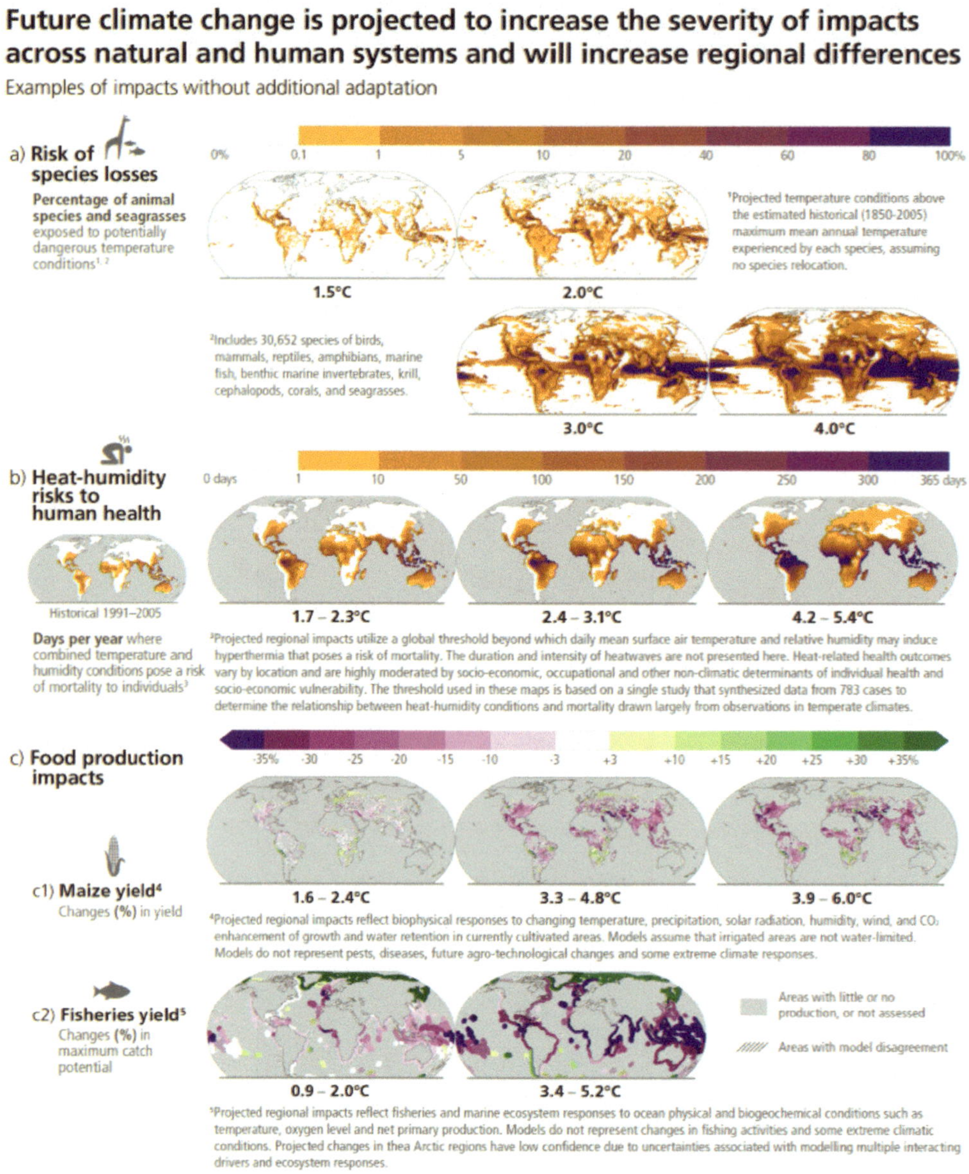

그림 15 온난화가 건강과 생태계에 미치는 영향
(자료: Market Rearch Future, 2023)

• 기후정의

기후변화로 인해 나타나는 심각한 기후위기는 사회적 불평등과 연계되어 있다. 즉, 현재 속도로 진행될 경우 지구의 평균 기온이 1.5℃를 넘어 2.0℃ 이상 상승될 가능성이 높다는데 인식을 같이하고 있다. 그런데 이러한 지구 평균 기온 상승으로 인한 영향과 회복력은 사회적, 공간적, 계층별로 다르게 나타날 수 있다. 대체로 개인적이거나 지구 전체로 볼 때 경제적으로 빈곤하거나 자원이 부족한 지역과 계층에서 더 큰 영향을 받게 된다. 그러므로 기후변화 적응 전략은 기술적, 경제적 해법과 함께 사회적 불평등 해소라는 시각에서 접근해야 한다.

(4) 기후재난/재해

기후환경문제는 세계경제포럼(WEF)의 '글로벌 리스크 보고서(Global Risks Report 2023)'에서 가장 심각한 경고를 하고 있으며, 기후변화를 완화하지 못하는 것이 향후 10년간 전 세계가 직면한 가장 큰 위험으로 인식되고 있다. 자연재해, 기상이변, 생물다양성 상실, 생태계 붕괴 등도 심각한 위험이다.

지금 기후변화에 대한 적절한 행동을 취하지 못하면 머지않은 장래에 심각한 재난과 재해 발생을 초래할 것이다. 먼저, 많은 동물들이 변화된 환경에 적응하지 못하고 사라지고 생태계가 붕괴될 것이다. 기온과 습도의 상승은 또한 인간의 건강과 복지에 위협이 될 것이며, 농작물과 동물들이 극심한 기온, 가뭄, 홍수로 죽는 등 식량 수확량과 공급이 모두 타격을 입을 것이다.
더 심각한 것은 지구 온난화로 인한 예상되는 위협의 상당 부분이 우리가 처음에 예상했던 것보다 낮은 온도에서 실제로 시작될 것이라는 것이다. 이러한 위험은 또한 서로 상호 작용할 것이고, 이는 문제를 복합적으로 만들고 더 복잡한 문제를 야기할 수 있다.
기온 상승을 1.5°C로 제한하기 위한 전략에는 광범위하고 심층적이며 신속한 온실가스 배출 감축이 포함된다. 그러나 현재 온난화 궤적은 예상되는 경로에서 훨씬 멀리 벗어나 있는데, 이는 기온상승이 이미 목표치를 초과하고 있고 온난화 억제를 위한 시간표를 놓치고 있다는 것을 의미한다. 현 단계에서 궤적은 파리협정에서 합의한 목표에 미달할 뿐만 아니라 예상되는 다양한 전략 중 가장 심각한 영향을 따라 진행되고 있다.

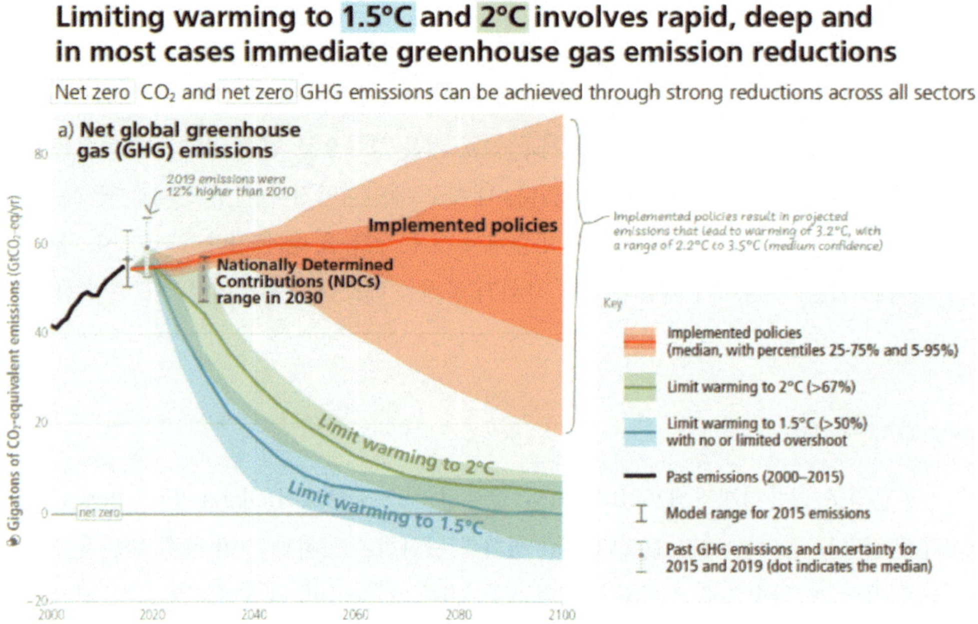

그림 16 온난화 목표와 현재의 궤적
(자료: Market Rearch Future, 2023)

1.5℃ 또는 2℃ 온난화 제한 목표 달성을 위해서는 빠르고 심층적이고 특히 대부분의 경우 즉각적인 GHG (온실가스) 감축이 필요하다. CO_2 및 온실가스 순배출량 0을 달성하기 위해서는 모든 분야에서의 강력한 감축이 전제되어야 한다.

그림 a)는 글로벌 온실가스 배출 경로에 대해 설명한다. 예측 모델링 기준인 2020년의 기초 데이터 2019년 배출량은 2010년에 비해 12% 증가되었다. 2100년도 온도 상승을 1.5℃로 제한하기 위한 2020년 초 이후의 잔여 탄소 배출허용량은 500 $GtCO_2$(연녹색; 50% 확률)이고, 2℃ 미만으로 제한하기 위한 총량은 1,150 $GtCO_2$(하늘색; 67% 확률)이다.

반면에 향후 추가적인 GHG 배출 감축 노력이 수반되지 않을 경우, 2100년 지구 온도는 평균 3.2℃(2.2~3,5℃ 범위) 까지 상승할 것으로 전망되었다.

2. 대응전략

기후변화 대응 전략은 회피, 감축(완화) 및 적응으로 구분된다.

1) 회피(Avoidance)

회피 전략은 문제 요소를 포기하거나 피하는 전략이다. 예를 들면, 연안지역에 해수면 상승에 의한 침식이 발생한 경우 다른 조치 없이 내륙지역으로 이주하는 전략이다.

2) 감축(완화)(Mitigation)

감축 또는 완화 전략은 발생원에 대한 직접적인 대응 전략이다. 예를 들면, 온실가스 배출량 감축을 통한 기후변화 속도와 크기를 저감시키는 방법이다. 감축 전략에는 기후변화를 완화 또는 지연시키기 위하여 온실가스 배출량을 줄이거나 흡수하는 모든 활동으로서 배출 저감과 흡수, 저장 등을 포함한다. 흡수는 토지이용, 토지이용의 변화 및 임업 활동(LULUCF) 등에 의해 대기로부터 온실가스가 제거되는 것을 의미한다.

온실가스 감축목표를 모두 달성할 경우 2100년 평균기온은 1.5~2.0℃ 상승할 것으로 전망되며, 기후변화에 대응하지 않을 경우 GDP가 2060년까지 약 2% 감소할 것으로 전망된다.

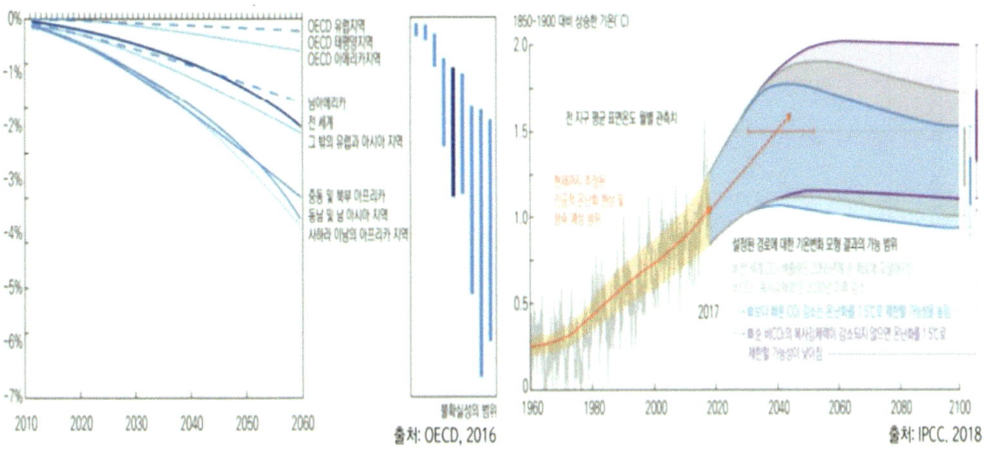

그림 17 온실가스 흡수
(자료: OECD, 2016; IPCC, 2018)

3) 적응(Adaptation)

적응 전략은 기후변화 영향에 대한 대응으로서 기후변화로 인해 발생하는 부정적 영향을 저감하고 긍정적 기회를 최대화하는 방법이다. 피할 수 없는 영향과 예측 및 예상되는 기후변화 영향 사이에 계획된 적응 계획을 통해 피해를 완화할 수 있다.

기후변화 적응에 대한 논의는 시대의 흐름에 따라 관점이 조금씩 변화하고 있는데(KEI, 2019. 기후변화 적응 정책 10년: 현주소 진단과 개선 방안 모색을 중심으로), 초기(1단계) 논의에서는 대부분 기후변화로 인한 영향을 규명하고 적응 가능성에 집중했다면, 이후 IPCC 3차 및 4차 보고서 시점의 2단계 논의에서는 사회적 요인이 기후변화 취약성에 미치는 영향을 진단하고 적응역량을 논의하는 데 초점을 맞추고 있다. 3단계에서는 취약성 증가 및 감소의 원인을 규명하고 정책적, 제도적 개선 방향을 논의하며 적응 대책의 효과와 우선순위 등의 논의가 활발히 이루어졌다.

IPCC 5차 보고서 이후 파리협정에 이르는 4단계 전략에서는 적응정책의 실현성과 성공적인 적응, 성과 측정과 이행점검 등 효과에 대한 논의가 주를 이루었다.

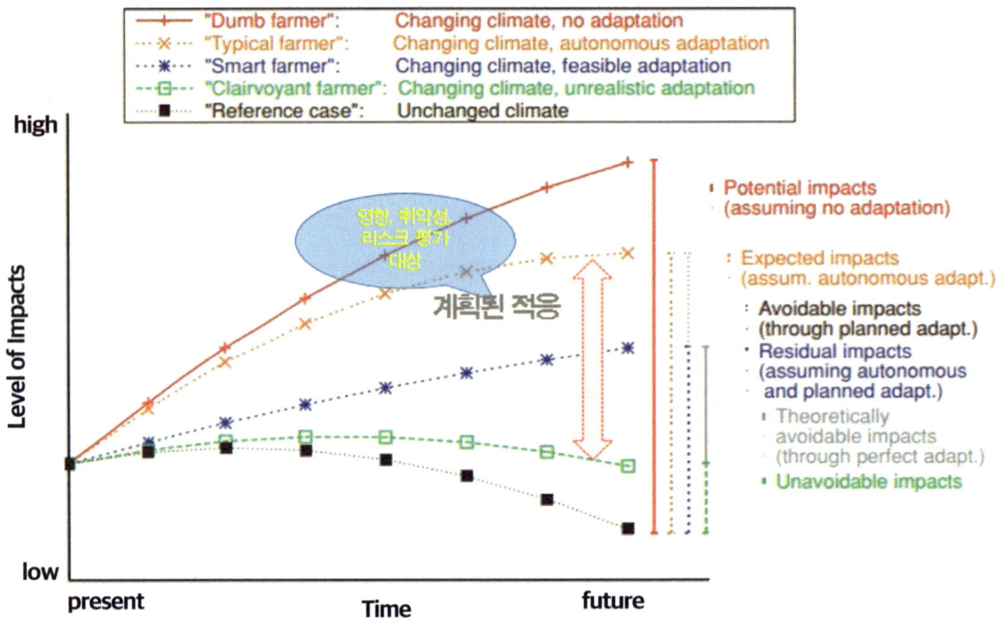

그림 18 기후영향과 적응의 개념적 차이
(Fussel & Klein, 2006)

기후변화 적응정책은 기후변화 전망과 영향, 취약성, 리스크 등에 대한 검토를 바탕으로 이루어지는 기후변화를 감소시키기 위한 행동이며 실천이다.
그러므로 기후변화 원인, 기후시스템 변화, 기후변화 영향의 불확실성으로 인해 다양한 적응 경로 탐색을 통해 시행착오를 최소화할 수 있는 실천적 의사결정이 중요하다.

기후변화 적응 정책과 완화(감축) 정책은 독립적이라기보다는 상호보완적이고 통합적으로 고려할 필요가 있다. 즉, 기후변화 적응 정책이 오히려 온실가스 배출을 증가시키거나 반대로 온실가스 감축 정책이 기후변화 적응에 부적합하게 될 가능성을 회피해야 한다.
그런 의미에서 기후변화 적응과 온실가스 감축을 모두 달성할 수 있는 정책수단이 매우 효과적인 전략이라고 할 수 있다.

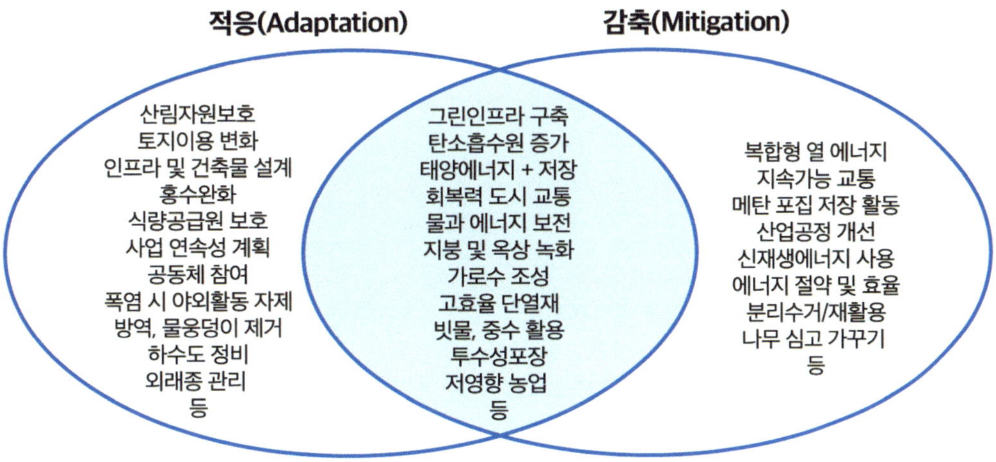

그림 19 기후변화 적응 및 온실가스 감축 전략
(박미옥 작성)

(2) 기후변화 적응 지표

「탄소중립 녹색성장 기본법」에 의해 수립된 [제3차 국가 기후변화 적응 대책(2021~2025)]에서는 '기후리스크 적응력 제고', '감시 예측 및 평가 강화', '적응 주류화 실현' 등 3대 정책을 추진하며, 관련지표를 정책지표와 국민체감지표로 구분하여 2020년 현황 지표와 2025년 예측지표로 각각 설정하고 있다.
정책지표는 물관리, 생태계, 국토 연안, 농수산, 건강, 산업 에너지, 감시, 예측, 평가, 추진체계, 기후탄력성, 협력 인식 등으로 구분하여 각 항목별로 1~3개 지표로 설정하고 있다.

국민체감지표는 홍수, 가뭄, 생물대발생, 산림재해, 식량안보, 건강보호, 취약계층 보호, 국민 참여 등으로 구분하여 각 항목별로 2개의 세부지표로 설정하고 있다.

구분	지표명	'20	'25
물관리	홍수예보지점 확대(지점)	65개소	218개소
	국가가뭄 정보 시스템(NIDIS) 구축	-	구축
생태계	국가 생태계 기후변화 정보관리 통합 플랫폼	-	구축
	한반도 핵심생태축 복원(면적)	465 ha	1,000 ha
국토·연안	공공임대주택 그린리모델링(가구수)	-	22.5만호
	연안침식 실태조사 확대(지점)	250지점	300지점
농수산	내재해형시설 규격 보급(규격수)	68종	75종
	재배적지 변동 예측(작물수)	17종	25종
건강	기후보건영향평가	법적 근거 마련	1차 평가 시행
	감염병 정보공유 플랫폼 참여	1개	4개
산업·에너지	기후변화 취약업종 적응 매뉴얼(건)	-	10건
	아파트 스마트 전력망 구축(가구수)	15만호	500만호
감시	기후변화 위성감시 정보수	기상·해양 29종	기상·해양·환경 96종
예측	남한 상세 시나리오 구축	RCP AR5 기반	SSP AR6 기반
평가	한국 기후변화 평가보고서 발간	AR5 기반	AR6 기반
추진체계	기후변화 적응평가제도	-	도입
	공공기관 적응대책 수립	-	의무
	지자체 적응대책 이행 모니터링단 운영	-	100%
기후탄력성	적응인프라 표준모델(개)	-	5개
협력·인식	적응 연구기관 협의체 운영	구축	연 2회

그림 20 기후변화 적응 정책지표
(자료: 관계 부처 협동. 2020.
제3차 국가 기후변화 적응대책(2021-2025)

구분	지표명	'20	'25
홍수	돌발홍수 예보시스템	-	구축
	하수도정비 중점관리지역 지정	114개소	180개소
가뭄	국가가뭄정보포털 이용자(연간)	11만	40만
	상수도 스마트관리체계 구축(개소)	-	209곳
생물대발생	생물대발생 발생종·가능종 DB 구축	-	구축
	친환경 방제 가이드라인		제정
산림재해	산사태 예측시스템 고도화	(1시간 전 예측)	단기예보
	기후변화 산불위험지도	-	구축
식량안보	기후적응형 품종 개발(종)	288종	363종
	농장맞춤형 조기경보시스템 정보제공(지자체수)	29곳	110곳
건강보호	기후변화에 따른 건강관리 플랫폼(앱)	-	운영
	취약계층 이용시설 행동요령 설명회(대상)	-	1,000곳
취약계층 보호	기후 위험 중점관리지역(Hot Spot) 선정방안 마련	-	마련
	적응인프라 구축(지자체)	-	매년 10곳
국민참여	시민생활실험실(리빙랩) 사업수(개)	-	20개
	재해정보 시민참여 플랫폼	-	구축

그림 21 기후변화 적응 국민체감지표(16개)
(자료: 관계 부처 협동. 2020.
제3차 국가 기후변화 적응대책(2021-2025)

기후변화 적응 관련 공공정책으로 수행해야 할 대표적인 정책지표로는, 물관리 관련 홍수예보지점은 2020년 65개에서 2025년 218개소로 확대하고, 생태계에서는 한반도 핵심생태축 복원 면적을 465 ha에서 1,000 ha로 확대한다. 국토 연안에서는 공공임대주택 그린리모델링 가구를 현재 0에서 2050년 22.5만 호로 조성한다. 그 외 재배적지 변동 예측 작물 수를 17종에서 25종으로 확대, 기후변화 적응평가제도 도입과 공공기관 적응대책 수립 의무화 등의 목표를 설정하였다.

기후변화 적응 관련 국민이 일상생활의 안전을 위해 추진되는 대표적인 국민체감지표로는, 홍수 안전과 관련하여 돌발홍수 예보시스템 구축, 가뭄대책으로 국가가뭄정보포털 이용자를 연간 11만 명에서 40만 명으로 확대, 생물대발생 관련 대발생종과 가능종 DB 구축 등을 설정하고 있다. 그 외 기후변화 산불 위험지도 구축, 기후 적응형 품종 288종에서 363종으로 확대, 지자체 취약계층 적응 인프라 매년 10곳 구축 등을 설정하였다.

3. 탄소저장, 생물다양성, 수질보전을 위한 보전지역

Wilson(2016)은 스미소니언의 보고서에서 "세계가 정말로 야생동물을 위해 지구의 절반을 따로 떼어 놓을 수 있습니까?"라는 기사에서 착안하여 "Half-Earth" 개념을 제안하였다. "Half-Earth"는 생물다양성을 보존하기 위해 지구 표면의 절반을 사람이 살 수 없는 자연보호구역으로 지정해야 한다는 적극적인 의미를 담고 있다. 이는 인류가 자연 없이도 생존할 수 있다는 인류세 낙관론을 반박하며 인류의 지속가능한 미래를 위해서는 생태계의 보전이 필수적이라는 것이다.

또한 2022년 생물다양성협약 COP15에서는 2030년까지 육지와 해양 면적의 30%를 보호지역으로 지정하자는 "30 by 30(30 x 30)" 목표가 합의되었다. 이는 쿤밍-몬트리올 글로벌 생물다양성 프레임워크(Kunming-Montreal Global Biodiversity Framework)의 23개 목표 중 3번째 목표이다. "30 by 30 (30 x 30)" 개념은 Science Advances (2019)에서 기후변화를 완화하기 위한 자연보전 노력을 확대할 필요성을 처음 강조하였으며 이후 2022년 기준 100개 국가 이상에서 동참하고 있다. 구체적으로 2030년까지 육지, 내륙 수역, 해안 및 해양 지역, 생물다양성과 생태계 기능 및 서비스에 특히 중요한 지역의 최소 30%를 보전하고 생태적 연결을 구축하여 효과적으로 보전 관리한다.

EU에서는 2030년까지 Natura 2000 지역을 확장하고 생물다양성과 기후환경 가치가 매우 높은 지역을 엄격하게 보호함으로써 EU의 육상 및 해양 보호지역 네트워크를 확대한다는 구속력 있는 자연 복원 목표를 제안하여 훼손된 생태계를 복원하고 지속가능하게 관리하는 목표를 정하였다. 이 계획에는 2030년까지 EU 영토의 30%를 보호 지역으로, 10%를 엄격 보호 지역으로 전환하는 것이 포함되며, 실현을 위한 투자 확대, 실행 및 모니터링, 공공 및 기업 의사결정에 생물다양성 목표 통합 등 EU의 생물다양성 노력을 강화하고 있다.

생물다양성협약과 기후변화협약의 목표를 달성하기 위해서는 생물다양성 보존과 자연이 사람들에게 기여하는바 사이에 가장 큰 시너지 효과를 낼 수 있는 토지 지역을 식별하기 위한 공간환경 전략과 여러 목표를 동시에 추구할 수 있는 방향성이 중요하다.

생물다양성을 위해 보전해야 하는 지역과 탄소저장량을 위해 보전해야 하는 지역, 깨끗한 물을 확보하기 위해 보전해야 하는 지역 사이에는 큰 연관성이 존재한다. 위협받는 종 수를 최소화하고 탄소격리 및 수질규제를 최대화할 수 있는 보전 및 관리 우선 지역을 선정하기 위해서는 이들을 함께 고려해야 한다. 특히 공동의 목표를 달성하기 위해 보전지역으로 관리해야 할 적절한 면적에 대한 논의가 중요하다.

탄소흡수원 습지는 생물다양성, 물순환 등에도 긍정적인 효과를 준다.

다음 그림은 생물다양성, 탄소 저장, 수자원 확보를 위해 보전해야 하는 우선순위를 보여주고 있다.

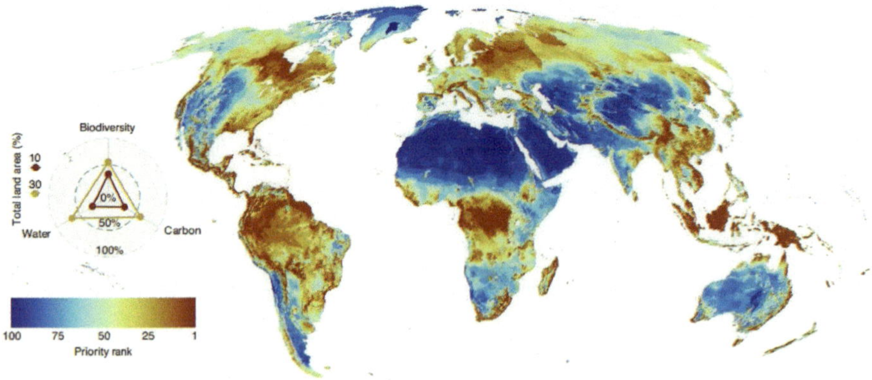

그림 22 생물다양성, 탄소저장량, 수질확보를 위해 보전해야 하는 지역의 우선 순위
(자료: Jung et al., 2021)

빨간색(Priority rank)으로 갈수록 보전의 우선순위가 높은 지역이며, 삼각형의 박스플롯은 전체 면적 중 10%(빨간색), 30%(노란색)를 보전했을 때 최대로 확보할 수 있는 세 가지 요소의 비율을 의미한다(Jung et al., 2021).

그림에서 빨간색(Priority rank)으로 갈수록 보전의 우선순위가 높은 지역이며, 삼각형의 박스플롯은 전체 면적 중 10%(빨간색), 30%(노란색)를 보전했을 때 최대로 확보할 수 있는 세 가지 요소의 비율을 의미한다(Jung et al., 2021). 같은 색으로 이루어진 점들은 같은 비율의 면적을 보전할 때의 효과로 왼쪽 아래부터 전체 면적의 10% 보전부터 100% 보전을 의미한다. 점의 색깔별 차이는 생물종의 보전 정도(몇 %의 생물종을 보전할 수 있는지)를 나타내며, 양극점은 탄소와 물 중 어느 쪽에 좀 더 초점을 두는지에 따른 차이를 보여준다.

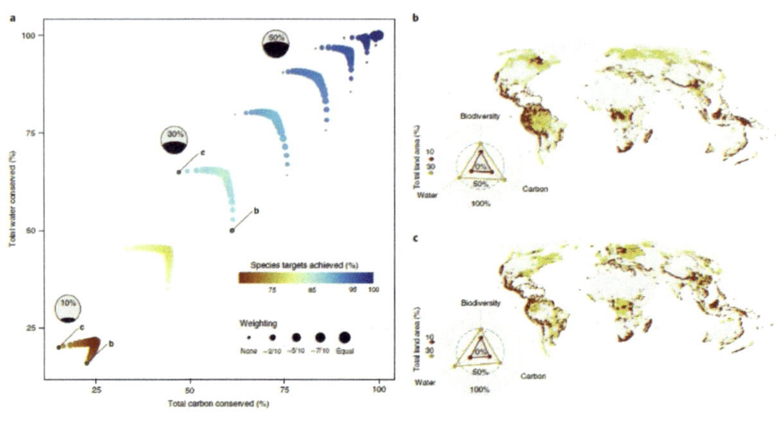

그림 23 생물다양성, 탄소저장량, 수자원 확보 사이의 상관관계
오른쪽 위: 탄소에 가중치 두었을 때, 오른쪽 아래: 물에 가중치 두었을 때
(자료: Jung et al., 2021)

생물다양성을 위해 보전해야 하는 지역과 탄소저장을 위해 보전해야 하는 지역, 깨끗한 물을 확보하기 위해 보전해야 하는 지역 사이에는 연관성이 존재한다. 그러므로 보전 및 관리 우선 지역을 선정할 때 각각 따로 고려하는 것이 아니라 함께 고려해야 한다.

같은 색으로 이루어진 점들은 같은 비율의 면적을 보전할 때의 효과로 왼쪽 아래부터 전체 면적의 10% 보전부터 100% 보전을 의미한다.

점의 색깔별 차이는 생물종의 보전 정도(몇 %의 생물종을 보전할 수 있는지)를 나타내며, 양극점은 탄소와 물 중 어느 쪽에 좀 더 초점을 두는지에 따른 차이를 보여준다.

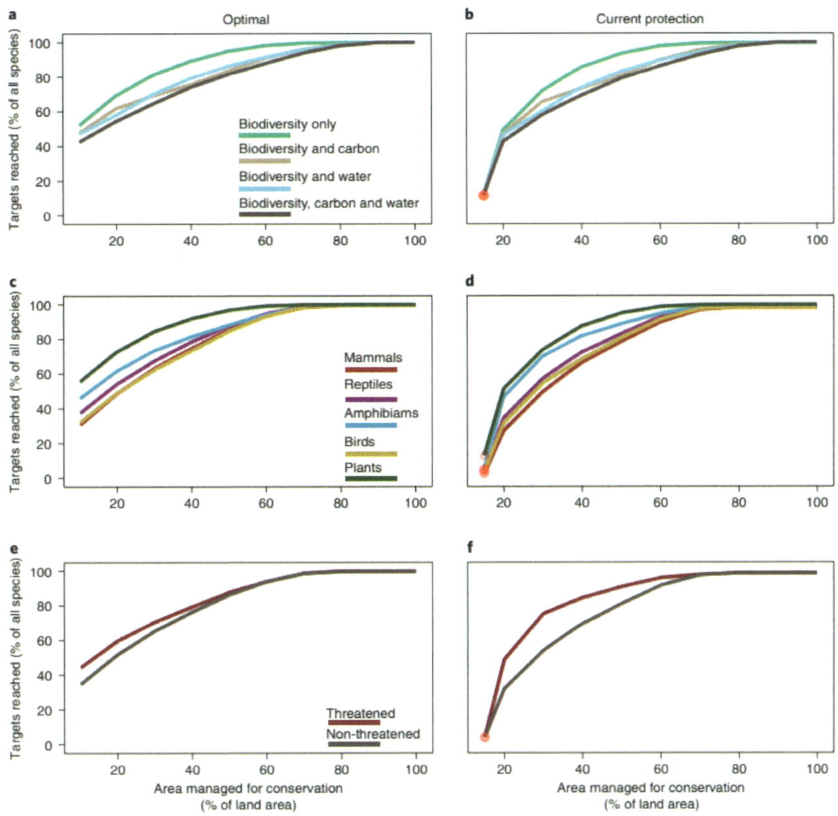

그림 24 최적으로 할당된 토지 면적에 따른 목표 종 수 누적 곡선
(자료: Jung et al., 2021)

전체 면적의 30%만 보전하더라도 약 80%의 생물종을 확보할 수 있으며, 물과 탄소 역시 50% 이상 보전할 수 있다.

생물다양성 보전을 위한 가치 측면에서 상위 30%의 토지 면적을 관리하면 세계 육상 종(대부분의 척추동물 및 식물종의 대표적인 표본)의 81.3%를 비위협적인 보전 상태로 유지 또는 넘겨줄 수 있으며, 추가적인 추가 수익을 제공하는 면적이 더 증가할 수 있다.

세 가지 요소를 모두 고려하게 되면, 30%의 면적을 보전했을 때 생물다양성 79%, 탄소저장량 60.7%, 수질 66%를 보전할 수 있는 것으로 나타난다.

나아가 생물다양성을 위해 선정된 토지 면적의 30% 외에 전체 토지 면적의 20%를 추가로 탄소저장에 할애하여 기후 규제 및 자연 자원의 지속가능한 관리에 기여할 수 있다.

4. 기후변화 성과지수

(1) 기후변화 성과지수

기후변화 성과지수(CCPI, Climate Change Performance Index)는 국제 기후 정치의 투명성을 제고하고 개별 국가들의 기후 보호 노력과 진전에 대한 비교를 가능하게 하는 것을 목표로 전 세계 온실가스(GHG) 배출량의 90% 이상을 차지하는 63개국과 EU의 기후보호성과를 모니터링한다.

파리협정에 따른 국가들의 약속은 여전히 불충분하여 지구온난화를 최대 1.5℃로 제한하기 위해서는 현재보다 더 강력한 기후행동이 시급하다. 이런 맥락에서 CCPI는 기후 보호에서 각 나라의 기후변화 성과를 평가하고 판단하기 위해 신뢰할 수 있는 도구이다. 또한 재정 주체들에게 ESG 등급에서 기후변화 성과에 대한 중요한 정보를 제공함으로써 투자의 재할당을 촉진하는 중요한 도구이기도 하다.

기후변화 대응 지수는 기후변화에 대한 국가별 대응 능력을 세분화된 구성요소로 평가하는 것이며, 세계 온실가스 배출량(GHG)의 90% 이상을 차지하는 배출 상위국과 EU를 대상으로 조사해 2005년부터 매년 발표되고 있다(그림 25).

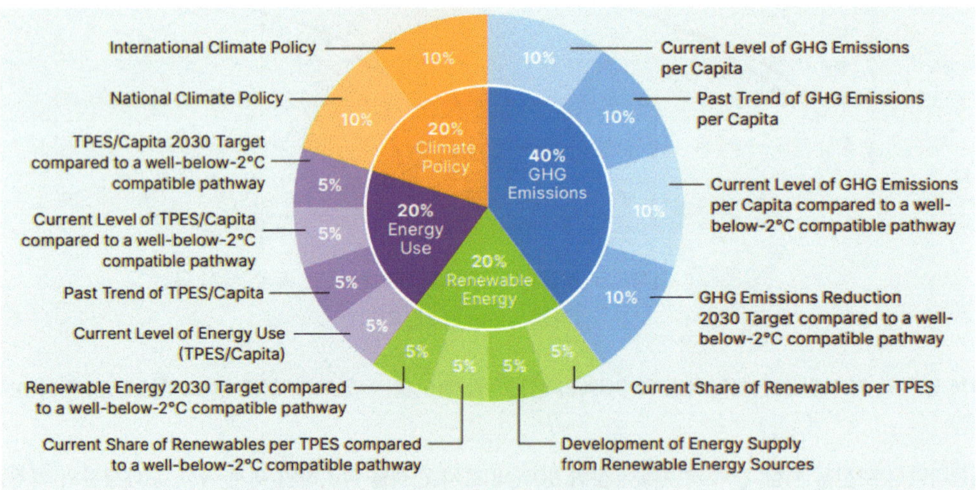

그림 25 기후변화 대응지수 평가 항목 및 평가 요소

(자료: Burck et al., 2023)

기후변화 대응지수는 '온실가스 배출 40%', '재생 에너지 20%', '에너지 사용 20%' 및 '기후 정책 20%' 등 4개 범주 14개 지표로 구분된다.

2000년 이후 온실가스 배출량은 전 세계적으로 40% 이상 증가했으며 팬데믹으로 2020년에 하락한 후 2021년에는 다시 증가 추세를 보이고 있다. 1인당 GHG 배출량은 증가 추세를 보이고 있다. 1인당 배출량이 많은 국가는 미국(1인당 16.6 t), 캐나다(1인당 17.9 t) 등이며, 인도(1인당 2.2 t), 필리핀(2.3 t) 등은 낮은 수준이다.

1.5℃를 유지하고 위험한 기후 변화를 막으려면 2030년까지 배출량을 절반으로 줄여야 한다. 이 목표는 우리가 훨씬 적은 에너지와 더 많은 재생 가능한 자원을 사용해야만 도달할 수 있다. 기온상승을 1.5℃ 이내로 억제하여 기후위기를 막으려면 2030년까지 배출량을 절반으로 줄여야 한다. 이 목표는 우리가 훨씬 더 적은 에너지를 사용하고 더 많은 재생 가능한 자원을 사용해야만 도달할 수 있다.

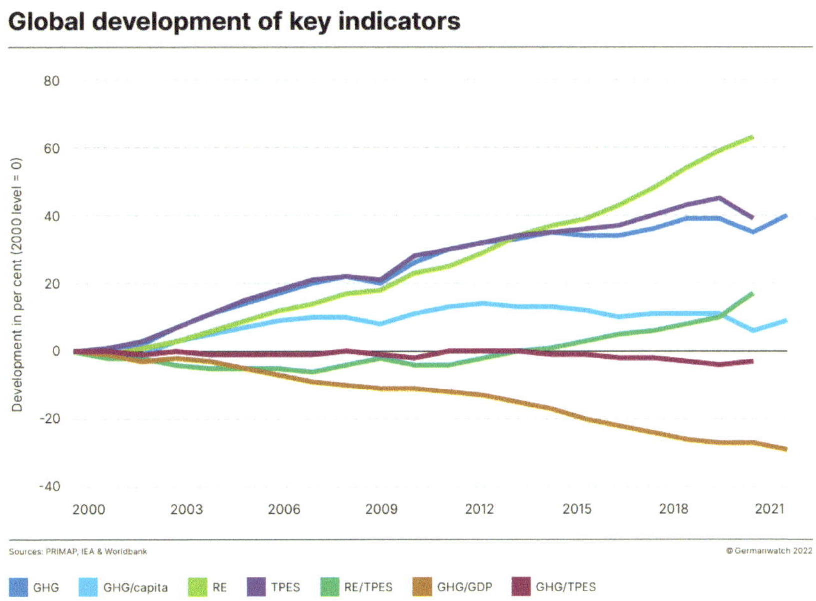

그림 26 2000년 이후 주요 인자들의 변화
GHG = Greenhouse Gas Emissions, RE = Renewable Energy, TPES = Total Primary Energy Supply, GDP = Gross Domestic Product
(자료: Burck et al., 2023)

온실가스 배출량은 2000년 이후 40% 이상 증가했으며, 팬데믹으로 2020년 감소 후 다시 증가했다. 1인당 GHG는 지난 20년간 비교적 고르게 증가하는데, 배출량과 함께 인구도 증가했기 때문이다. 재생에너지(RE)와 에너지량은 2000년 이후 꾸준히 증가하고 있어 총 에너지 대비 RE 점유율은 17%에 불과하다. GDP당 GHG는 유일하게 지속적으로 하락하는 지표인데, GDP로부터 에너지 공급의 안정적인 상대적 디커플링(탈동조화)을 의미한다. 탈탄소화 경향은 에너지 중 탄소 비중이 감소하는 경우에 나타나며, 현재는 평평하게 유지된다.

(2) 우리나라의 CCPI

2023년 기후변화 성과지표 평가에서 우리나라는 2022년도에 이어 '매우 낮음'으로 평가되어 매우 심각한 것으로 나타났다(Burck et al., 2023). 기후정책 부문에서만 '낮음'으로 평가되었고 그 외 '온실가스 배출', '재생에너지', '에너지 사용' 항목은 모두 '매우 낮음'으로 평가되었다.

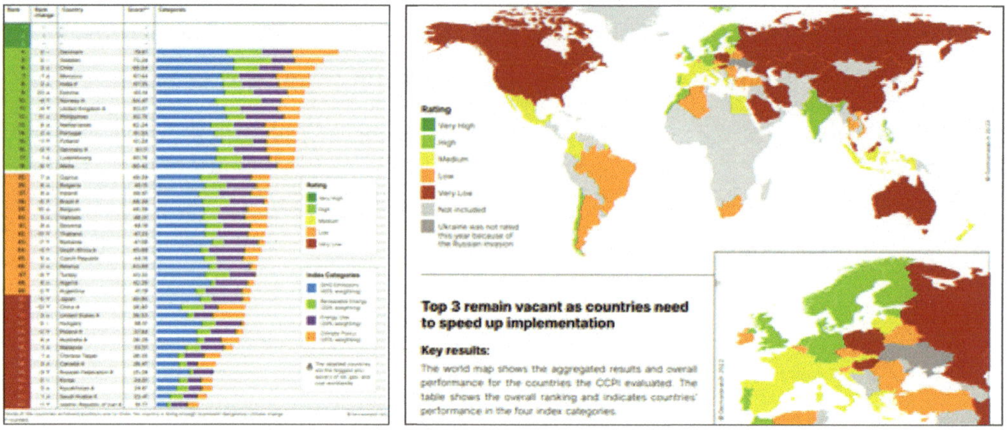

그림 27 기후변화 성과지표
(자료: Burck et al., 2023)

2024년의 경우 한국은 CCPI에서 64위를 기록하고 전년보다 4단계 하락한 매우 낮은 성과를 지속하고 있다. 한국은 CCPI에서 온실가스 배출량과 에너지 사용 부문에서 종합 4위로 매우 낮은 순위를 기록하고 있으며, 신재생에너지와 기후정책에서도 매우 낮아 등급이 조금 더 나은 수준에 그치고 있다.

- 2023년 초 발표된 제10차 전력계획에서 신재생에너지 목표(전력 비중)는 2030년까지 30.2%에서 21.6%로 하향 조정
- CCPI 주요 요구 사항: 석유 및 가스 프로젝트에 대한 공적 자금 지원 종료, 재생 에너지 목표와 1.5°C 목표의 일치 및 모든 부문의 석탄 및 기타 화석에너지의 단계적 감축

Indicators	Weighting	Rating	Rank
GHG Emission	40%	Very Low	61
GHG per Capita - current level (including LULUCF)	10%	Very Low	55
GHG per Capita - current trend (excluding LULUCF)	10%	Medium	25
GHG per Capita - compared to a well-below-two-degrees benchmark	10%	Very Low	61
GHG 2030 Target - compared to a well-below-two-degrees benchmark	10%	Very Low	58

그림 28 우리나라의 부문별 기후변화 성과(CCPI)
(자료: Burck et al., 2024)

3절 온난화와 기후변화협약

1. 온난화와 온실가스

(1) 온실효과와 온실가스

지구온난화(Global Warming)는 산업 활동의 결과 과잉의 온실가스 배출로 인해 정상적인 온실효과보다 강화된 온실효과를 유발하여 지구 온도가 정상보다 상승하게 된다. 일반적으로 에어로졸의 효과, 토지피복의 변화, 산림파괴 등에 의해 발생한다.

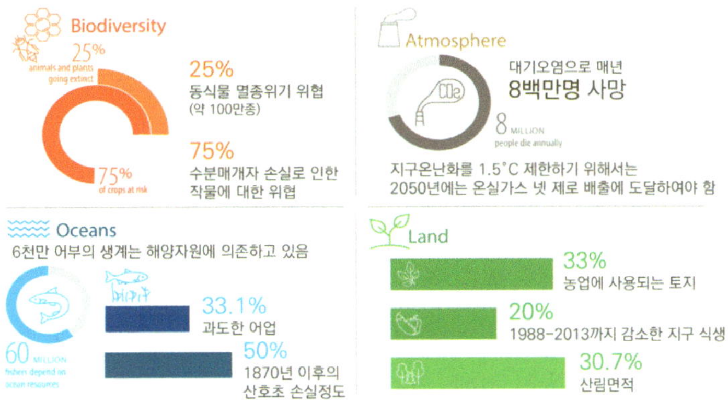

그림 29 지구 환경위기
(자료: UN, 2019. Global Sustainable Development Report)

온실효과(Greenhouse Effect)는 이산화탄소에 의해 지구의 온도가 일정하게 유지되는 현상으로서 지구 생물다양성을 유지하는데 필수적이다. 즉 온실가스의 온실 기능에 의해 지구의 온도가 일정하게 유지되는 현상. 지구 생태계를 유지하는 유용한 기능이다. 그러나 활발한 산업 활동의 결과로 지구생태계가 유지해 온 것보다 더 많은 온실가스가 배출되면서 온난화가 발생한다.

IPCC에 의하면 온실가스 농도는 산업혁명 이후 급속히 증가 추세이다. 예를들면 CO_2는 280 ppm에서 379 ppm으로 증가하였고, CH_4는 715 ppm에서 1,732 ppm으로, N_2O는 270 ppm에서 319 ppm으로 각각 증가하였다.

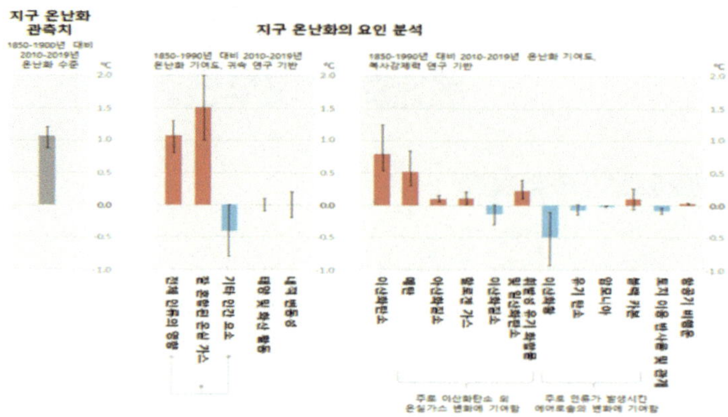

그림 30 지구온난화 요인 분석

(IPCC, 2008)

· 온실가스

지구온난화의 원인물질로서 감축 대상인 7대 온실가스는 이산화탄소(CO_2), 메탄(CH_4), 아산화질소(N_2O), 과불화탄소(PFCs), 수불화탄소(HFCs), 육불화황(SF_6), 삼불화질소(NF_3) 등을 말한다. 기후변화협약(UNFCCC; 1992년)에서는 6대 온실가스를 정의했으나 이후 2013년 5차 보고서에서 삼불화질소(NF_3)가 추가되어 7대 온실가스를 관리 대상으로 설정하고 있다.

IPCC에 의하면 산업화가 시작된 1750년 이후 인류 활동이 온실가스 증가와 지구온난화에 미친 영향은 명백하며, 2011년 5차 보고서 이후에도 이산화탄소, 메탄, 아산화질소 등 온실가스들의 밀도가 지속적으로 증가하고 있다(IPCC 6차 보고서, 2021).

온실가스가 지구온난화에 미치는 영향력을 지구온난화 기여도라고 하며, 이산화탄소를 기준으로 메탄 21배, 아산화질소 310배, 프레온가스 1,300~23,900배 등이다. 개별 물질별로는 이산화탄소의 영향력이 가장 약하지만 절대량이 많아 물질 전체로는 가장 큰 영향을 끼친다.

도시화, 산업화, 산림벌채 등으로 온실가스가 발생된다.

이산화탄소는 주로 화석연료와 토지이용 변화로 발생하며, 메탄은 주로 농업이나 음식물 쓰레기 등 유기물 분해에서 발생하고 아산화질소는 주로 석탄, 질소비료 등 비료 사용이나 산업공정에 의해 발생한다.

화석연료, 질소비료, 폐기물 소각, 냉매, 세척제, 스프레이 등의 사용으로 많은 온실가스들이 대기 중에 남아 있으며 온난화에 대응하기 위해서는 오랜 기간 동안 온실가스를 억제하려는 강도 높은 노력이 요구된다.

2. 기후변화협약과 파리협정

(1) 기후변화협약

'기후변화협약(UNFCCC; United Nations Framework Convention on Climate Change)'은 '리우 환경협약' 또는 '온난화방지협약'으로도 불리는데, 정식 명칭은 '기후변화에 관한 국제연합 기본 협약'이다.

이산화탄소 등 지구 기온을 상승시키는 온실가스의 대기 중 배출을 억제함으로써 지구온난화로 인한 해수면 상승, 홍수 피해, 생태계 파괴 등의 지구환경 피해를 방지하기 위하여 1992년 6월 리우 유엔환경개발회의에서 채택되어, 1994년 2월 21일 정식 발효되었다. 한국은 1993년 12월 47번째로 가입하였다.

기후변화협약이 체결되기까지 1979년 스위스 제네바에서 세계기상기구(WMO)주관으로 제1차 세계기후회의가 개최되어 인간활동에 의한 기후변화 가능성과 부정적 영향 방지를 위한 조치 강구의 필요성을 논의하였고 온실가스의 기후변화에 대한 영향평가 회의에서 현재 수준의 CO_2 배출량이 지속될 경우 50년 후 지구 온도는 5℃ 상승될 것으로 전망하여 국제적인 대응 노력이 필요하다는 것을 확인하였다.

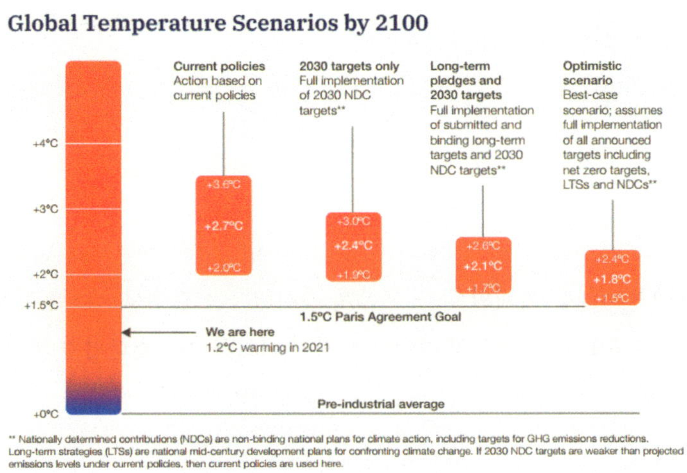

그림 31 2100년까지 지구 온도 시나리오
(자료: 다보스포럼, 2023)

이후 1988년 세계기상기구(WMO)와 유엔환경계획(UNEP) 주관하에 기후변화에 관한 정부 간 협의회(IPCC, Intergovernmental Panel on Climate Change)가 설립되었다.

IPCC에서는 기후변화에 관련된 과학, 기술적 사실에 대한 평가를 제공하며, 세계기상기구는 기상관측 또는 기타 지구물리학적 관측을 위한 범세계적인 협력관계를 도모하며, 유엔환경계획은 UN 내의 환경전담 국제정부간 기구로 UN 조직 내의 환경활동을 촉진, 조정, 활성화하는 노력을 각각 수행하고 있다.

1990년 기후변화의 원인, 영향 및 대응에 관한 IPCC 종합 보고서가 발표되었으며 같은 해 제45차 UN 총회에서 기후변화협약 제정을 위한 정부 간 협상위원회(INC)를 설치할 것을 의결하여 정부 간 협상위원회(INC)가 설립되었고, 1992년 INC 회의에서 기후변화협약을 채택하였다.
기후변화협약은 프레온가스를 제외한 모든 온실가스 배출 억제를 위한 협약으로서 지구온난화를 방지할 수 있는 수준으로 온실가스의 농도를 안정화시키기 위한 목적으로 CO_2, CH_4, N_2O 등 6개의 온실가스 배출량을 1990년 수준으로 억제하는데 합의하였다.(배출 억제 대상 온실가스는 이후 2013년에 7개로 확대되었다)
협약 내용은 기본 원칙, 온실가스 규제 문제, 재정 지원 및 기술이전 문제, 특수 상황에 처한 국가에 대한 고려 등으로 구성된다.

1997년 제3차 당사국총회에서 선진국들에 대한 법적 구속력이 있는 온실가스 감축의무를 부여하는 교토의정서가 채택되었고, 2015년 프랑스 파리에서 2020년 이후 새로운 기후변화체제 수립을 위한 파리기후변화협정이 체결되었다.

(2) 파리협정

2015년 프랑스 파리 제21차 당사국총회(COP21)에서 합의된 파리협정(Paris Climate Agreement)은 기존의 기후변화대응 체제의 틀을 새롭게 제시했다는 점에서 '신기후체제'라고 불린다. 기후변화협약에 따라 2015년 프랑스 파리에서 개최된 제21차 기후변화협약 당사국총회(COP21)에서 탄소중립을 위한 국제적 목표에 합의하였다. 195개국이 승인하고 2020년 발표되었다.

파리협정은 기후변화에 관한 법적 구속력 있는 국제 조약으로서 2015년 12월 12일 프랑스 파리에서 열린 유엔기후변화회의(COP21)에서 196개 당사국이 채택하였고 2016년 11월 4일 발효되었다. 2100년까지 지구 평균기온 상승폭을 산업사회 이전에 비해 2℃ 보다 훨씬 낮은 수준으로 제한하며 특히 1.5℃ 이내로 제한할 것을 공동의 목표로 설정하였다. 기후변화에 관한 정부 간 패널(IPCC)은 기온 상승이 1.5℃의 문턱을 넘으면 더 빈번하고 심각한 가뭄, 폭염, 강우 등 훨씬 더 심각한 기후변화 영향을 초래할 위험이 있다고 지적하고 있다.

파리협정의 핵심 내용은 다음과 같다.

- 기온: 2100년까지 산업화 이전에 비해 평균 기온 상승을 2℃보다 상당히 낮은 수준으로 유지. 특히 1.5℃ 이하로 제한 위해 모든 노력
- 온실가스 배출: 2050년까지 탄소중립
- 이행점검: 이행 여부 최초 점검 2023년. 이후 5년마다 점검. 매 점검마다 가입국에게 갱신과 강화.

그 외에도 다음과 같은 내용들이 포함되어 있다.

- 온실가스를 좀 더 오랜 기간 배출해온 선진국이 더 많은 책임을 지고 개도국의 기후변화 대처를 지원
- 선진국은 2020년부터 개도국의 기후변화 대처 사업에 매년 최소 1000억 달러(약 118조 1500억 원) 지원
- 선진국과 개도국 모두 책임을 분담하며 전 세계가 기후 재앙을 막는데 동참
- 협정은 구속력이 있으며 2023년부터 5년마다 당사국이 탄소 감축 약속을 지키는지 검토

파리협정은 구속력 있는 약속으로서 모든 국가가 기후변화에 대응하고 그 영향에 적응하기 위해 모든 국가를 하나로 모으는 계기가 될 것이며 다자간 기후변화 프로세스의 획기적인 이정표가 될 것이다. 파리협정은 경제적, 사회적 변혁을 통해 이행되며 높은 수준의 과학을 기반으로 한다.

(3) IPCC

- IPCC 6차 보고서(2021)

인간이 대기와 해양, 토지의 온난화 현상에 영향을 끼친 것은 명백하다.
지구 곳곳 많은 지역에서 기후변화가 발생하고 있으며, 인류사에서 전례 없는 일이다. 지난 5년 동안 지구 평균기온은 1850년 이후 가장 높았으며, 해수면 상승과 얼음 유실 속도가 더욱 가속화되고 있다. 더구나 기상이변 현상들이 점점 늘어나고 있으며, 이들은 대부분 인간활동이 원인이라는 증거가 쌓이고 있다.

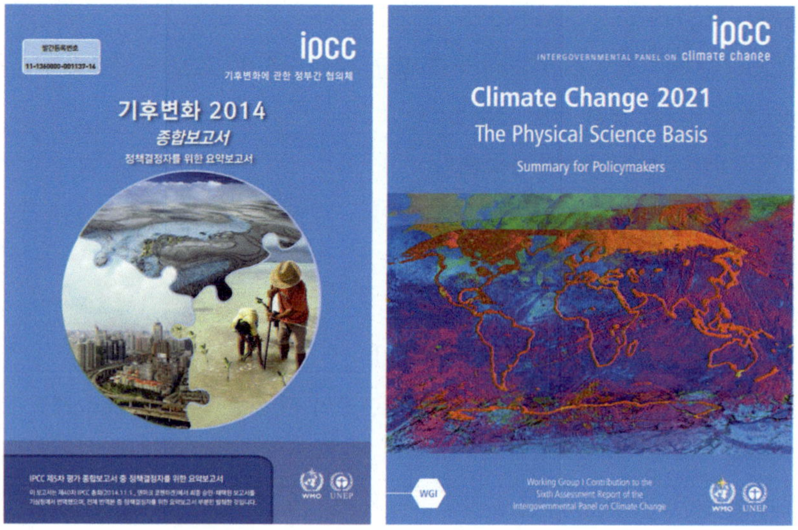

그림 32 IPCC 5차(2014) 및 6차 보고서(2021)
(자료: IPCC, 2014, 2021)

• IPCC 5차 보고서(2014)

기후위험은 위해(hazard) 요소와 취약성, 기후노출(exposure)의 상호 관계에 따라서 발생하고 인간과 자연시스템에 영향을 미친다. 온실가스 및 인위적 강제력에 의해 표면 온도 변화가 발생하였으며, 지구온난화는 결국 인간의 활동에서 기인한 것이라고 결론 내렸다.

최근 배출된 인위적 온실가스의 양은 관측 이래 최고 수준이며, 기후변화는 최근 인간계와 자연계에 광범위한 영향을 주고 있다. 인위적 온실가스가 더 이상 배출되지 않는다 할지라도, 다양하게 나타나는 기후변화와 그 영향은 앞으로 수 세기에 걸쳐 계속될 것이다. 온난화가 심화됨에 따라, 갑작스럽게 나타나거나 비가역적인 변화의 위험은 증가할 것이다.

• IPCC 4차 보고서

지구온난화를 둘러싼 논쟁에 대하여 '지구온난화는 논란의 여지가 없을 정도로 명백하다(unequivocal)'라고 정의하면서 인간활동이 지구온난화의 주범이라고 결론 내렸다.

3. 2050 탄소중립과 NDC

(1) 2050 탄소중립

파리협정에 따라 지구온난화를 1.5℃로 제한하려면 늦어도 2025년 이전에 온실가스 배출량이 정점을 찍고 2030년까지 43% 감소해야 한다. 파리협정 목표를 실현하기 위해 국제사회는 2050년까지 탄소배출량과 흡수량이 균형을 이루어 순배출량 0(zero)을 달성한다는 장기저탄소발전전략(LEDS)을 선언하였다. 유럽연합(EU)의 경우 유럽 그린 딜(Green Deal) 정책에 의해 2050년 탄소중립을 달성한다는 목표를 설정한 바 있다. 파리협정의 목표를 달성하기 위해서는 기후변화 행동을 대대적으로 확대해야 하며 발효 이후 수년간 이미 저탄소 해결책과 새로운 시장을 촉발시켰고, 점점 더 많은 국가, 지역, 도시 및 기업들이 탄소중립 목표를 수립하고 있다. 2021년 기준 탄소중립(Net Zero)을 입법화하였거나 정책적으로 탄소중립을 선언한 국가는 137개 국가에 이른다.

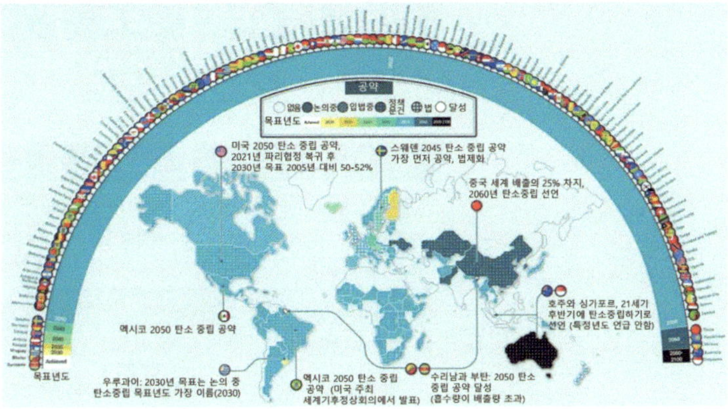

그림 33 장기저탄소발전전략(LEDS) 수립 국가
(자료: Race to Net Zero: Carbon Nertral Goals by Country)

우리나라의 경우도 파리협정에 따라 2050년까지 탄소중립을 실현하기 위한 장기저탄소발전전략(LEDS) 및 기후변화 정책의 장기 추진 방향으로 전환, 산업, 수송, 건물, 비에너지 등에 대해 2050 탄소중립 비전/전략을 수립하였다.
그런데 감축 목표를 모두 달성하더라도, 2100년 평균기온은 1.5~2℃ 증가할 것으로 전망된다. 더구나 기후변화에 대응하지 않을 경우 GDP가 2060년까지 약 2% 감소할 것으로 전망된다. 그러므로 환경, 사회, 경제적 부문별 영향을 고려하여 감축 전략을 수립하는 것이 중요하다.

COP27에서는 지구온난화를 1.5℃ 이내로 제한하기 위해서는 훨씬 더 가속화된 행동이 필요하다는 점을 인식하고 각 국가별 NDC에서 2030년 목표를 재검토하고 강화할 것을 합의하였다.

그림 34 대한민국 2050 탄소중립 비전
(탄소중립녹색성장위원회, 2023)

부문별로는 온실가스 배출의 25%를 차지하는 경제 부문 전반에 걸쳐 제로 탄소 솔루션이 경쟁력을 갖추고 있다. 이러한 추세는 전력 및 운송 부문에서 가장 두드러지며, 2030년까지 전 세계 배출량의 70% 이상을 차지하는 부문에서 제로 탄소 솔루션이 경쟁력을 갖출 수 있을 것이다. 한편으로, 전 세계 CO_2 배출량은 2055년 탄소중립(Net Zero)에 도달하지만 비CO_2 복사강제력은 2030년 이후에 감소할 것으로 예측된다. 즉, 강화된 CO_2 감축을 통해 온도 상승을 1.5℃로 제한할 가능성을 높일 수 있지만 비CO_2 복사강제력이 감소되지 않으면 1.5℃로 제한할 가능성이 낮아진다.

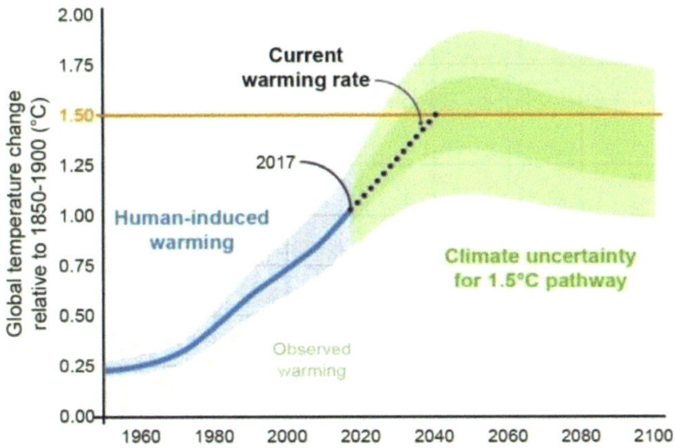

그림 35 1.5℃ 달성경로
(자료: IPCC, 2018. 1.5℃ 특별보고서)

(2) 2030 NDC (Nationally Determined Contribution)

2050 탄소중립을 달성하기 위해 파리협정 제4조 제12항에 따라 당사국들이 자율적으로 정한 각 국가별 온실가스 감축을 위한 행동계획(NDCs: National Determined Contributions)이다. 파리협정에 따라 전 세계 기후협약 당사국들은 국가별 실천을 위해 2020년부터 기후행동 즉 기후변화를 완화하기 위해 노력하고 구체적인 실천 전략으로서 2030년까지 달성할 국가 자율 목표인 국가별 기후행동계획(NDCs)을 제출하였다. NDC는 5년마다 전 지구적 이행점검(GST: Global Stock take)을 실시하여 새로 작성할 수 있으며 새로 작성할 때마다 진전 원칙에 의해 기존 목표보다 감축 수준을 높여야 한다.

또한 각 국가들은 기후변화 영향에 적응하기 위한 회복력을 구축하기 위해 취할 NDCs 행동에 대해서도 구체적인 목표와 방법을 설정하며, 장기적 목표와 실천을 위해 각 나라별로 장기적인 저온실가스 배출권 개발 전략(LT-LED ; long-term low greenhouse gas emission development strategies)을 수립해 제출하도록 하고 있다. 이러한 LT-LED는 NDC와 달리 이들은 의무사항은 아니며 NDC에 장기적인 목표와 방향성을 제공하게 된다. 각 나라들은 LT-LED에 따라 NDC를 국가들의 장기적인 계획과 개발 우선순위의 맥락에 배치하여 미래 발전에 대한 비전과 방향을 제시하고 있다.

이러한 국제사회의 온실가스 감축 노력이 꾸준히 전개되었음에도 불구하고 세계 온실가스 배출량은 좀처럼 줄어들지 않고 있다. '전 지구적 이행점검'(Global Stocktake)에 의하면 주요국의 2030 NDC 목표 달성이 어려울 것이라는 전망이 나왔다. 주요 온실가스 배출 국가의 과거 배출량 자료를 바탕으로 예측한 2030년 전망치와 각 나라마다 설정한 2030 NDC 목표치 간의 격차가 상당한 수준에 이른다고 분석하였다.

2021년 세계 온실가스 배출량은 48.6 기가톤($GtCO_2$-eq)에 이르러 역대 최대치를 기록하였으며 이는 1990년부터 2020년 코로나 펜데믹 시기를 제외하고는 연평균 1.39%의 증가율로 꾸준히 상승해왔다.

세계 온실가스 배출량의 약 70%는 상위 13개 주요 배출국에서 나오고 있다. 특히 배출량 1위(중국)·3위(인도)·4위(러시아) 등의 국가는 2030년까지 실질적인 감축 의지가 있는지에 의문을 제기하고 있고, 탄소중립 선도국으로 평가되고 있는 영국·독일도 화석연료로 회귀하여 2030 NDC 목표 달성이 쉽지 않을 것으로 전망된다. 압도적 온실가스 배출량 1위인 중국('21년 기준 14.3 기가톤)을 필두로, 미국과 인도, 러시아가 그 뒤를 잇고 있는데 이들 4개국의 배출량을 합산하면 세계 배출량의 50%를 넘는다. 이들, 배출량 상위 4개국의 2030 NDC 목표 달성 여부가 세계 기후변화 대응 성패를 결정하는 핵심적 바로미터라고 볼 수 있다.

• 우리나라 NDC

탄소중립 기본법에 우리나라 탄소 배출 정점인 2018년을 기준으로 2018년 배출량 대비 35% 이상 감축해야 한다고 명시하였고, 2018년 대비 40%를 감축한다는 국가 온실가스 감축 목표(NDC)를 확정하였으며 전환, 산업, 건물, 수송, 농축수산, 폐기물 등 부문별 감축량을 산정하여 추진 중에 있다.

구분	부문	2030 NDC
배출량 합계		436.6 (40.0%)
배출	전 환	145.9 (45.9%)
	산 업	230.7 (11.4%)
	건 물	35.0 (32.8%)
	수 송	61.0 (37.8%)
	농축수산	18.0 (27.1%)
	폐기물	9.1 (46.8%)
	수 소	8.4
	탈루 등	3.9
흡수·제거	흡수원	-26.7
	CCUS	-11.2
	국제감축	-37.5

그림 36 2030 NDC 부문별 목표
(자료: 관계부처합동, 2023)

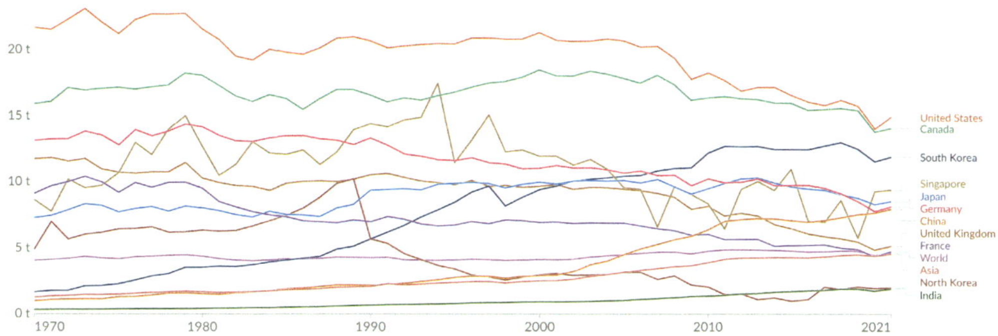

그림 37 1970년 이후 국가별 1인당 탄소배출량 변화 추세
(자료: Global Carbon Budget, 2023)

목표 달성을 위한 세부 방안으로 ▲부문별 온실가스 중장기 감축정책(10대 부문 37개 정책 과제)과 ▲탄소중립 사회로의 이행 기반 강화 정책(6대 부문, 45개 정책 과제)를 제시하고 있다.

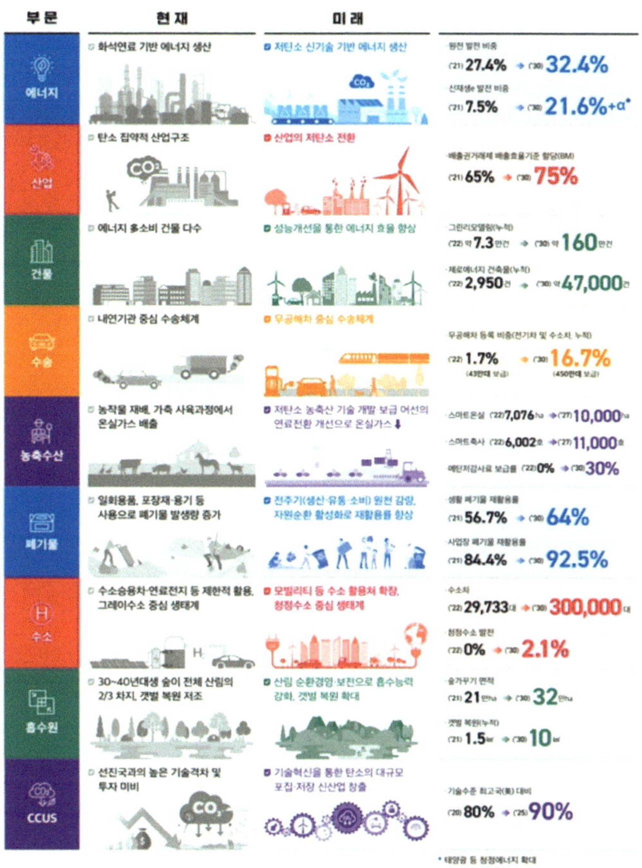

그림 38 부문별 배출저감 목표와 미래상
(자료: 관계부처합동, 2023)

한편, 온실가스 감축 목표와 전망치 간의 차이를 보여주는 '감축격차율'을 살펴보면 G20 국가의 경우 작게는 이탈리아가 3.0%으로부터 크게는 캐나다 37.3%로 평균 25.0%인 것으로 나타났다. 우리나라의 경우는 34.2%로 G20 국가 평균보다 높아 2030 목표 달성이 어려울 것으로 전망되고 있는데, 경제성장률, 산업구조, 감축 여건 등 다양한 대내외 변수들을 고려한 현실적인 배출량 전망치에 비해서 2030 NDC 목표치를 도전적으로 설정하여 탄소감축 의지를 강조하였다.

* 감축격차율: 2030 NDC 목표 달성을 위해 2030 BAU 전망치 대비 추가로 감축해야 하는 비율.
『NDC 목표치 = BAU 전망치 × (1 - 감축격차율)』
단, 2030 NDC목표치가 '21년 현재 배출량보다 큰 경우는 감축 의지가 없는 것으로 보고 계산에서 제외.

4절 온실가스 감축

1. 온실가스 감축 시나리오

(1) SRES(Special Report on Emission Scenarios) 시나리오

경제우선과 환경우선, 지역주의와 범 지구적 광역 등 서로 상반된 접근을 고려한 시나리오.

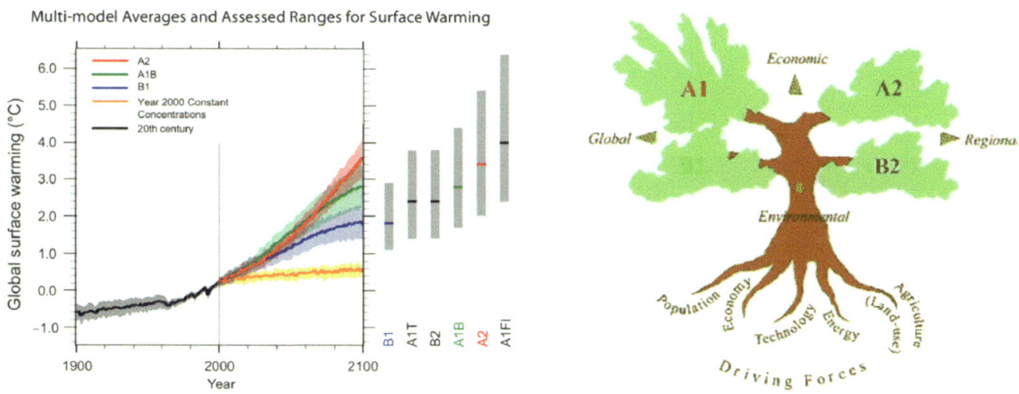

그림 39 SRES 시나리오
(자료: IPCC, 2000)

SRES 시나리오는 온실 기체 배출량에 따라 B1, B2, A1B, A1T, A1FI, A2의 여섯 가지 시나리오가 존재.

왼쪽 그래프에서 실선은 20세기 재현 결과에 이어 A2, A1B, B1 시나리오에 대한 다중모델에 의한 지구 평균 지표 온난화(1980-1999년과 비교)를 나타낸다. 회색음영부는 6개 모델의 연평균의 ±1 표준편차 범위이다.

노란색 바탕의 주황색 선은 2000년의 농도를 일정하게 유지한 실험의 결과이다.

그래프 우측의 회색 막대는 6개의 SRES 시나리오의 최적 추정치(중간의 가로선)와 가능 범위를 나타낸다

㉠ A1 시나리오: 고성장 사회

A1FI: 화석연료의 집중적, 효율적 사용

A1T: 비화석연료 중심

A1B: 모든 에너지 공급원의 균형

㉡ **A2 시나리오: 다원화 사회**
㉢ **B1 시나리오: 지속 발전형 사회**
㉣ **B2 시나리오: 지역 공존형 사회**

(2) RCP 시나리오

IPCC 5차 보고서에서 제안된 RCP 시나리오(Representative Concentration Pathways; 대표농도경로)는 인간활동이 대기에 미치는 복사량으로 온실가스 농도를 설정한다(IPCC AR5). 목표로 하는 온실가스 농도값을 설정한 후 이를 실현하기 위한 온실가스 저감 노력을 한다. SRES 시나리오는 미래의 사회경제 형태가 먼저 결정되고 이에 따른 배출량을 산출하나, RCP 시나리오는 기후변화 대응 정책에 따른 온실가스 저감 노력의 실현 여부에 따라 인간활동이 대기에 미치는 복사량으로서 온실가스 농도를 정한다.

표 1 RCP 시나리오(RCP 숫자: 온실가스로 인한 추가적인 지구 흡수에너지 양)

구분	특징	CO_2 농도
RCP 2.6	인간활동에 의한 영향을 지구 스스로 회복 가능한 경우 (현실적으로 실현 불가)	420 ppm
RCP 4.5	온실가스 저감 정책이 상당히 실행되는 경우	540 ppm
RCP 6.0	온실가스 저감 정책이 어느정도 실현되는 경우	670 ppm
RCP 8.5	온실가스 저감없이 현재 추세로 온실가스가 배출되는 경우 (BAU 시나리오)	940 ppm

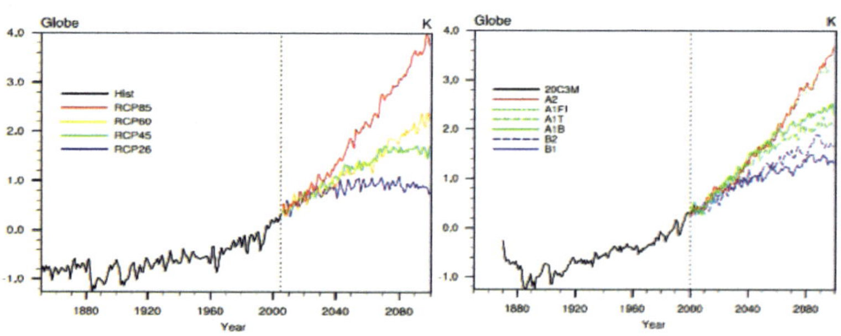

그림 40 RCP 시나리오(왼쪽) 및 SRES 시나리오(오른쪽)의 연간 평균 지구 평균 이상 기온
(자료: 서울대학교, 2013)

RCP 및 SRES 시나리오에 따른 전 지구 평균 온도의 변화를 나타내고 있음.

- 시나리오에 따른 온도 증가량 차이는 RCP 시나리오가 SRES 시나리오보다 더 큰 것으로 나타남.
- RCP 8.5 시나리오의 온도 증가량이 A2 시나리오보다 높음.
- RCP 2.6 시나리오의 온도 증가량이 B1 시나리오보다 낮음. 특히 RCP 2.6 시나리오는 21세기 후반에는 온도가 감소하는 경향을 보이고 있음.

지표 온도 변화는 RCP 시나리오가 예측하는 미래 대기 환경의 변화가 SRES 시나리오보다 더 클 것을 뜻함.

• 미래 기후변화 전망

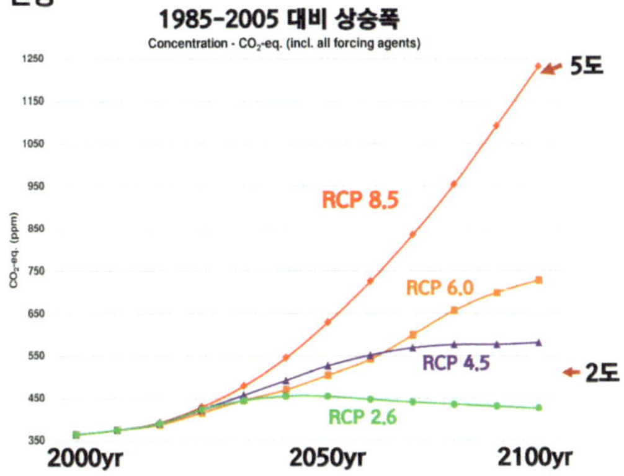

그림 41 RCP 시나리오에 의한 기온 예측

RCP 시나리오가 예측하는 모델별 미래 기온 상승폭을 설명.

가장 적극적이고 엄격한 감축을 실현하는 경우(RCP 2.6) 2100년도 기온 상승은 2℃ 이내로 억제되며 1.5℃ 억제 목표에 근접할 수 있음.

적극적인 감축 정책을 실현하는 RCP 4.5의 경우 2℃ 억제 목표를 달성하기 어려울 것임. RCP 6.0 및 아무 노력도 하지 않는 RCP 8.5의 경우 최대 5℃까지 상승될 것으로 예측됨

(3) SSP 시나리오

IPCC 6차 보고서에서 제안된 SSP 시나리오(Shared Socioeconomic Pathways, 공통사회경제경로)는 RCP 시나리오에 미래 사회경제변화를 고려한 시나리오이다(IPCC AR6).
2100년을 기준연도로 복사 강제력 강도(기존 RCP 개념)와 함께 미래 사회경제 변화를 기준으로 기후변화에 대한 미래의 완화와 적응 노력에 따라 5개의 시나리오로 구별한다(O'Neil et al. 2014). 인구통계, 경제발달, 복지, 생태계 요소, 자원, 제도, 기술 발달, 사회적 인자, 정책 등을 고려한다.

표 2 SSP 시나리오 특징

구분	특징
SSP1-2.6	재생에너지 기술 발달로 화석연료 사용이 최소화되고 친환경적으로 지속가능한 경제성장을 이룰 것으로 가정하는 경우 2℃ 목표를 달성할 수 있을 것으로 예측되나 현실적으로 실현 불가능한 대안.
SSP2-4.5	기후변화 완화 및 사회경제 발전 정도가 중간 단계를 가정하는 경우 상당한 수준의 감축 노력으로 실현가능한 대안. 2℃ 감축 목표를 달성하기는 어렵지만 국제사회의 적극적인 노력으로 실현 가능한 수준
SSP3-7.0	기후변화 완화 정책에 소극적이며 기술 개발이 늦어 기후변화에 취약한 사회구조를 가정하는 경우
SSP5-8.5	산업 기술의 빠른 발전에 중심을 두어 화석연료 사용이 높고 도시 위주의 무분별한 개발이 확대될 것으로 가정하는 경우 현재 추세대로 아무런 감축 노력을 하지 않는 경우로서 5℃ 수준으로 상승될 것으로 예측

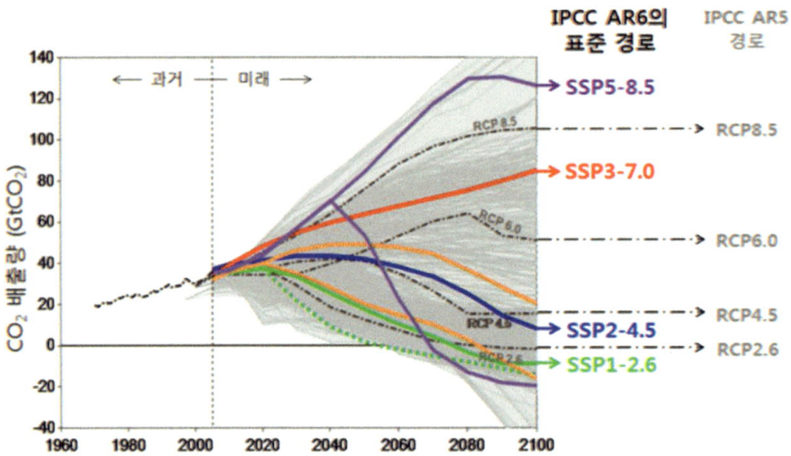

그림 42 IPCC AR5 (RCP), AR6 (SSP) 표준경로.

IPCC 6차 평가보고서의 표준 경로는 오른쪽에 표기된 SSP1-2.6(녹색 실선), SSP2-4.5(청색 실선), SSP3-7.0(적색 실선), SSP5-8.5(보라색 실선)의 4종임. 표기되지 않은 선들은 그 외 가능한 배출 경로들을 나타내며 가능한 배출 경로들의 전체 범위를 회색 음영으로 표기(http://www.climate.go.kr/home/CCS/contents/31_Introduce.php)

〈 제6차 IPCC 평가 보고서 시나리오별 기온 상승 전망치 〉

시나리오	단기, 2021-2040년		중기, 2041-2060년		장기, 2081-2100년	
	최적 추정치	추정 범위	최적 추정치	추정 범위	최적 추정치	추정 범위
SSP1-1.9	1.5	1.2~1.7	1.6	1.2~2.0	1.4	1.0~1.8
SSP1-2.6	1.5	1.2~1.8	1.7	1.3~2.2	1.8	1.3~2.4
SSP2-4.5	1.5	1.2~1.8	2.0	1.6~2.5	2.7	2.1~3.5
SSP3-7.0	1.5	1.2~1.8	2.1	1.7~2.6	3.6	2.8~4.6
SSP5-8.5	1.6	1.3~1.9	2.4	1.9~3.0	4.4	3.3~5.7

그림 43 IPCC AR6 (SSP) 시나리오별 전망
(http://www.climate.go.kr/home/CCS/contents/31_Introduce.php)

SSP 시나리오에 따른 우리나라 사회경제 변화율을 예측하면, 미래로 갈수록 인구는 줄어들고, GDP의 증가율은 감소하게 된다. 인구의 경우 40년대가 지나면 마이너스 증가율로 바뀔 것으로 예상된다.

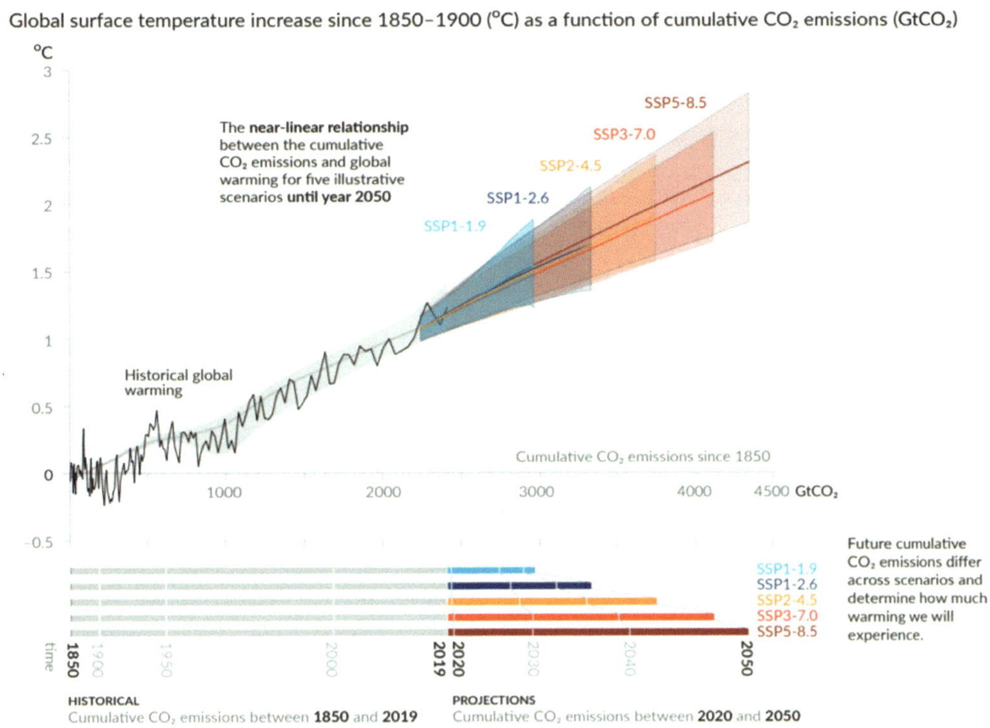

그림 44 SSP 시나리오에 의한 2050 온도변화 예측
(자료: IPCC, 2021)

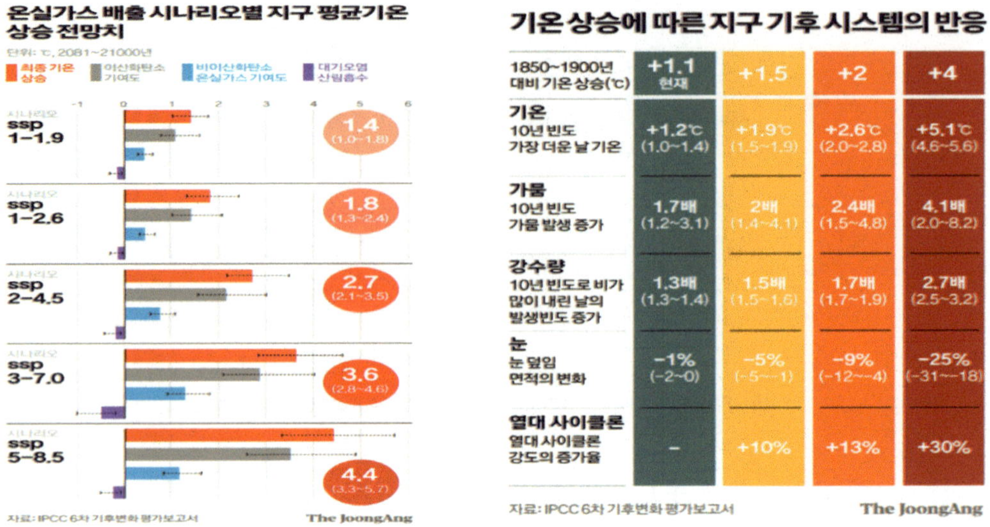

그림 45 IPCC 6차 보고서에 의한 기온상승 전망치 및 기후시스템 반응
(자료: IPCC, 2021)

표 3 SSP 시나리오에 의한 인구, GDP, 1인당 GDP 변화율
(자료: IPCC, 2021)

	시나리오	base	2010s	2020s	2030s	2040s	2050s	2060s	2070s	2080s	2090s
인구 변화율	SSP2	0.46%	0.25%	0.06%	-0.21%	-0.51%	-0.73%	-0.85%	-0.90%	-0.90%	-0.89%
	SSP3	0.46%	0.15%	-0.19%	-0.55%	-0.98%	-1.32%	-1.52%	-1.64%	-1.74%	-1.74%
	SSP5	0.46%	0.35%	0.28%	0.10%	-0.09%	-0.21%	-0.31%	-0.44%	-0.45%	-0.48%
GDP 변화율	SSP2	3.79%	3.80%	2.86%	1.82%	1.18%	0.76%	0.47%	0.35%	0.26%	0.16%
	SSP3	3.79%	3.66%	2.38%	1.10%	0.29%	-0.24%	-0.56%	-0.76%	-0.94%	-1.05%
	SSP5	3.79%	3.99%	3.69%	2.68%	1.96%	1.62%	1.44%	1.35%	1.26%	1.16%
1인당 GDP 변화율	SSP2	3.32%	3.55%	2.80%	2.03%	1.70%	1.50%	1.33%	1.26%	1.18%	1.06%
	SSP3	3.32%	3.50%	2.57%	1.66%	1.28%	1.10%	0.97%	0.89%	0.82%	0.70%
	SSP5	3.32%	3.63%	3.40%	2.58%	2.06%	1.84%	1.75%	1.80%	1.71%	1.64%

2. 온실가스 흡수와 CCUS

(1) 탄소순환과 탄소흡수

1) 탄소순환(Carbon Cycle)

탄소는 대기 중 CO_2 형태로 존재하며, 대기로부터 생물을 거쳐 대기로 되돌아간다. 생물의 호흡, 화석 연료 연소 및 화산 폭발 등의 작용으로 배출되며, 독립영양생물(생산자)이 광합성 작용으로 대기 중 이산화탄소를 흡수하여 매년 수십억 톤의 탄소를 유기물로 전환시킨다.

광합성과 화산활동 등에 의한 탄소순환은 대기 중 이산화탄소 농도를 일정하게 유지시켜 온실효과를 통해 지구생태계를 유지해 온 자연현상이나, 인류에 의한 화석연료 등 탄소화합물의 연소를 통해 과량의 탄소가 대기 중으로 방출되면서 온실효과가 심해져서 기후 온난화를 유발하게 된다.

그러므로 인위적 원인에 의한 탄소발생을 최소화하거나 격리를 통해 감축하려는 노력이 중요하다.

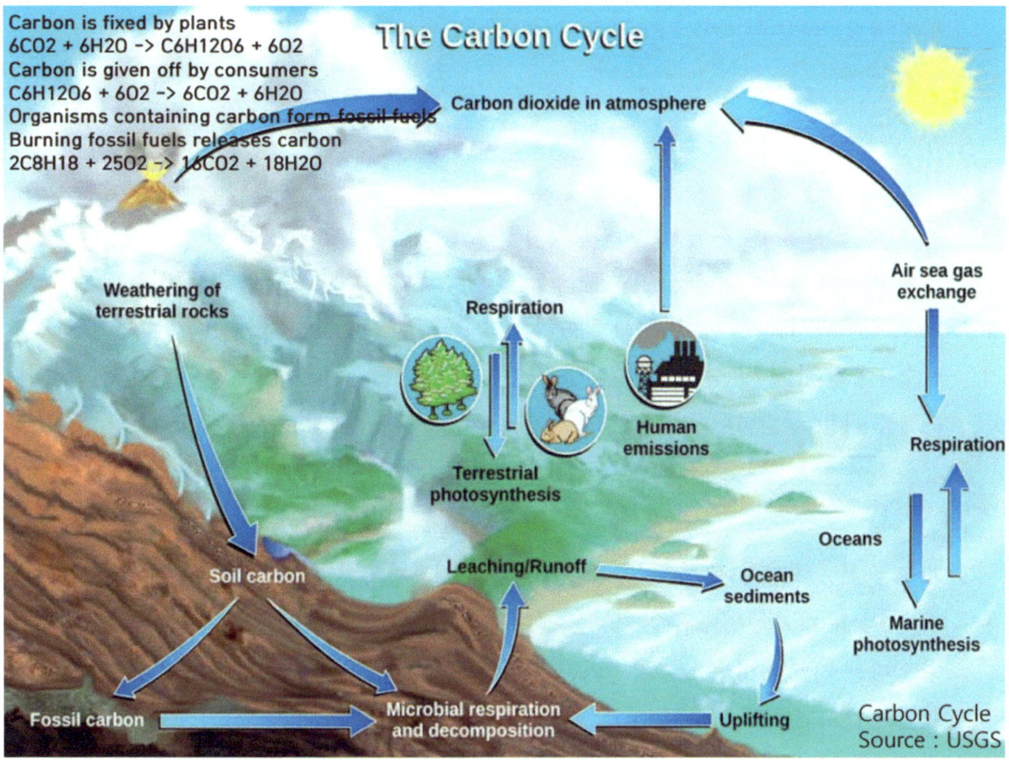

그림 46 탄소순환
(자료: USGS)

2) 탄소흡수원(Carbon Sink)

구분	내용
신규조림/재조림	• (신규조림) 최소한 과거 50년 동안 산림이 아니었던 토지에 인위적인 식재·파종 및 천연갱신 유도를 통해 산림으로 전환하는 것 • (재조림) 본래 산림이었다가 다른 용도로 전용되어 1989년 12월 31일 이전까지 산림이 아니었던 토지에 인위적인 식재.파종 및 천연갱신 유도를 통해 산림으로 전환하는 것
산림경영	• 숲가꾸기, 목재 수확활동 등 산림을 지속가능한 방식으로 보전·이용하기 위한 일체의 활동
식생복구	• 신규조림/재조림 외에 식생조성을 통해 그 입지에서 산림탄소흡수량을 증가시키는 인위적인 활동
목제품[7] 이용	• 수확된 목재 및 목재를 원료로 가공된 제품
산림 바이오매스 에너지 이용	• 임산물과 임산물이 혼합된 원료(폐목재를 포함한다)를 사용하여 생산된 에너지
산지전용 억제[8]	• 산지전용 및 산림황폐화로 인한 온실가스 배출을 감축하고 산림탄소흡수량을 유지·증진하기 위하여 합의한 활동

7) 목제품(HWP: Harvested Wood Products)
8) 산지전용 및 산림황폐화로 인한 배출 감축(REDD+: Reduced Emissions from Deforestation and forest Degradation)

그림 47 탄소흡수원 유형
(자료: 산림청, 산림탄소상쇄가이드북)

탄소흡수(Carbon absorption)란 자연적이거나 인위적으로 대기 중의 이산화탄소를 저장하는 것을 의미하며, 탄소흡수원이란 탄소를 흡수하고 저장하는 입목, 죽, 고사유기물, 토양, 목제품 및 산림바이오매스 에너지를 말한다(탄소흡수원 유지 및 증진에 관한 법률 제2조).

탄소흡수원 유지 및 증진에 관한 법률에 의한 탄소흡수원 유형은 조림, 산림경영, 식생복구, 목제품 이용, 산림바이오매스 에너지 이용, 산지전용 억제 등으로 구분된다.

· 자연기반 탄소흡수원

2050 탄소중립 및 2030 NDC 달성을 위한 5대 기본방향의 하나로 탄소흡수원인 산림, 갯벌, 습지, 토양 등 자연의 탄소흡수 기능을 강조하고 있다. 자연기반 해법을 통해서 기후를 완화시킬 수 있다는 전제를 바탕으로 자연기반 온실가스 감축 해법은 탄소중립을 달성하는 유력한 수단으로 부각되고 있다.

생태계에 기반을 둔 기후변화 적응 대책으로서 내륙습지의 경우에는 하천습지와 범람원을 관리하고 복원하여 홍수를 방지하고, 유역 차원에서 습지와 수자원을 관리하며, 습지를 잘 관리하여 습지가 제공하는 자연적인 홍수 방지 시스템인 '그린 인프라스트럭처'를 복원하는 것이 중요하다. 연안습지의 경우 연안습지의 손실과 훼손을 줄이고, 이들을 복원하여 생태계가 해수면 상승에 탄력적으로 대응할 수 있도록 하며, 기존의 인프라 건설을 최소화하고 그린 인프라를 도입하는 전략이 적용될 수 있다.

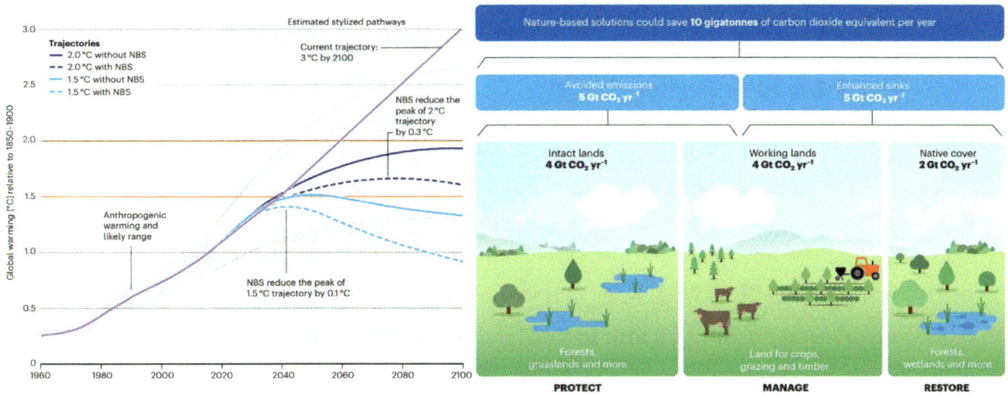

그림 48 자연기반 탄소흡수원에 의한 탄소감축 효과
(CécileA.J.Girardin.2021.Nature-basedsolutionscanhelpcooltheplanet—ifweactnow,Nature)

① 산림(숲) 및 초지, 농경지

적절한 산림관리와 산림면적 확대를 통한 탄소저장량 증가, 농경지 토양구조를 강화, 생물다양성 증진 등 농경지 주변 토양을 개선함으로써 탄소저장 및 배출량을 감소시킨다. 식물은 광합성을 통하여 이산화탄소를 고정한다. 산림청의 자료에 의하면 승용차 주행거리를 1만 5천 km를 기준으로 소나무 13주의 흡수량에 해당되며, 낙엽송 숲 1 ha에서 1년 동안 흡수하는 CO_2량은 연간 8.9 ton으로서 이는 승용차 3.7대가 1년 동안 배출하는 CO_2 배출량을 상쇄할 수 있다.

4년동안 식재한 나무 1,550주의 CO_2 흡수량은 525,836 kg으로서, 이는 승용차가 서울-부산을 4,696회 왕복 주행하는 CO_2 배출량에 해당되며 성인 219명이 배출하는 CO_2량에 해당된다.

일반적으로 산림의 탄소흡수량은 임령에 따라 저하되지만, 산림의 생물서식처 및 생물다양성 증가 등 다양한 생태적 기능과 가치는 임령에 무관하게 일정한 가치를 지닌다. 국립산림과학원에 의하면, 우리나라의 산림이 제공하는 공익적 기능 중 2010년에는 토사 유출 방지, 산림휴양, 수원함양, 산림경관 등의 기능이 중요한 것으로 조사되었고, 2018년에는 온실가스 흡수 저장, 산림경관, 토사 유출 방지, 산림휴양 등의 기능이 높은 것으로 나타났다.

온실가스 흡수 기능은 2010년 4.9조 원으로 전체기능 중 9위에 머물렀으나 2018년에는 75.6조 원으로 가장 가치가 높은 것으로 나타났다.

- 재조림 및 사면녹화 등을 통한 산림복원
- 고산생태계 복원을 통한 탄소포집 증가
- 지역사회 기반 탄소포집 기술 개발
- 산사태 등 산림재해 방지를 위한 수로 재설계
- 기후 탄력적인 방목 및 가축 관리
- 방목지의 재건 및 복원
- 농업생태계 및 농업시스템의 개선

• 산림탄소상쇄제도

탄소흡수원 유지 및 증진에 관한 법률에 의하면, 기업, 산주, 지방자치단체 등이 자발적으로 온실가스 배출 저감을 위한 탄소흡수원 증진 활동을 하고 이를 통해 확보한 산림탄소 흡수량을 인정하는 제도이다.

그런데 탄소흡수량을 늘리기 위한 단일 식생으로 구성된 재산림화 프로젝트가 활발해질 경우 생물다양성 등의 문제가 야기될 수 있기 때문에 올바른 측정 기준으로 장기적인 평가 및 모니터링이 필요하다.

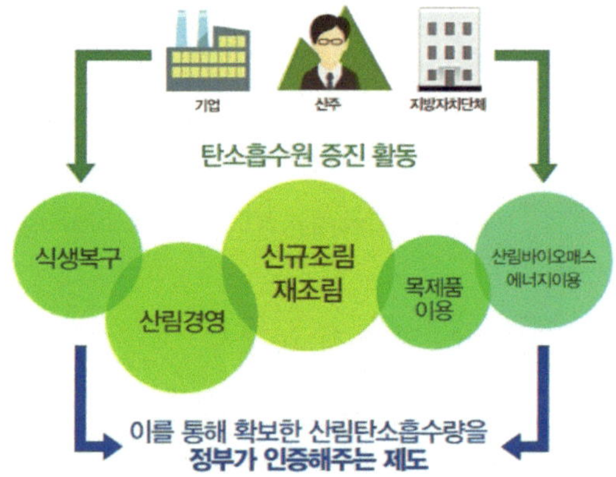

그림 49 산림탄소상쇄제도
(자료: 산림청)

② 해양(blue carbon) 및 해안

염생식물, 잘피 등 연안에서 서식하는 식물과 갯벌 등 해양생태계가 흡수하는 탄소를 블루카본이라고 구별하여 부른다. 바다 식생 분포 면적은 해저의 0.5%에 불과하지만 탄소저장량은 50% 이상이며 잠재저장량은 70% 이상이다.

IUCN에 의하면 산림과 비교하여 CO_2 흡수량과 저장량은 비슷하며 다만 흡수 속도는 최대 50배 빠른 것으로 알려지고 있다.

그림 50 블루카본(왼쪽) 및 해양 탄소순환(오른쪽)
(자료: 해양수산부)

- 해안사구 및 해변의 안정화
  - 방파제 역할의 인공 암초 조성
  - 방파제의 재배치를 통한 해안선의 후퇴 등을 유도 및 관리
  - 갯벌 및 염습지 등과 같은 조간대 서식지가 개발될 공간 조성

③ 습지 및 담수

하천, 습지, 늪 등 습지의 탄소저장 능력을 확대한다. 습지는 지표 면적의 4%에 불과하지만 탄소저장량은 40% 이상에 이른다. 온실가스의 70%는 이산화탄소이므로 탄소격리는 지구 온난화 억제를 위해 매우 효과적인 수단이다. 다만 습지가 건조화되면 배출원으로 전환되므로 습지를 보전하는 것이 중요하다.

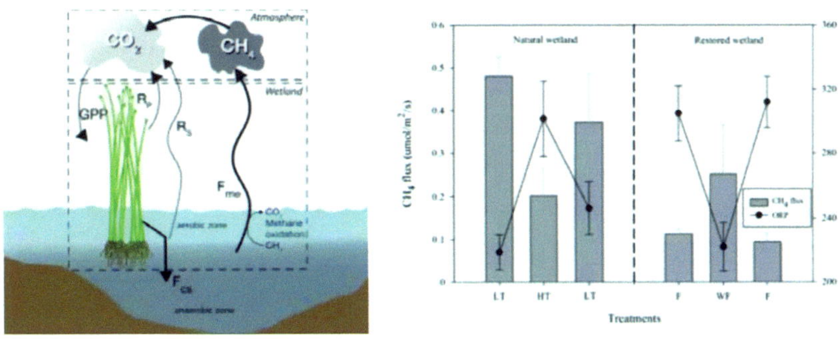

그림 51 습지와 대기의 탄소교환 개념도
(Mitch et al., 2013)

내륙습지는 연안습지보다 10배 이상의 탄소를 보유하고 있으며 이는 내륙습지의 발굴 보전 복원 및 조성 필요성을 시사하고 있다. 나아가 적절하게 관리된 습지는 자연 그대로의 습지보다 훨씬 탄소흡수원으로서의 기능이 높다는 점에서 적절한 습지관리 필요성이 높다. 습지를 파괴하고 전환하는 행위로 지구온난화 60%의 원인을 차지하는 이산화탄소 배출이 증가하게 된다. 습지는 다른 유형의 생태계에 비해 훨씬 더 빠른 속도로 소멸되거나 훼손되어 습지에 의한 기후변화 적응 능력이 급격히 감소된다.

습지를 보전하고 복원하며 현명하게 이용함으로써 기후변화 적응력을 높일 수 있고 생태적으로는 물론 인류 문화와 생물다양성 보전 등을 위해서도 매우 효과적이다. 기후변화는 폭우, 가뭄 지속, 빙하 융해 등을 촉발하는 방아쇠 기능을 하며, 기온 상승은 폭우의 빈도와 강도를 높이고 해수면을 상승시키게 된다. 습지는 이러한 기후변화에 대응하는 중요한 기능을 하며 탄소 저장소가 된다. 습지와 습지의 생물다양성은 탄소를 흡수하고 지역 기후와 강수에 영향을 주어 기후변화의 영향을 저감시키는데 매우 유용하다. 습지는 숲 생태계보다 이산화탄소 저장 효과가 최대 50배에 이른다.

이탄층에서는 식물체 등의 유기체 분해 속도가 매우 늦기 때문에 토양 내 탄소 저장 능력이 매우 뛰어나다. 이탄습지는 온실효과의 주범인 탄소를 가두어 둠으로써 온난화를 완화시킬 수 있다. 이탄습지는 육상생태계 중에서 가장 효과적인 탄소저장생태계로서 약 500 Gt의 탄소를 저장하는데 이는 산림이 저장하고 있는 탄소량의 약 2배에 이른다. 이탄습지는 지하수위가 높아 식물의 분해 작용을 억제하며, 식물이 생애주기 동안 탄소격리(carbon sequestration) 작용으로 축적한 탄소가 토양에 집적되어 이탄층을 형성한다.

습지생태계는 기후변화 대응을 위한 자연적 인프라스트럭처를 제공하기 때문에 하천 유역의 범람원을 복원하면 홍수를 방지할 수 있으며, 연안습지를 잘 관리함으로써 해수면 상승으로 인한 연안지역을 보호할 수 있다.

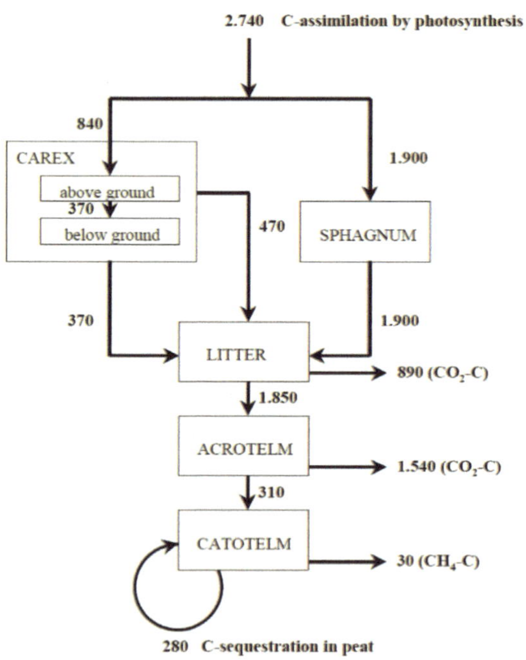

그림 52 Bog에서 나타나는 탄소 순환
(자료: Joosten & Clarke, 2002)

결론적으로 습지는 생물다양성이나 인류에게 주는 혜택으로 볼 때 공학적으로 만든 어떠한 인프라 시설보다도 더 유익한 자연적인 해결책으로 평가된다.

- 강변의 재조림 및 복원 등 주변환경 개선
- 유역복원
- 습지보호 및 복원
- 유역 수준의 통합 수자원 관리 계획

④ 토양

토양의 탄소저장 능력을 유지하고 훼손된 토양의 탄소저장 능력을 회복시킨다.

토양 유기탄소는 토양 내에 고체, 수용액 속에 유기물·무기물 형태로 저장되어 있는 탄소 등을 의미한다. 식물은 대기 중의 이산화탄소를 흡수하고, 식물들이 죽어 썩게 되면 흡수된 이산화탄소는 유기탄소의 형태로 토양 중에 축적된다.

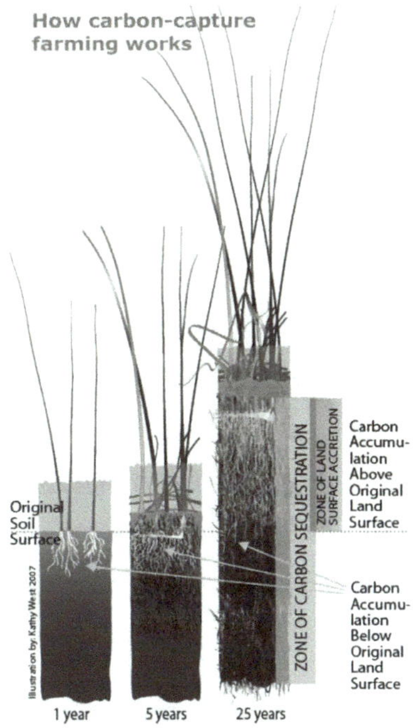

그림 53 이탄층 탄소 저장
(자료: USGS)

토양 유기탄소는 식물 광합성 작용에 의해 고정된 탄소가 생물의 잔해로 토양으로 들어온 후 토양 내에서 분해되는 과정 중에 있는 물질로 느린 속도로 분해되면서 장기간 토양 속에 존재하며 지표면 위 토양탄소 저장과 대기 CO_2와의 관계를 조정하는 기능을 수행한다.

토양 탄소저장은 토성, 토양구조, 강우, 온도, 경작, 토양관리 등에 의해 영향을 받는다. 그러므로 토양 바이오매스 증가, 교란 최소화, 토양구조 개선, 토양 동물 활동 및 종다양도 증진, 물질순환 강화 등을 통해 토양탄소 저장량을 증진시킬 수 있다.

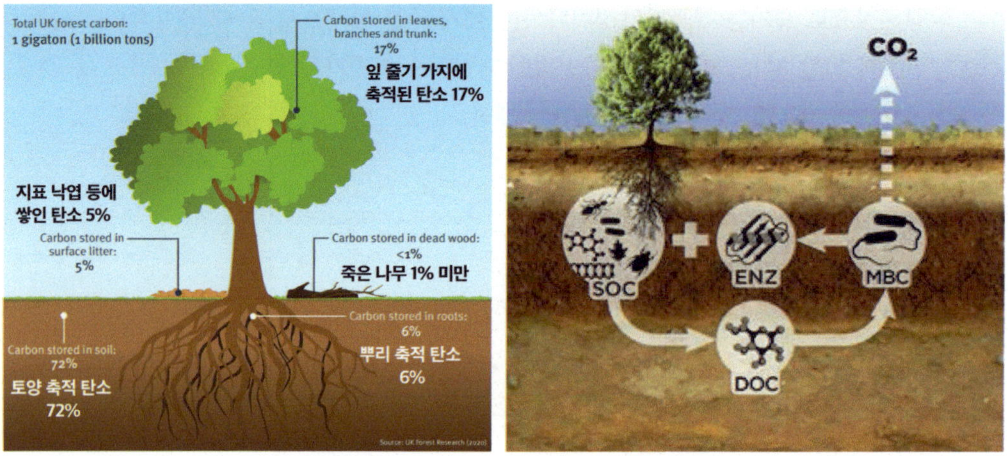

그림 54 토양탄소와 식물의 탄소흡수
(자료: 왼쪽: UK Forest Research, 2020; 오른쪽: OAK LIDGE National Laboratory, 2013)

• 이탄습지의 탄소순환 및 저감

산림이나 기타 생태계에서는 주로 지상부에 탄소를 저장하지만 이탄습지의 경우 토양층에 저장하므로 이탄층 등 토양층을 훼손시키는 경우 온실가스 저감 기능에 심각한 문제가 발생한다. 이탄습지는 토양 유기탄소의 거대한 저장소로서 손상된 이탄습지로부터 배출되는 이산화탄소량이 잘 보존된 이탄습지에 비해서 50% 증가된다. 이탄습지는 육지 면적의 3%에 불과하나 토양 탄소의 30%에 이른다, 대기권 탄소량과 맞먹는 4천억~1조 톤의 탄소를 저장하고 있으므로 여러 가지 원인으로 토양내 탄소가 유출되면 대기 시스템에 영향을 끼친다.

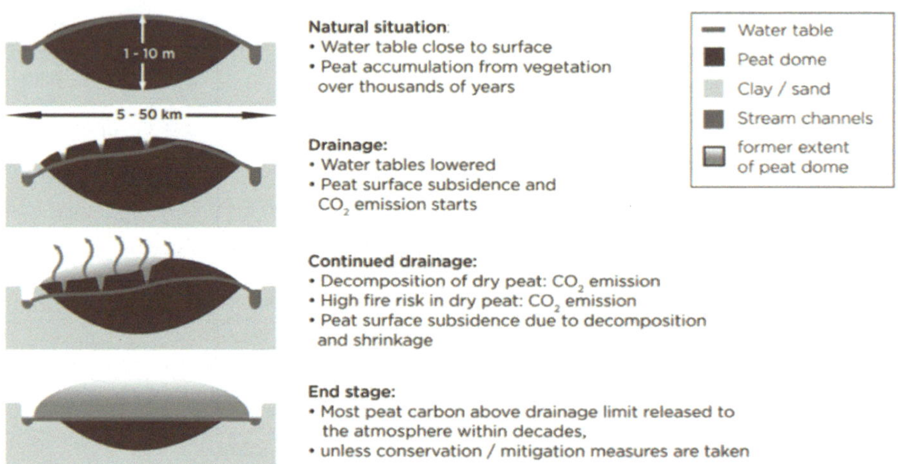

그림 55 이탄습지 교란에 따른 CO_2 용출 및 지하수위 저하
(자료: Pageetal., 2011)

습지 내 이탄 채굴 등 교란에 의해 지하수위가 저하되면 이탄층 표면이 교란되고 이탄에 축적되었던 탄소가 대기 중으로 방출되기 시작한다. 배수에 의한 교란이 지속되면서 이탄층이 제거되고 건조된 이탄이 퇴적되면서 화재 위험이 높아지고 탄소가 배출된다. 이탄층이 급격히 침하되고 수축되면서 지하수위가 급격히 낮아지고 배수 체계보다 높은 이탄층의 탄소는 대부분 대기 중으로 방출되며, 물이끼층이 제거되는 등 인위적 원인으로 교란된 습지에서는 교란으로 인해 습지 내 저장되었던 탄소가 대기 중으로 용출되며 지하수위 또한 영향을 받고 저장된 물도 상당히 감소된다. 반면에 자연 상태의 이탄습지는 지하수위가 수천 년 동안 축적된 이탄층 표면 가까이 형성된다.

이와 같이 이탄습지가 훼손되거나 다른 형태의 토지이용으로 전환될 경우 이탄층에 저장되었던 탄소가 방출되어 대기 중 이산화탄소 농도를 증가시키고 온실효과를 유발하여 지구온난화를 가속시킨다.

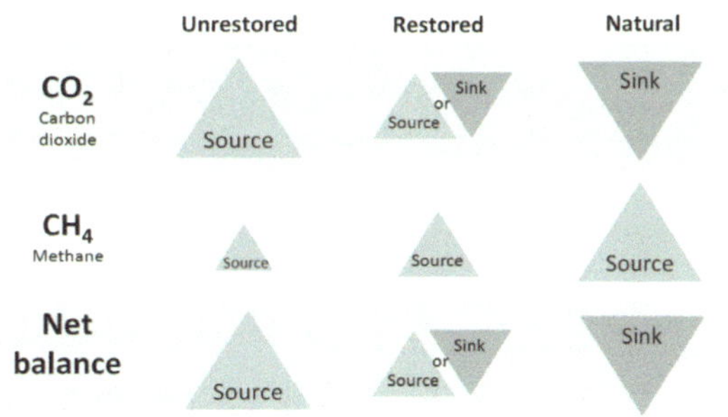

그림 56 이탄습지의 탄소 수지
왼쪽부터 훼손된 이탄습지, 복원된 이탄 습지, 자연습지
(자료: 구본학, 2009)

- 훼손되지 않은 자연 상태의 이탄습지는 이산화탄소의 저장고로서 부분적으로 메탄(CH_4)을 배출하기도 하지만 장기적으로는 탄소를 축적.
- 훼손된 습지는 메탄 방출은 적지만 이산화탄소 방출량이 매우 많아 전체적으로 탄소 배출량이 많기 때문에 탄소 순환에 부정적 영향.
- 이탄습지 복원을 통해 탄소 수지를 자연 상태에 가깝도록 균형.
- 복원된 습지는 일부 메탄을 방출하나 이산화탄소는 기후 조건에 따라 탄소를 배출하기도 하고 저장하기도 하는데 장기적으로는 탄소를 저장.

3) 도시에서의 탄소흡수원

탄소흡수력을 높이고 기후 적응력을 강화하기 위해서는 보호지역 확대, 도시생태계 회복, 국토 훼손지의 복원 등의 전략이 적용될 수 있다. 도시 내 그린인프라를 통한 탄소저감 또한 매우 유용한 전략이다.

- 도시공원 및 녹지 등에 관한 법률에 의한 공원녹지
- 산림자원법에 의한 도시숲, 학교숲, 명상숲,
- 자연환경보전법에 의한 도시 생태 휴식공간 및 자연마당, 소생태계, 생태통로, 대체 자연 등

그 외 생태하천, 생활권 습지, 마을 습지, 가로수, 옥상녹화, 벽면녹화, 기타 공공기관 등을 탄소흡수원으로 적극 발굴하고 보전 및 복원한다.

- 도시숲 조성, 삼천만 그루 나무 심기, 가로수 조성 등 도시녹지 공간 조성
- 옥상녹화 및 투수성 포장, 텃밭 조성, 생태연못 조성 등 도시공간의 생태적 요소 도입
- 다층구조의 혼합 식재 적용
- 지역-광역 녹지네트워크 구축
- 홍수 위험관리구역 지정
- 유출 저감 시설, 빗물 수확 기술 개발

4) 도시 및 인근 지역에서의 신규 탄소흡수원 확보와 산림 조성 및 관리 이슈

· 미래 환경 변화에 대응하여 주거, 산업 인프라 활용

- 500 m 격자 내 거주 인구가 5명 미만인 인구과소지역 2020년 49,634 -> 2040년 58,932
- 2040년 인구가 거주하지 않는 지역으로 추정되는 격자 401개, 8개 지역

· 폐도로, 폐철도 등 산업 유산 활용

- 2020년 기준 전국 도로 112,977 km -> 폐고속국도 64개소 40 km, 157 ha
- 철도 9,696 km -> 폐철도 901.8 km(약 10%), 면적 1,800만 ha

· 도로, 관공서 및 공공기관, 학교 등의 공간 활용

- 2020년 기준 도로 112,977 km 공공청사 4,660개소(5,700 ha), 학교 50,146개(3만 ha)
- 2018년 환경부 '공공부문 온실가스 에너지 목표관리제' 도입으로 2019년 대비 23% 감축

· 휴경지 활용

- 농지 개간 및 경작으로 토양 중 탄소배출 136 Gt, 농업지역 광합성으로 0.55 t/acre 흡수
- 2000년 농경지 휴경률 0.9%(16.8만 ha), 2010년 2.9%, 2019년 3.8%(60.5만 ha)로 급격히 확대
- 지역별로 2019년 대전 8.4%, 강원 6.7%, 전남 2.1% 등 편차 큼

· 간척지 및 매립지 미분양지 활용

5) 탄소흡수원 확대

탄소의 저장량과 종풍부도와 같은 생물다양성 간에는 상관관계가 있으며, 탄소를 목표로 보호지역에서 높은 종다양성을 보이고 있다(Strassburg et al., 2010; Liang et al, 2016; Buotte et al., 2020; Jung et al., 2021).

미국 서부지역 산림에서 탄소격리를 위한 보존 우선 순위에 따른 종풍부도 관련성을 살펴보면, 탄소격리를 위한 보전 우선순위가 높을수록 종풍부도가 높은 것으로 나타나고 있다(Buotte et al., 2020).

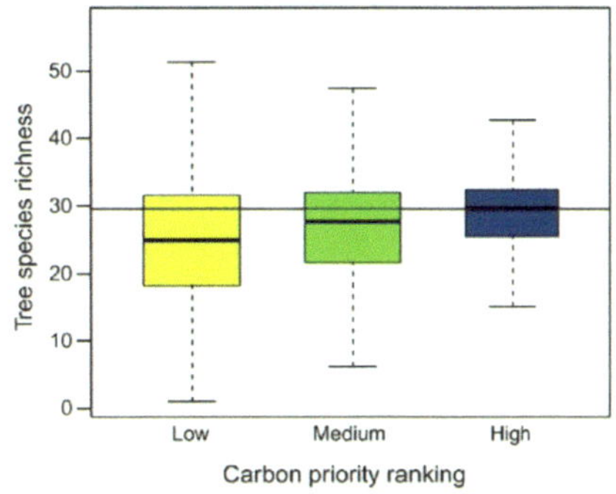

그림 57 종풍부도와 탄소저장등급 관계
(자료: Jung et al., 2021)

종다양성이 높은 보호지역 노령림의 경우, 탄소저장고로서 중요한 역할을 하고 있고, 임분 단위에서의 흡수능력은 감소하나 여전히 흡수원으로서의 기능을 유지하며 대기 중 이산화탄소 농도 증가를 상쇄하는데 기여하고 있다(Luyssaert et al., 2008).

■ 사례: 00학교 학교숲

00학교 운동장 및 교정을 학교숲으로 조성하여 학습공간 제공, 정서함양 및 탄소흡수원으로서의 기능을 확충하였다. 흡수원 요소로는 텃밭, 생태연못 및 습지, 수목식재, 투수성포장, 옥상녹화 등을 도입하였다.

- 2021년 연간 캠퍼스 탄소배출량: 200 ton
- 인조잔디 운동장 탄소흡수원 조성(수목식재, 투수성포장 등) 흡수량: 150 ton
- 옥상녹화(수목식재, 토양층 등): 55 ton
- 운동장, 옥상 탄소흡수원에서 연간 205 ton 감축
- 흡수원을 확대할 경우 학교 공간을 효과적인 감축 수단으로 기능 부여

(2) CCUS

탄소 포집·활용·저장·기술(CCUS)은 Carbon Capture Utilization and Storage의 약자로 공기 중에 배출되는 이산화탄소(CO_2)를 포집(Capture)하여 활용(Utilization) 또는 저장(Storage)하는 기술을 말한다.

CCUS의 핵심인 탄소포집(Carbon Capture) 기술은 1930년대부터 약 100년에 걸친 오랜 역사를 갖고 있다. 천연가스 채굴·생산 공정에서 순수한 가스를 얻기 위해 불순물인 CO_2를 제거하는 과정이 필수적이었기 때문이다.

포집된 탄소를 저장하는 기술(CCS)은 1970년대부터 석유회수증진(EOR: Enhanced Oil Recovery) 프로젝트를 통해 상업 가동돼 왔다. EOR은 노후 유전에 CO_2를 주입해 석유 생산량을 늘리는 공정을 의미한다.

1) CCS(Carbon Capture and Storage): 포집한 CO_2를 지하 깊은 곳에 저장하는 기술로서, 파이프라인이나 선박을 이용해 운반한 CO_2를 고갈된 유전·가스전 등 지하 800m 이상 깊이의 육지와 바다의 깊은 땅속에 주입 및 저장한다. 주입된 CO_2는 시간이 지나며 용해되거나 광물화된다.

2) CCU(Carbon Capture and Utilization): 포집한 CO_2를 활용해 새로운 부가가치를 만드는 기술로서, 포집한 CO_2를 활용해 새로운 부가가치를 만드는 기술이다. 포집한 CO_2를 활용하여 연료, 화학물질, 건축자재 등 새로운 제품을 만드는데 활용합니다.

CCUS는 탄소중립 달성의 핵심 기술로 주목받고 있다.

국제에너지기구(IEA)는 '2070 글로벌 탄소중립' 과정에서의 CCUS의 기여도를 CO_2 전체 감축량의 15% 수준으로 제시하고, 'CCUS 없이 넷제로에 도달하는 것은 불가능하다'고 전망하고 있다.

대기 중의 CO_2를 포집하여 저장뿐만 아니라 다른 고부가가치 물질로 전환할 수 있기 때문에 CCUS 기술을 개발 및 이용하여 온실가스 배출 저감을 효과적으로 달성할 수 있는 유력한 수단이다.

3. 탄소발자국 줄이기

(1) 학교 탄소 인벤토리구축

① 대상: 00중학교

② 항목 및 방법

환경부/한국환경공단(2015)에 의한 온실가스 인벤토리 구축 가이드라인에 따라 구축하였다.

- 최근 3년간의 전기 및 수도 사용량을 기준으로 탄소배출량 산정(학교 배출원은 Scope 1 중에서 전력, 수도 외에는 배출량이 없거나 조사 데이터 불가능)
- Scope 1 (직접배출): 고정 연소, 이동 연소, 탈루, 폐기물 처리, 비료 사용, 동물, 산림 흡수
- Scope 2 (간접배출): 전력, 수도, 폐기물
- Scope 3 (기타배출): 통근-통학-출장, 위탁운영차량 등
- 학생당, 학급당, 출석 일당 배출량 분석 및 지역 내 모형가구와 사용량/배출량 비교(한전 파워플래너, 상수도사업소, 도시가스사업소 등 데이터 분석)
- 기상요인 등 환경요인과의 상관관계분석(기상청 데이터)
- 탄소발자국 작성

그림 58 00학교 학교숲
(사진: 박미옥)

③ 탄소배출량 산정

[월 탄소배출량(kg)] A중학교 / 2018년~2020년

구분	1월	2월	3월	4월	5월	6월	7월	8월	9월	10월	11월	12월
2018	25,285	25,614	18,133	11,269	11,243	14,920	15,827	18,934	13,003	7,466	8,726	24,893
2019	18,014	12,408	17,851	13,002	11,643	14,618	14,203	16,262	15,227	10,872	17,837	24,808
2020	11,912	13,768	4,336	7,844	6,137	11,780	12,340	10,815	9,925	9,248	16,180	26,621

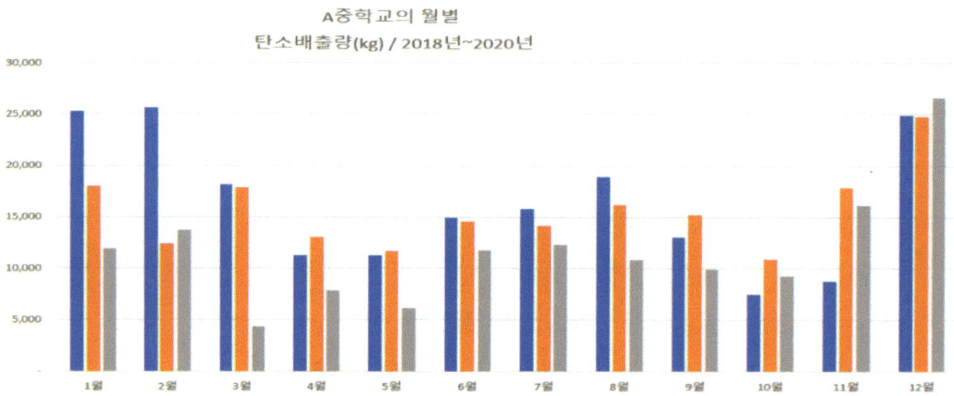

그림 59 A중학교 월별 탄소배출량(2018 - 2020)
(자료: 박미옥, 2021)

구분		발생월	출석일수	전기사용에서 배출된 CO2								수도사용에서 배출된 CO2								전기+수도 탄소배출량			
				사용량(kWh)	CO2(kg)	학생 1인당		1 학급당		1 출석일당		사용량(m3)	CO2(kg)	학생 1인당		1 학급당		1 출석일당		CO2(kg)	학생 1인당	1 학급당	1 출석일당
						사용량	CO2(kg)	사용량	CO2(kg)	사용량	CO2(kg)			사용량	CO2(kg)	사용량	CO2(kg)	사용량	CO2(kg)		CO2(kg)	CO2(kg)	CO2(kg)
2018학년도		1월	4	54,730	25,094	63	29.0	2,027	929.4	13,683	6,273.5	576	191	0.7	0.2	21.3	7.1	144.0	47.8	25,285	29.3	936.5	6,321.3
재적학생수(명)	864	2월	0	55,673	25,526	64	29.5	2,062	945.4	55,673	25,526.5	263	87	0.3	0.1	9.7	3.2	263.0	87.3	25,614	29.6	948.7	25,613.8
총학급수(학급)	27	3월	21	39,526	18,123	46	21.0	1,464	671.2	1,882	863.0	30	10	0.0	0.0	1.1	0.4	1.4	0.5	18,133	21.0	671.6	863.5
년간출석일수(일)	190	4월	21	24,443	11,207	28	13.0	905	415.1	1,164	533.7	185	61	0.2	0.1	6.9	2.3	8.8	2.9	11,269	13.0	417.4	536.6
		5월	20	24,121	11,060	28	12.8	893	409.6	1,206	553.0	553	184	0.6	0.2	20.5	6.8	27.7	9.2	11,243	13.0	416.4	562.2
		6월	19	32,202	14,765	37	17.1	1,193	546.8	1,695	777.1	467	155	0.5	0.2	17.3	5.7	24.6	8.2	14,920	17.3	552.6	785.3
전기 간접배출계수	2.18099	7월	14	34,198	15,680	40	18.1	1,267	580.7	2,443	1,120.0	444	147	0.5	0.2	16.4	5.5	31.7	10.5	15,827	18.3	586.2	1,130.5
수도 간접배출계수	3.01208	8월	12	40,891	18,749	47	21.7	1,514	694.4	3,408	1,562.4	559	186	0.6	0.2	20.7	6.9	46.6	15.5	18,934	21.9	701.3	1,577.9
		9월	17	28,229	12,943	33	15.0	1,046	479.4	1,661	761.4	180	60	0.2	0.1	6.7	2.2	10.6	3.5	13,003	15.0	481.6	764.9
		10월	21	15,909	7,294	18	8.4	589	270.2	758	347.4	517	172	0.6	0.2	19.1	6.4	24.6	8.2	7,466	8.6	276.5	355.5
		11월	22	18,703	8,575	22	9.9	693	317.6	850	389.8	452	150	0.5	0.2	16.7	5.6	20.5	6.8	8,726	10.1	323.2	396.6
		12월	19	53,894	24,711	62	28.6	1,996	915.2	2,837	1,300.6	548	182	0.6	0.2	20.3	6.7	28.8	9.6	24,893	28.8	922.0	1,310.1
		합계	190	422,519	193,728	489	224.2	15,649	7,175.1	2,224	1,019.6	4,774	1,585	5.5	1.8	176.8	58.7	25.1	8.3	195,313	226.1	7,233.8	1,028.0
2019학년도		1월	0	38,898	17,835	45	20.6	1,441	660.6	38,898	17,835.0	540	179	0.6	0.2	20.0	6.6	540.0	179.3	18,014	20.8	667.2	18,014.3
재적학생수(명)	864	2월	4	26,830	12,302	31	14.2	994	455.6	6,708	3,075.4	319	106	0.4	0.1	11.8	3.9	79.8	26.5	12,408	14.4	459.5	3,101.9
총학급수(학급)	27	3월	20	38,862	17,819	45	20.6	1,439	659.9	1,943	890.9	97	32	0.1	0.0	3.6	1.2	4.9	1.6	17,851	20.7	661.1	892.5
년간출석일수(일)	190	4월	22	28,241	12,949	33	15.0	1,046	479.6	1,284	588.6	160	53	0.2	0.1	5.9	2.0	7.3	2.4	13,002	15.0	481.5	591.0
		5월	21	25,003	11,464	29	13.3	926	424.6	1,191	545.9	539	179	0.6	0.2	20.0	6.6	25.7	8.5	11,643	13.5	431.2	554.4
		6월	18	31,520	14,452	36	16.7	1,167	535.3	1,751	802.9	500	166	0.6	0.2	18.5	6.1	27.8	9.2	14,618	16.9	541.4	812.1
전기 간접배출계수	2.18099	7월	14	30,656	14,056	35	16.3	1,135	520.6	2,190	1,004.0	443	147	0.5	0.2	16.4	5.4	31.6	10.5	14,203	16.4	526.0	1,014.5
수도 간접배출계수	3.01208	8월	11	35,070	16,080	41	18.6	1,299	595.6	3,188	1,461.8	550	183	0.6	0.2	20.4	6.8	50.0	16.6	16,262	18.8	602.3	1,478.4
		9월	19	33,083	15,169	38	17.6	1,225	561.8	1,741	798.4	174	58	0.2	0.1	6.4	2.1	9.2	3.0	15,227	17.6	563.9	801.4
		10월	21	23,357	10,709	27	12.4	865	396.6	1,112	510.0	491	163	0.6	0.2	18.2	6.0	23.4	7.8	10,872	12.6	402.7	517.7
		11월	21	38,531	17,667	45	20.4	1,427	654.3	1,835	841.3	512	170	0.6	0.2	19.0	6.3	24.4	8.1	17,837	20.6	660.6	849.4
		12월	19	53,559	24,557	62	28.4	1,984	909.5	2,819	1,292.5	754	250	0.9	0.3	27.9	9.3	39.7	13.2	24,808	28.7	918.8	1,305.7
		합계	190	403,610	185,058	467	214.2	14,949	6,854.0	2,124	974.0	5,079	1,686	5.9	2.0	188.1	62.5	26.7	8.9	186,744	216.1	6,916.5	982.9
2020학년도		1월	2	25,472	11,679	29	13.5	943	432.6	12,736	5,839.5	702	233	0.8	0.3	26.0	8.6	351.0	116.5	11,912	13.8	441.2	5,956.1
재적학생수(명)	864	2월	4	29,829	13,677	35	15.8	1,105	506.5	7,457	3,419.2	274	91	0.3	0.1	10.1	3.4	68.5	22.7	13,768	15.9	509.9	3,441.9
총학급수(학급)	27	3월	0	9,390	4,305	11	5.0	348	159.5	9,390	4,305.4	91	30	0.1	0.0	3.4	1.1	91.0	30.2	4,336	5.0	160.6	4,335.6
년간출석일수(일)	173	4월	10	17,101	7,841	20	9.1	633	290.4	1,710	784.1	8	3	0.0	0.0	0.3	0.1	0.8	0.3	7,844	9.1	290.5	784.4
		5월	19	13,379	6,134	15	7.1	496	227.2	704	322.9	9	3	0.0	0.0	0.3	0.1	0.5	0.2	6,137	7.1	227.3	323.0
		6월	22	25,628	11,751	30	13.6	949	435.2	1,165	534.1	89	30	0.1	0.0	3.3	1.1	4.0	1.3	11,780	13.6	436.3	535.5
전기 간접배출계수	2.18099	7월	23	26,661	12,224	31	14.1	987	452.8	1,159	531.5	350	116	0.4	0.1	13.0	4.3	15.2	5.1	12,340	14.3	457.1	536.5
수도 간접배출계수	3.01208	8월	10	23,168	10,623	27	12.3	858	393.4	2,317	1,062.3	580	193	0.7	0.2	21.5	7.1	58.0	19.3	10,815	12.5	400.6	1,081.5
		9월	21	21,379	9,802	25	11.3	792	363.1	1,018	466.8	368	122	0.4	0.1	13.6	4.5	17.5	5.8	9,925	11.5	367.6	472.6
		10월	19	19,836	9,095	23	10.5	735	336.9	1,044	478.7	462	153	0.5	0.2	17.1	5.7	24.3	8.1	9,248	10.7	342.5	486.8
		11월	21	34,954	16,027	40	18.5	1,295	593.6	1,664	763.2	461	153	0.5	0.2	17.1	5.7	22.0	7.3	16,180	18.7	599.2	770.5
		12월	22	57,573	26,398	67	30.6	2,132	977.7	2,617	1,199.9	673	223	0.8	0.3	24.9	8.3	30.6	10.2	26,621	30.8	986.0	1,210.0
		합계	173	304,370	139,556	352	161.5	11,273	5,168.7	1,759	806.7	4,067	1,350	4.7	1.6	150.6	50.0	23.5	7.8	140,906	163.1	5,218.7	814.5

그림 60 A중학교 월별 전기 및 수도 탄소배출량(2018 - 2020)
(자료: 박미옥, 2021)

④ **모델 가구(대조구) 비교**

- 25.7평 공동주택(2인가구)
- 전기 월간 사용량: 2,254 KWh(한전 파워플래너)
- 전기부문 탄소간접배출: 1,033.7 kg(간접배출계수: 한전 파워플래너)
- 수도 월간 사용량: 119 m^3(상수도사업소)
- 수도부문 탄소간접배출: 39.5 kg(간접배출계수: 한국기후환경네트워크)
- 가스 월간사용량: 338 m^3(도시가스사업소)
- 가스부문 탄소간접배출: 750.4 kg(간접배출계수: 도시가스사업소)
- 탄소배출량 계: 1,823.6 kg

⑤ **결과 및 고찰**

- 사례 학교의 탄소배출량은 연간 7 t 내외로서 2인 모델 가구 배출량에 비해 50배 수준
- 부문별 배출량 비중은 전기 99%, 수도 1% 이하
- 학생 1인당 배출량은 연간 200 kg 내외로서 2인 모델 가구 1인당 배출량의 1/9 수준
- 연도별 배출은 감소 추세이나 Covid-19 영향을 고려하면 의미 없음
- 출석 일수와의 상관관계는 전기보다 수도가 높음
  (수도는 급식 및 위생용, 전기는 설비와 시설 유지를 위해 항상 소모됨)

III 장

지속가능발전과 글로벌 위기

5절 지속가능발전목표

1. 지속가능발전

(1) 개발과 성장, 그리고 지속가능발전 Sustainable Development

- 개발과 성장의 시대

"…과학의 진보와 산업의 발달이 가져다준 우리들의 성과를 저개발국의 상황 개선과 경제성장을 위해 도움이 되도록 쓰는 길이다… 평화와 번영을 위한 열쇠는 생산성의 향상에 있다. 생산성의 향상은 과학이나 기술의 지식을 보다 광범하고 보다 적극적으로 응용할 때 비로소 달성할 수 있다…"(트루먼 대통령 취임 연설, 1949)

1949년 트루먼 대통령 취임 연설에서 제시한 국제외교 4가지 원칙 중 4번째 항(포인트 4 프로그램)은 개발과 성장의 시대 출발을 선언한 것으로 평가되는데, 다른 한편으로는 일부 선진국의 고민이었던 생태환경 문제와 사회문제를, 심지어 개발에 뒤따르는 재개발까지도, 범지구적으로 확산시키는 계기가 되었다는 부정적 인식이 공존한다.

- 지속가능발전과 지속가능성

지속가능발전이란 현재 세대의 필요를 충족시키기 위하여 미래 세대가 사용할 경제·사회·환경 등의 자원을 낭비하거나 여건을 저하시키지 아니하고 서로 조화와 균형을 이루는 것으로서, 인류가 함께 노력해야 할 방향성을 제시한다.

표 4. 지속가능발전 이슈의 발전

1972년 인간환경회의 (UNCHE)	스톡홀름 선언. 하나뿐인 지구.	환경을 배려한 경제개발 - 지속가능발전 개념 도입. 세계환경의 날 지정, UNEP 설립 등의 기반

1987년 환경과 개발에 관한 세계위원회 (WCED)	우리 공동의 미래 (Brundtland 보고서)	지속가능한 발전 개념 정립. "미래 세대의 욕구를 충족시킬 수 있는 능력을 저해하지 않으면서 현재 세대의 욕구를 충족시키는 발전" (development that meets the needs of the present without compromising the ability of generations to meet their own needs)
1992년 리우	유엔 환경과 개발 회의. 지구정상회담 (Earth Summit)	ESSD(환경적으로 건전하고 지속가능한발전) 개념 선포. 환경+경제 리우선언(환경과 개발 27 원칙). 의제21(실천행동계획) 채택. 유엔지속가능발전위원회(UNCSD) 설립 기반 3대 환경협약: 기후변화협약, 생물다양성협약, 사막화방지협약 지방의제21 - 푸른충남21, 대전의제21 등
2000년 뉴욕 유엔본부	밀레니엄 정상회의 (Millennium Summit)	189개국 정상. 밀레니엄 선언(Millennium Declaration)
	경제협력개발기구 (OECD), 세계은행, 국제통화기금(IMF)	국제발전목표(IDGs: International Development Goals)
2001년	밀레니엄 정상회의	밀레니엄 선언 + 국제발전목표 -> 새천년발전목표(MDGs) 채택. 주요 이슈: 빈곤과 불평등 해소.
2002년 요하네스버그	지속가능발전 세계정상회의 (WSSD; 리우+10)	• 지속가능발전: 사회통합, 환경보전, 경제성장을 아우르는 포괄적 개념 정립 환경 + 경제 + 사회 • 범지구적문제: 인구, 빈곤과 불평등, 식량과 농업, 물, 산림, 에너지, 기후변화, 건강과 물, 건강과 대기오염 • WEHAB 이슈: 물/위생, 에너지, 보건, 농업, 생물다양성/에코시스템
2005년 서울	아태환경과 개발에 관한 장관회의	서울이니셔티브. 녹색성장주창
2012년 리우	유엔 지속 가능발전회의 (UNCSD; 리우+20)	UNCSD 녹색경제 개념 정립, 우리가 원하는 미래 채택 SDGs 설정 합의(70차 UN총회에서 채택)

1987년 "세계환경발전위원회"(WCED)에서 발표한 브룬트란트(Brundtland) 보고서 "우리 공동의 미래(Our Common Future)"에서는 지속가능발전의 개념을 "미래 세대의 욕구를 충족시킬 수 있는 능력을 저해하지 않으면서 현재 세대의 욕구를 충족시키는 발전"(development that meets the needs of the present without compromising the ability of generations to meet their own needs)이라고 정의한다(WCED, 1987).

지속가능발전 개념이 국제사회에서 관심을 갖게 된 것은 1972년 스웨덴 스톡홀름에서 개최된 유엔환경회의(UNCHE)에서 발표한 '스톡홀름 선언'에서 환경을 배려한 경제발전이라는 개념을 선언한 데서 비롯된다(WCED, 1987).

90년대 이전 경제, 사회, 환경을 서로 상호작용하는 별개의 영역으로 보고 경제성장과 환경보존을 대립관계로 보았으나, 1992년 브라질 리우에서 개최된 유엔 환경과 발전 회의(지구정상회담, Earth Summit)에서 '환경적으로 건전하고 지속가능한 발전(ESSD)' 개념을 선포하면서 환경과 경제는 대립관계가 아닌 함께 고려해야 할 통합적 요소로 정립되었다.

[참고] 리우환경회의에서는 3대 환경협약인 기후변화협약, 생물다양성협약, 사막화방지협약 등을 체결하였다.

이후 2002년 남아공의 요하네스버그에서 개최된 리우+10 환경회의(WSSD)에서 사회문제를 지속가능발전 개념으로 포함함으로써, 경제성장, 사회통합, 환경보전을 통합하는 포괄적 개념으로 정립되면서 각각의 영역에서 동시다발적으로 일어나는 시너지 현상으로 재 설정되었다.

지속가능발전의 전제가 되는 지속가능성은 민주성, 능률성, 효과성, 하나의 가치나 규범 등과 같은 가치관을 지니며, 생태적 기반을 토대로 한 미래에 대한 담보, 미래와 다음 세대를 고려하는 의미의 지속가능성으로 이해된다.

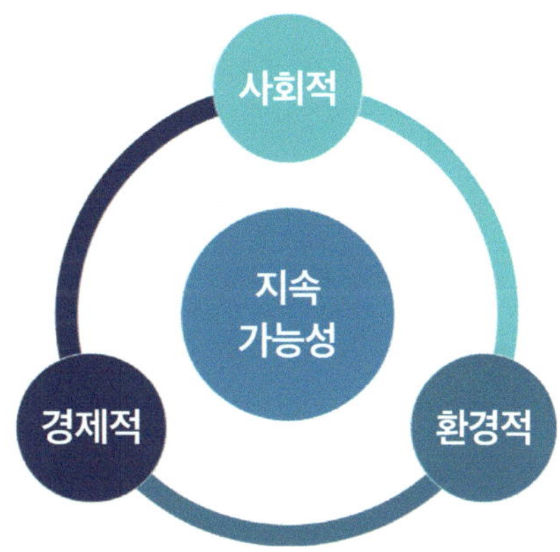

그림 61 지속가능성 요소
(Goodland, 1995)

- 환경적 지속가능성: 생태적 능력을 유지하기 위해 생물다양성 보호, 환경용량, 자연자원의 보전 등을 중시하며, 모두를 위한 깨끗한 에너지, 기후변화 대응(저감, 적응), 해양생태계 보호, 육상생태계 보전 등에 관심을 가짐
- 사회적 지속가능성: 사회적 형평성을 의미, 형평성이 보장되기 위해서는 재화와 서비스의 공급에서 사회적 정의, 기회균등, 사회적 불이익으로부터 보호, 미래 세대의 발전 가능성, 계층 간의 형평성 등을 강조하며, 빈곤 퇴치와 양극화 해소, 기아 종식, 건강과 웰빙, 양질의 교육, 양성평등, 깨끗한 물과 위생 등 사회적 발전과 공동체에 관심을 가짐
- 경제적 지속가능성: 경제적 효율성을 의미하며, 다양한 고용 기회를 제공하고 장기적으로 경쟁력 있는 경제 구조를 이루어 생활의 질적 향상을 강조하며, 양질의 일자리와 경제성장, 산업, 혁신, 사회기반시설, 불평등 감소, 지속가능 도시와 공동체 등에 관심을 가짐
- 환경적 지속가능성과 사회적 지속가능성이 실현될 때 건강한 사회와 건강한 자연을 보장
- 경제적 지속가능성과 사회적 지속가능성이 실현될 때 정의가 구현

• 경제적 지속가능성과 환경적 지속가능성이 실현될 때 자원의 효율성이 이루어질 수 있음

따라서 지속가능성을 이루기 위해서는 환경적·사회적·경제적 요소가 동시에 고려되어야 한다.

(2) 지속가능발전 개념

지속가능발전이라는 개념은 스톡홀름 회의에서 바바라 워드(Barbara Ward)가 처음 썼다고 알려져 있다. 즉, 환경적인 제약을 고려하지 않은 경제개발은 낭비적이고 지속불가능하다는 것이었다.

• 로마클럽과 성장의 한계(The Limits to Growth)

'성장의 한계, 인류의 위기에 관한 로마 클럽 프로젝트 보고서(The Limits to Growth, A Report for the CLUB OF ROME's Project on the Predicament of Mankind)'

"연못 속에서 수련을 키우고 있다. 그 수련은 매일 두 배의 크기로 자란다. 만약 그 수련이 한없이 계속해서 자란다면 30일 안에 연못을 완전히 뒤덮어 연못 속의 다른 생물들은 모두 질식해 사라져 버리게 된다. 당신은 수련이 너무 작아서 크게 신경 쓰지 않는다. 연못의 절반을 뒤덮었을 때 수련을 치울 생각이다. 수련이 연못을 모두 덮기까지는 며칠이 남았을까? 29일? 아니다. 남은 시간은 단 하루뿐이다. 수련이 연못을 다 뒤덮어 버리기 직전인 29일째가 되어서야 수련을 잘라버릴 생각을 하게 된다."

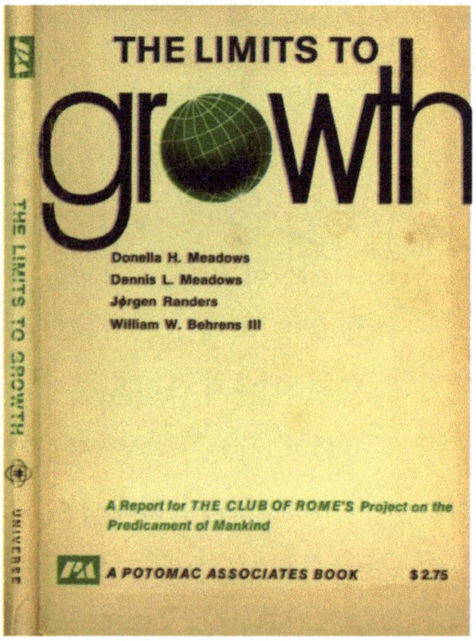

그림 62 로마클럽 '성장의 한계' 표지 (Meadows et al., 1972)

로마클럽에서는 천연자원의 고갈, 공해에 의한 환경오염, 개발도상국에서의 폭발적인 인구 증가, 군사 기술 진보에 의한 대규모 파괴력 위협 등으로 인해 인류의 위기가 접근하고 있다고 진단하고 있다.

* 로마클럽: 1970년 3월 세계 25개국의 과학자·경제학자·교육자·경영자들이 창립한 민간단체로서, 1968년 4월에 이탈리아 로마에서 처음 회의를 가져 로마클럽이라는 이름으로 불림

1972년 로마클럽에서는 인구가 급증하면서 환경 파괴가 지속되면 자원의 고갈로 100년 안에 인류의 성장이 한계에 도달할 것으로 예측하면서, 인간이 삶을 영위하는 과정에서 자연에 미치는 부정적 영향을 수치화한 생태발자국(Ecological Footprint)이 지구가 수용할 수 있는 수준을 넘어설 정도로 커지는 것을 막아야 한다고 강조하였다.

이를 위해서는 기술과 문화, 제도의 변화를 통해 지구의 미래를 생각하는 근본적 사회 변혁을 이뤄야 하며, 일찍 예방 조치를 취한다면 지구생태계가 한계에 이르러 발생할 수 있는 문제들을 감소시킬 수 있을 것이라고 주장하였다.

[성장의 한계]에서는 인구 급증, 급속한 공업화, 식량 부족, 환경오염, 자원 고갈 등 다섯 가지 문제로 인해 '지금(1972년)' 추세가 계속된다면 세계의 경제 성장은 100년 이내에 멈출 수밖에 없을 것이라고 암울한 인류의 미래를 그리고 있으며, 파국을 피하기 위해서는 지속가능한 성장으로 전환해야 한다고 경고하고 있다.

보고서 발간 50년이 지난 시점에서 '지구종말 시계(Doomsday Clock)'는 2022년 1월 20일 기준으로 자정 전 100초를 가리키고 있다.

- 우리 공동의 미래(Our Common Future)

그림 63 브룬트란트 보고서 '우리 공동의 미래'(WCED, 1987)

1970년대와 1980년대, 환경파괴와 천연자원 고갈 문제가 날로 악화되면서 지구 생태계 파괴 우려에서 제기되는 환경보전의 필요성과 인간 삶의 기본적인 필요 충족이라는 경제적 측면을 동시에 충족시키기 위해 '브룬트란트 위원회(Brundtland Commission)'를 설립하였다. 위원회는 지속가능한 발전을 공식적으로 정의하였다.

1987년 환경과 개발에 관한 세계위원회(WCED)에서 채택된 [우리 공동의 미래(Brundtland report)]로서 지속가능한 발전 개념을 정립하고, 21세기 인류의 미래를 담보할 해법으로 제시한 지속가능한 발전이라는 개념이 더욱 광범위하게 논의되기 시작하였다. 위원회의 위원장이던 노르웨이의 수상 '그로 할렘 브룬트란트(Gro Harlem Brundtland)'의 이름을 따서 '브룬트란트 보고서'로도 널리 알려진 이 보고서에서 '지속가능발전(sustainable development)'을 "미래 세대의 욕구를 충족시킬 수 있는 능력을 저해하지 않으면서 현재 세대의 욕구를 충족시키는 발전(development that meets the needs of the present without compromising the ability of generations to meet their own needs)"이라고 정의하였다.

(3) 환경적으로 건전하고 지속가능 발전(ESSD)

우리가 살아가는 21세기는 모든 측면에서 지속가능성에 위협을 받고 있으며 또한 인간의 기본적인 생명에 기반 자체가 위협되고 있다. 지속가능성에 영향을 끼치는 가장 핵심적인 위협 요소는 환경적, 생태적 토대의 훼손으로 이러한 위험요소로는 다음 요소들을 들 수 있다.

- 기후변화 문제와 각종 기상이변
- 화석에너지에 기반하는 에너지 시스템
- 일자리도 4차 산업혁명 시대에 지속가능성을 위협하는 요인임
- 농촌지역의 인구 소멸, 고령화 등 사회 전반적으로 지속가능성 위협 요소 존재
- 바이러스도 환경과 연결된 지속가능성 위협요인 중 하나

특히 바이러스는 인간에 의해서 전파되었으며 야생동물의 남획과 같은 생태계의 지나친 남용과 파괴같은 과정이 원인이 되어 야생동물 바이러스가 사람에게 전파되어 발생한다.

• 지구정상회담과 리우선언

경제 성장과 환경 보전을 대립 관계로 볼 수 없다는 공감대가 확산하면서 1992년 브라질 리우데자니에루에서 178개국 정상들이 참여하여 개최된 '지구정상회담(Earth Summit)'에서는 지구 환경 질서의 기본 원칙을 규정한 '환경과 개발에 관한 리우선언(The Rio Declaration on Environment and Development)'이 채택되었다.

또한 리우회담에서는 UN 3대 환경협약인 '기후변화협약', '생물다양성협약', '사막화방지협약'이 체결되었고, '유엔지속가능발전위원회(UNCSD: UN Commission on Sustainable Development)'가 창설되는 계기가 되었다.

1972년 스톡홀름 '인간 환경 선언(스톡홀름 선언)' 이후 20년, 스톡홀름 선언의 정신을 확대하여 인류는 자연과 조화를 이루면서 건강하고 생산적인 생활을 할 권리가 있으며 환경 보호와 발전은 대립이 아닌 일체로서 환경과 경제를 통합한 '환경적으로 건전하고 지속가능한 발전(ESSD; Ecologically Sound and Sustainable Development)'을 새로운 질서로 합의하고, 27개의 행동 원칙을 선언하였다.
또 이러한 지속가능한 발전을 위해서는 빈곤의 퇴치를 위한 협력을 명시하고 있으며, 리우선언의 원칙을 실천하기 위하여 '21세기 지구환경실천강령(Agenda 21)'이 채택되었다.

• 리우 선언 전문

"1972년 6월 16일 스톡홀름에서 채택된 유엔 인간환경회의 선언을 재확인하고 이를 더욱 확고히 할 것을 추구하여, 모든 국가, 사회의 주요 분야, 그리고 모든 사람들 사이의 새로운 차원의 협력을 창출함으로써 새롭고 공평한 범세계적 파트너십을 구축하는 것을 목표로, 모든 사람의 이익을 존중하고 지구의 환경 및 개발 시스템의 통합성을 보호하기 위한 국제협약 체결을 위해 노력하며, 우리 모두의 삶의 터전인 지구의 통합적이고 상호 의존적인 성격을 인식하고, 다음과 같이 선언한다."

- 원칙 1: 인간을 중심으로 지속가능한 개발이 논의되어야 함. 인간은 자연과 조화를 이룬 건강하고 생산적인 삶을 향유하여야 함.
- 원칙 2: 각 국가는 유엔헌장과 국제법 원칙에 조화를 이루면서 자국의 환경 및 개발정책에 따라 자국의 자원을 개발할 수 있는 주권적 권리를 갖고 있으며 자국의 관리구역 또한 통제 범위 내에서의 활동이 다른 국가나 관할범위 외부지역의 환경에 피해를 끼치지 않도록 할 책임을 갖고 있음.

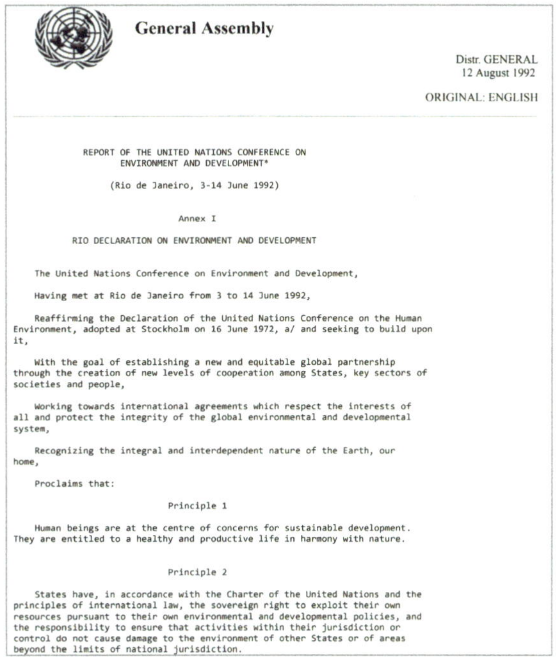

General Assembly

Distr. GENERAL
12 August 1992

ORIGINAL: ENGLISH

REPORT OF THE UNITED NATIONS CONFERENCE ON ENVIRONMENT AND DEVELOPMENT*

(Rio de Janeiro, 3-14 June 1992)

Annex I

RIO DECLARATION ON ENVIRONMENT AND DEVELOPMENT

The United Nations Conference on Environment and Development,

Having met at Rio de Janeiro from 3 to 14 June 1992,

Reaffirming the Declaration of the United Nations Conference on the Human Environment, adopted at Stockholm on 16 June 1972, a/ and seeking to build upon it,

With the goal of establishing a new and equitable global partnership through the creation of new levels of cooperation among States, key sectors of societies and people,

Working towards international agreements which respect the interests of all and protect the integrity of the global environmental and developmental system,

Recognizing the integral and interdependent nature of the Earth, our home,

Proclaims that:

Principle 1

Human beings are at the centre of concerns for sustainable development. They are entitled to a healthy and productive life in harmony with nature.

Principle 2

States have, in accordance with the Charter of the United Nations and the principles of international law, the sovereign right to exploit their own resources pursuant to their own environmental and developmental policies, and the responsibility to ensure that activities within their jurisdiction or control do not cause damage to the environment of other States or of areas beyond the limits of national jurisdiction.

그림 64 환경과 발전에 관한 리우선언(일부발췌) (UNCED, 1992)

- 원칙 3: 개발의 권리는 개발과 환경에 대한 현세대와 차세대의 요구를 공평하게 충족할 수 있도록 실현되어야 함.
- 원칙 4: 지속가능한 발전을 성취하기 위하여 환경보호는 개발과정의 중요한 일부를 구성하며 개발과정과 분리시켜 고려되어서는 안됨.
- 원칙 5: 모든 국가와 국민은 생활수준의 격차를 줄이고 세계 대다수의 사람들의 기본수요를 충족시키기 위하여 지속가능한 개발의 필수요건인 빈곤의 퇴치라는 중차대한 과업을 위한 협력하여야 함.
- 원칙 6: 개발도상국, 특히 극빈개도국과 환경적으로 침해받기 쉬운 개도국의 특수상황과 환경보전의 필요성은 특별히 우선적으로 고려의 대상이 되어야 함. 또한 환경과 개발 분야에서의 국제적 활동은 모든 나라의 이익과 요구를 반영하여야 함.

• 원칙 7: 각 국가는 지구생태계의 건강과 안전성을 보존, 보호 및 회복시키기 위하여 범세계적 동반자의 정신으로 협력하여야 함. 지구의 환경악화에 대한 제각기 다른 책임을 고려하여, 각 국가는 공통된 그러나 차별적인 책임을 가짐. 선진국들은 그들이 지구환경에 끼친 영향과 그들이 소유하고 있는 기술 및 재정적 자원을 고려하여 지속가능한 개발을 추구하기 위한 국제적 노력에 있어서 분담하여야 할 책임을 인식함.

• 원칙 8: 지속가능한 개발과 모든 사람의 보다 나은 생활의 질을 추구하기 위하여 각국가는 지속불가능한 생산과 소비 패턴을 줄이고 제거하여야 하며 적절한 인구정책을 촉진하여야 함.

• 원칙 9: 각 국가는 과학적, 기술적 지식의 교환을 통하여 과학적 이해를 향상시키고 새롭고 혁신적인 기술을 포함한 기술의 개발, 적용, 존속, 전파 그리고 이전을 증진시킴으로써 지속가능한 개발을 위한 내재적 능력을 형성, 강화하도록 협력하여야 함.

• 원칙 10: 환경문제는 적절한 수준의 모든 관계 시민들의 참여가 있을 때 가장 효과적으로 다루어짐. 국가차원에서 각 개인은 지역사회에서의 유해물질과 처리에 관한 정보를 포함하여 공공기관이 가지고 있는 환경정보에 적절히 접근하고 의사결정과정에 참여할 수 있는 기회를 부여받아야 함. 각 국가는 정보를 광범위하게 제공함으로써 공동의 인식과 참여를 촉진하고 증진시켜야 함. 피해의 구제와 배상 등 사법 및 행정적 절차에 효과적으로 접근할 수 있어야 함.

• 원칙 11: 각 국가는 효과적인 환경법칙을 규정하여야 함. 환경기준, 관리목적, 그리고 우선순위는 이들이 적용되는 환경과 개발의 정황이 반영되어야 함. 어느 한 국가에서 채택된 기준은 다른 국가, 특히 개도국에게 부적당하거나 지나치게 경제, 사회적 비용을 초래할 수도 있음.

• 원칙 12: 각 국가는 환경악화 문제에 적절히 대처하기 위하여, 모든 국가의 경제성장과 지속가능한 개발을 도모함에 있어 도움이 되고 개방적인 국제경제체제를 증진시키도록 협력하여야 함. 환경적 목적을 위한 무역정책수단은 국제무역에 대하여 자의적 또는 부당한 차별적 조치나 위장된 제한을 포함해서는 아니 됨. 수입국의 관할 지역 밖의 환경적 문제에 대응하기 위한 일방적 조치는 회피되어야 함. 국경을 초월하거나 지구적 차원의 환경문제에 대처하는 환경적 조치는 가능한 한 국제적 합의에 기초하여야 함.

• 원칙 13: 각 국가는 환경오염이나 기타 환경위해의 피해자에 대한 책임과 배상에 관한 국제법을 발전시켜야 함. 각 국가는 자국의 관할권 또는 통제지역 내에서의 활동이 자국의 관리범위 이외 지역에 초래한 악영향에 대한 책임과 배상에 관한 국제법을 보다 발전시키기 위하여 신속하고 확실한 방법으로 협력하여야 함.

- 원칙 14: 각 국가는 환경악화를 심각하게 초래하거나 인간의 건강에 위해한 것으로 밝혀진 활동이나 물질을 다른 국가로 재배치 또는 이전하는 것을 억제하거나 예방하기 위하여 효율적으로 협력하여야 함.
- 원칙 15: 환경을 보호하기 이하여 각 국가의 능력에 따라 예방적 조치가 널리 실시되어야 함. 심각한 또는 회복 불가능한 피해의 우려가 있을 경우, 과학적 불확실성이 환경악화를 지양하기 위한 비용/효과적인 조치를 지연시키는 구실로 이용되어서는 아니 됨.
- 원칙 16: 국가는 오염자가 원칙적으로 오염의 비용을 부담하여야 한다는 원칙을 고려하여 환경비용의 내부화와 경제적 수단의 이용을 증진시키도록 노력하여야 함. 이에 공공이익을 적절히 고려하며 국제무역과 투자를 왜곡시키지 않아야 함.
- 원칙 17: 환경에 심각한 악영향을 초래할 가능성이 있으며 관할 국가당국의 의사결정을 필요로 하는 사업계획에 대하여 환경영향평가가 국가적 제도로서 실시되어야 함.
- 원칙 18: 각 국가는 다른 국가의 환경에 급격한 위해를 초래할 수 있는 어떠한 자연재해나 기타의 긴급사태를 상대방 국가에 즉시 통고해야 함. 국제사회는 이러한 피해를 입은 국가를 돕기 위하여 모든 노력을 기울여야 함.
- 원칙 19: 각 국가는 국경을 넘어서 환경에 심각한 악영향을 초래할 수 있는 활동에 대하여 피해가 예상되는 국가에게 사전에 적시적인 통고 및 관련 정보를 제공하여야 하며 초기단계에서 성실하게 이들 국가와 협의하여야 함.
- 원칙 20: 여성은 환경관리 및 개발에 있어서 중대한 역할을 수행함. 따라서 지속가능한 개발을 달성하기 위하여는 그들의 적극적인 참여가 필수적임.
- 원칙 21: 지속가능한 개발을 성취하고 모두의 밝은 미래를 보장하기 위하여 전 세계 청년들의 독창성, 이상, 그리고 용기가 결집되어 범세계적 동반자 관계가 구축되어야 함.
- 원칙 22: 토착민과 그들의 사회, 그리고 기타의 지역사회는 그들의 지식과 전통적 관행으로 인하여 환경관리와 개발에 있어서 중요한 역할을 수행함. 각 국가는 그들의 존재와 문화 및 이익을 인정하고 적절히 지지하여야 하며, 또한 지속가능한 개발을 성취하기 위하여 그들의 효과적인 참여가 가능하도록 하여야 함.
- 원칙 23: 압제, 지배 및 점령하에 있는 국민의 환경과 자연자원은 보호되어야 함.
- 원칙 24: 전쟁은 본질적으로 지속가능한 개발을 파괴함. 따라서 각 국가는 무력분쟁 시 환경의 보호를 규정하는 국제법을 존중하여야 하며 필요한 경우에는 이의 발전을 위하여 협력하여야 함.
- 원칙 25: 평화, 발전, 환경보호는 상호의존적이며 불가분의 관계에 있음.

- 원칙 26: 국가는 그들의 환경분쟁을 유엔헌장에 따라 평화적으로 또한 적절한 방법으로 해결하여야 함.
- 원칙 27: 각 국가와 국민들은 이 선언에 구현된 원칙을 준수하고 지속가능한 개발분야에 있어서의 관련 국제법을 한층 발전시키기 위하여 성실하고 동반자적 정신으로 협력하여야 함.

(3) 지속가능발전법과 탄소중립녹색성장기본법

① 지속가능발전법

- 지속가능발전을 이룩하고, 지속가능발전을 위한 국제사회의 노력에 동참하여 현재 세대와 미래 세대가 보다 나은 삶의 질을 누릴 수 있도록 함을 목적으로 제정됨

② 탄소중립녹색성장기본법(탄소중립법)

- 목적

- 경제와 환경의 조화로운 발전을 위하여 저탄소 녹색성장에 필요한 기반을 조성하고 녹색기술과 녹색산업을 새로운 성장동력으로 활용함으로써 국민경제의 발전을 도모하며 저탄소 사회 구현을 통하여 국민의 삶의 질을 높이고 국제사회에서 책임을 다하는 성숙한 선진 일류국가로 도약하는 데 이바지함을 목적으로 제정

- 녹색생활 및 지속가능발전의 기본원칙:

녹색생활 및 지속가능발전의 실현을 위한 국가의 시책은 다음 기본원칙에 따라 추진되어야 한다.

1. 국토는 녹색성장의 터전이며 그 결과의 전시장이라는 점을 인식하고 현세대 및 미래세대가 쾌적한 삶을 영위할 수 있도록 국토의 개발 및 보전·관리가 조화될 수 있도록 한다.
2. 국토·도시공간 구조와 건축·교통체제를 저탄소녹색성장 구조로 개편하고 생산자와 소비자가 녹색제품을 자발적·적극적으로 생산하고 구매할 수 있는 여건을 조성한다.
3. 국가·지방자치단체·기업 및 국민은 지속가능발전과 관련된 국제적 합의를 성실히 이행하고, 국민의 일상생활 속에 녹색생활이 내재화되고 녹색문화가 사회전반에 정착될 수 있도록 한다.
4. 국가·지방자치단체 및 기업은 경제발전의 기초가 되는 생태학적 기반을 보호할 수 있도록 토지이용과 생산시스템을 개발·정비함으로써 환경보전을 촉진한다.

- 녹색생활 및 지속가능발전의 실현
  - 녹색국토의 관리: 건강하고 쾌적한 환경과 아름다운 경관이 경제발전 및 사회개발과 조화를 이루는 국토(녹색국토)를 조성하기 위하여 국토종합계획·도시·군 기본계획 등 계획을 녹색생활 및 지속가능발전 기본원칙에 따라 수립·시행
  - 기후변화 대응을 위한 물 관리: 기후변화로 인한 가뭄, 홍수, 폭염 등 자연재해와 물 부족 및 수질악화와 수생태계 변화에 효과적으로 대응하고 모든 국민이 물의 혜택을 고루 누릴 수 있도록 하기 위한 시책
  - 저탄소 교통체계의 구축: 교통부문의 온실가스 감축을 위한 환경을 조성하고 온실가스 배출 및 에너지의 효율적인 관리를 위하여 온실가스 감축목표 등을 설정·관리
  - 녹색건축물의 확대: 에너지이용 효율 및 신·재생에너지의 사용 비율이 높고 온실가스 배출을 최소화하는 건축물(녹색건축물)을 확대하기 위하여 녹색건축물 등급제 등의 정책 수립·시행

2. 지속가능발전목표

(1) 지속가능발전목표(SDGs; Sustainable Development Goals)

지속가능발전목표(SDGs)는 인류가 2030까지 이루어야 할 지속가능발전을 위한 의제로서 사람, 지구 및 번영을 위한 행동계획이다. 글로벌하게 전개되고 있는 경제·사회의 양극화, 각종 사회적 불평등 심화, 지구환경의 파괴 등 각국 공통의 지속가능발전 위협요인들을 동시적으로 완화해 나가기 위한 국가별 종합적 행동 및 글로벌 협력 아젠다로 구성된다.

"단 한 사람도 소외되지 않는 것(Leave no one behind)"을 지향한다. 인간, 지구, 번영, 평화, 파트너십이라는 5개 영역에서 인류가 나아가야 할 방향성을 17개 목표와 169개 세부목표로 설정하고 있다.

그림 65 UN SDGs

- 사람(사회환경): 우리는 모든 형태와 차원의 빈곤과 기아를 종식하고, 모든 인간이 존엄과 평등 그리고 건강한 환경에서 자신의 잠재력을 실현할 수 있도록 보장할 것을 결의한다.(빈곤퇴치, 기아종식, 건강과 웰빙, 양질의 교육, 성평등, 깨끗한 물과 위생)
- 지구환경: 우리는 현세대와 미래 세대의 필요를 지원할 수 있도록 지속가능한 소비와 생산을 하고, 지구 천연자원을 지속가능한 방식으로 관리하며, 기후변화에 대한 시급한 조치를 하는 등으로 지구를 황폐화되지 않도록 보호할 것을 결의한다.(모두를 위한 깨끗한 에너지, 지속가능한 생산과 소비, 기후변화 대응, 해양생태계 보전, 육상생태계 보호)
- 번영(경제개발): 우리는 모든 인간이 풍요롭고 보람 있는 삶을 향유할 수 있

고 자연과의 조화 속에 경제, 사회, 기술의 진보가 이루어지도록 보장할 것을 결의한다.(양질의 일자리와 경제성장, 산업, 혁신, 사회기반시설, 불평등 감소, 지속가능한 도시와 공동체)

- 평화: 우리는 공포와 폭력이 없는 평화롭고 공정하며 포용적인 사회를 만들 것을 결의한다. 평화 없는 지속가능한개발은 있을 수 없으며, 지속가능한발전 없는 평화는 있을 수 없다.(정의, 평화, 효과적인 제도)
- 파트너쉽: 우리는 강화된 글로벌 연대의 정신에 기초하고, 특히 최빈곤층과 최취약층의요구에 초점을 맞추며, 모든 국가, 모든 이해관계자 및 모든 사람이 참여하는 활성화된 지속가능발전 글로벌 파트너십(Global Partnership for Sustainable Development)을 통해 본 의제의 이행에 요구되는 수단을 동원할 것을 결의한다.(지구촌 협력)

그림 66 우리나라의 지속가능발전목표(K - SDGs)
(관계부처합동, 2021)

지속가능발전목표는 통합적이고 불가분하며, 지속가능발전의 경제, 사회, 환경이라는 세 가지 차원이 균형을 이루고 있다.

- 인류보편적 문제: 빈곤, 질병, 교육, 여성, 아동, 난민, 분쟁 등
- 지구환경문제: 기후변화, 에너지, 환경오염, 물, 생물다양성 등
- 경제사회문제: 기술, 주거, 노사, 포용, 생산소비 등

(2) 새천년발전목표(MDGs)

지속가능발전목표(SDGs)는 2016~2030년 모든 나라가 공동으로 추진해 나갈 목표를 설정하고 있는데, 2015년까지의 국제적 공동 아젠다를 담고 있는 '새천년발전목표(Millenium Development Goals, MDGs)'의 후속사업이다.

SDGs에서는 새천년발전목표(MDGs)가 추구하던 빈곤퇴치의 완료를 최우선 목표로 하되 글로벌하게 전개되고 있는 경제·사회의 양극화, 각종 사회적 불평등의 심화, 지구환경의 파괴 등 각국 공통의 지속가능발전 위협요인들을 동시적으로 완화해 나가기 위한 국가별 종합적 행동 및 글로벌 협력 아젠다로 구성되고 있다.

- 2012년 6월 리우+20회의에서 2015년 이후 글로벌 개발체제에 대해 합의
- 17개의 새로운 목표 또는 글로벌 우선 순위인 지속가능발전목표(SDGs) 도출

표 5 새천년발전목표와 지속가능발전목표

구분	새천년발전목표 MDGs	지속가능발전목표 SDGs
기간	2011 - 2015	2016 - 2030
구성	8개 목표 + 18개 세부목표	17개 목표 + 169개 세부목표
대상	개발도상국	개발도상국 중심, 선진국 포함
이슈	새천년선언 Millennium Declaration	도시기후주의 등장
분야	• 주요목표: 빈곤퇴치 • 빈곤, 교육, 보건 등 사회발전분야 중심	• 국제발전과 인류의 존속 위한 보편적 의제 • 사회발전을 비롯한 경제성장, 환경보전분야 통합고려 • 지방화
개발재원	공적개발원조(ODA) 중심	국내공공재원(세금), ODA, 민간재원(무역, 투자) 등 다양

새천년발전목표는 21세기 들어오면서 UN이 주도하여 인류의 삶의 질을 높이려는 목표를 잡은 광범위한 발전계획으로서 2000년에 각각 발표되었던 밀레니엄 선언(UN 정상회의)과 국제발전목표(IDGs: International Development Goals) 경제협력개발기구(OECD)와 세계은행과 국제통화기금(IMF) 등을 통합하여, 2001년 UN 회의에서 밀레니엄 선언의 내용과 IDGs를 합쳐 MDGs 8개 목표를 최종 확정 발표하였다.

MDGs는 빈곤과 기아퇴치, 초등교육, 평등과 여성, 유아, 산모건강, 질병퇴치, 지속가능한 환경, 국제파트너쉽 등 새천년 이후 국제사회에서 공동으로 노력해야 할 8가지 목표를 설정하고 있다.

6절 글로벌 기후환경 위기

1. 다보스포럼과 기후환경 위기

(1) 다보스포럼과 글로벌 리스크

매년 스위스 다보스에서 개최되는 다보스포럼(Davos Forum; 정식 명칭 '세계경제포럼(World Economic Forum))'에서는 글로벌 위험 보고서를 통해 앞으로 10년 동안 심각한 위협을 끼치는 글로벌리스크를 발표한다.

- 다보스포럼(Davos Forum; WEF)
  - 1971년 1월 경제학자 클라우스 슈밥 '유럽경영포럼(European Management Forum)' 창설
  - 스위스 다보스에서 열린 첫 회의에 400명의 유럽 경영인 참가
  - 1973년부터 참석 대상을 전 세계로 확장
  - 1974년 1월부터 정치인을 초청하기 시작
  - 1976년 회원 기준을 '세계의 1000개 선도 기업'으로 설정
  - 1987년 세계경제포럼(World Economic Forum)으로 명칭 변경
  - 1981년부터 매년 1월~2월 사이 스위스 그라우뷘덴주에 위치하는 휴양 도시 다보스에서 열렸기 때문에 '다보스 포럼'으로 불림

매년 경제(Economic), 환경(Environmental), 지정학(Geopolitical), 사회(Societal), 기술(Technological) 등 5개 부문으로 나누어 가능성과 파급력 등에 따라 향후 10년간 인류에게 심각한 위협을 끼치는 위험요소를 단기, 중기, 장기로 구분 발표한다.

2024년의 경우 향후 2년간 단기 환경문제로는 환경문제가 가장 심각한 문제로 언급되어 왔던 2023년 이전과는 달리 2022, 2023년의 러시아-우크라이나 전쟁과 팔레스타인-이스라엘 전쟁 등 군사적 행동으로 인한 사회적, 정치적, 경제적 위기가 반영되어, '잘못된 정보와 허위정보'가 새롭게 가장 심각한 위협으로 꼽혔고 '극단적인 기후', '사회적 양극화', '사이버 안보', '국가간 전쟁' 등이 상위 5대 문제로 언급되었다. 그 외에 '난민 증가', '인플레이션', '경제침체' 등이 10대 위기로 선정되었다.

반면에 향후 10년간 상위 10대 위험에는 환경문제가 5개, 사회문제 2개, 기술적 3개 등이 상위 10대 위기로 선정되는 등 환경문제가 50%를 이루고 특히 1~4위가 환경문제로서 환경문제의 심각성을 나타내고 있다.

다보스포럼에서 제시한 환경문제로는 극단적 기후, 지구생태계의 급격한 변화, 생물다양성 훼손 및 생태계 붕괴, 자연자연 부족, 오염 등이 있다.

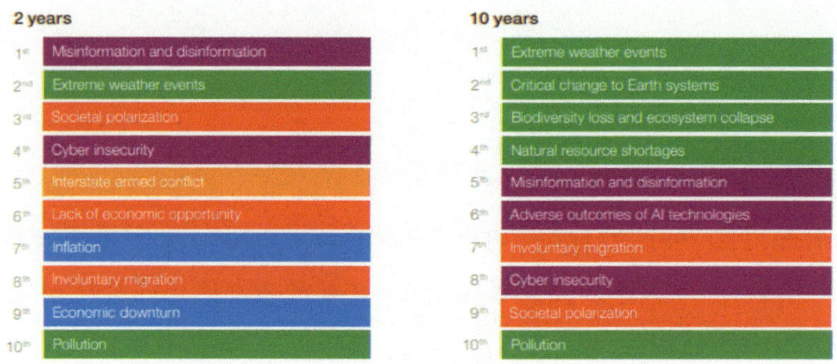

그림 67 2024년 가능성 및 파급력 글로벌 10대 위기
(자료: 다보스포럼, 2024)

• 글로벌리스크의 부문별 추세 변화

2023년의 경우 상위 10대 위험에 환경문제가 6개, 사회문제 2개, 기술적 1개 및 지정학 1개 등이 상위 10대 위기로 선정되는 등 환경문제가 60~70%를 이루고 있으며, 기후변화 완화 실패, 기후변화 적응 실패, 자연재해 및 극단적 기상, 생물다양성 감소 및 생태계 파괴, 자연자원 위기, 대규모 환경 피해 등이 있다.

그림 68 2023년 가능성 및 파급력 글로벌 10대 위기
(자료: 다보스포럼, 2023)

그림 69 2023년 단기, 장기 글로벌리스크(상위 32개 항목)
(자료: 다보스포럼, 2023)

2022년에도 2023년과 유사한 추세를 보이고 있어 기후 대응 실패, 극한날씨, 생물다양성 손실, 천연자원 위기, 인간의 환경 파괴 등이 상위 10대 위기로 선정되었다.

이러한 현상은 최근 5-10년에 두드러지게 나타나고 있다. 글로벌 위기에는 거의 대부분 환경위기가 1-5위에 자리 잡고 10위안에 5-6개가 늘 포함되는 등 기후환경리스크는 다른 사회적, 경제적, 지정학적, 기술적 위기에 비해 훨씬 위협적이고 발생 가능성 또한 매우 높아 가장 심각한 이슈로 대두되고 있다.

2023년까지 지난 15년간 글로벌리스크 이슈를 부문별로 살펴보면 top5 중 경제 이슈는 사라지고 기후환경 이슈가 가장 심각한 문제로 강조되고 있다.

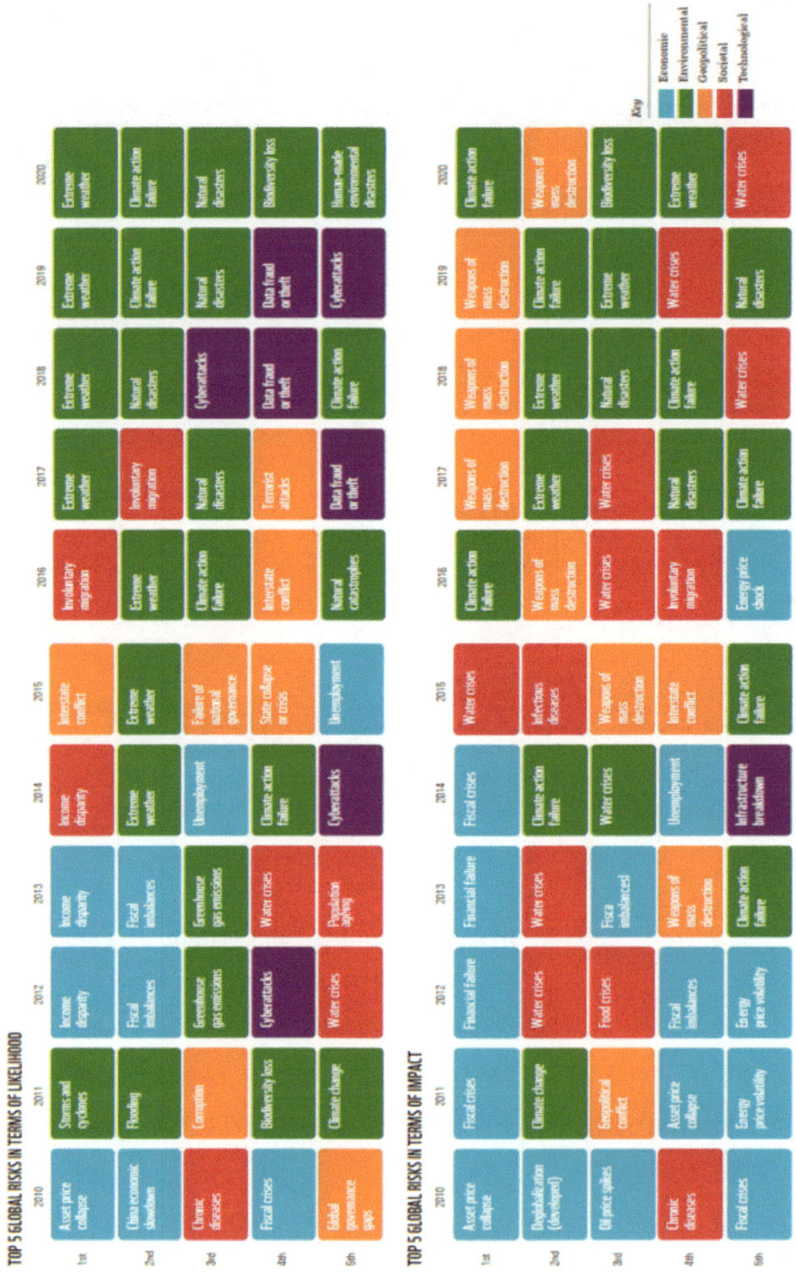

그림 70 지난 10년간(2010 - 2020) 글로벌 리스크 상위 5개 항목의 변화
(자료: WEF, 2021)

(2) 기후변화와 멸종

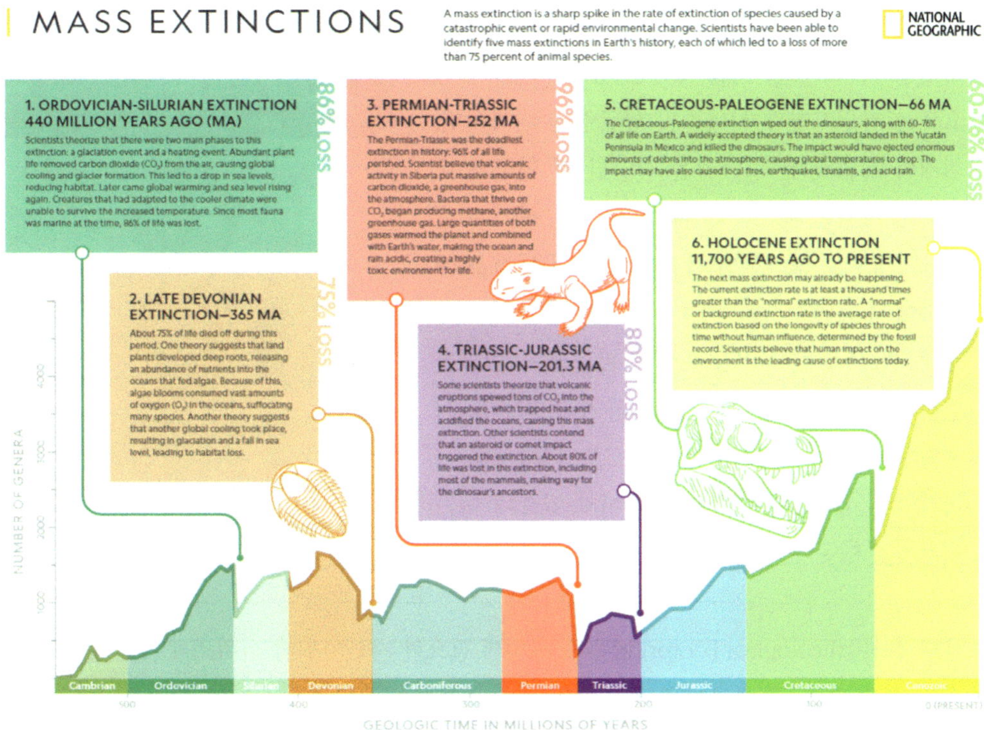

그림 71 6대 멸종사건
(출처: National Geographic)

지구 역사에는 5대 멸종 사건이 발생하였고, 그리고 또 한 번의 멸종은 바로 인류에 의한 멸종이라고 예측한다. 지질연대가 바뀐 시기에 5차례 자연적으로 발생된 기후 및 환경 변화로 인하여 전 세계적으로 생물종이 멸종되었다. 현대 즉 인류세에는 인류에 의한 기후변화 등 생태환경 파괴로 또 다른 멸종 위기가 다가오고 있다.

IPCC(기후변화에 관한 정부 간 협의체)의 기후변화 시나리오에 따라 지구 온도가 2030년대 초반에 1.5도 임계점을 돌파할 것이며 동시에 수많은 재난과 지구적 시스템의 붕괴가 발생할 것이라고 예측하였다.

2. 생태채권과 지구 초과의 날

(1) 생태용량과 생태발자국

생태용량(Carrying Capacity)은 생태계의 공급량으로서 자연자원과 서비스의 공급량을 의미하며, 현재의 기술과 관리 관행을 감안할 때 인구가 소비하는 자원을 제공하고 폐기물을 흡수하기 위해 생물학적으로 생산적인 육지와 바다의 면적을 계산하여 측정된다.

생태용량은 공간과 시간에 걸쳐 비교될 수 있도록 면적은 생태학적 생산성에 비례하여 조정된다. 이 조정된 면적은 'GH, 글로벌 헥타르'로 나타낸다.

국가마다 생태계의 생산성에 차이가 있으며 이는 계정에 반영된다.

그림 72 생태발자국과 생태용량

생태발자국(Ecological Footprint)은 인간에게 필요한 자연자원과 서비스에 대한 수요량으로서, 식품·섬유·가축·목재·사회기반시설을 위한 공간을 비롯해 이산화탄소 흡수를 위해 필요한 산림 등 인류에게 필요한 자원의 면적(글로벌헥타르·GHA)으로 측정한다.

- 탄소발자국(Carbon Footprint)

제품 및 서비스의 원료 채취, 생산, 수송·유통, 사용, 폐기 등 전 과정에서 발생하는 탄소(온실가스)가 기후변화에 미치는 영향을 계량적으로 나타낸 지표로서 환경성적표지 환경영향 범주 중 하나이다.

제품의 온실가스 배출량 정보를 정확하고 투명하게 공개하여 환경영향이 적은 제품을 구매하도록 유도하여 기후변화 대응 및 지속가능한 소비 생산체계를 구축한다. 라벨 형태로 제품에 표시한다.

- 1단계 탄소발자국 인증, 2단계 저탄소 제품 인증으로 구성
- 탄소발자국 인증: 제품 및 서비스의 생산부터 폐기까지의 과정에서 발생되는 온실가스 배출량을 산정한 제품임을 정부가 인증
- 저탄소 제품 인증: 동종 제품의 평균 탄소배출량 이하(탄소발자국 기준)이면서 저탄소 기술을 적용하여 온실가스 배출량을 4.24%(탄소감축률 기준) 감축한 제품을 대상으로 정부가 인증

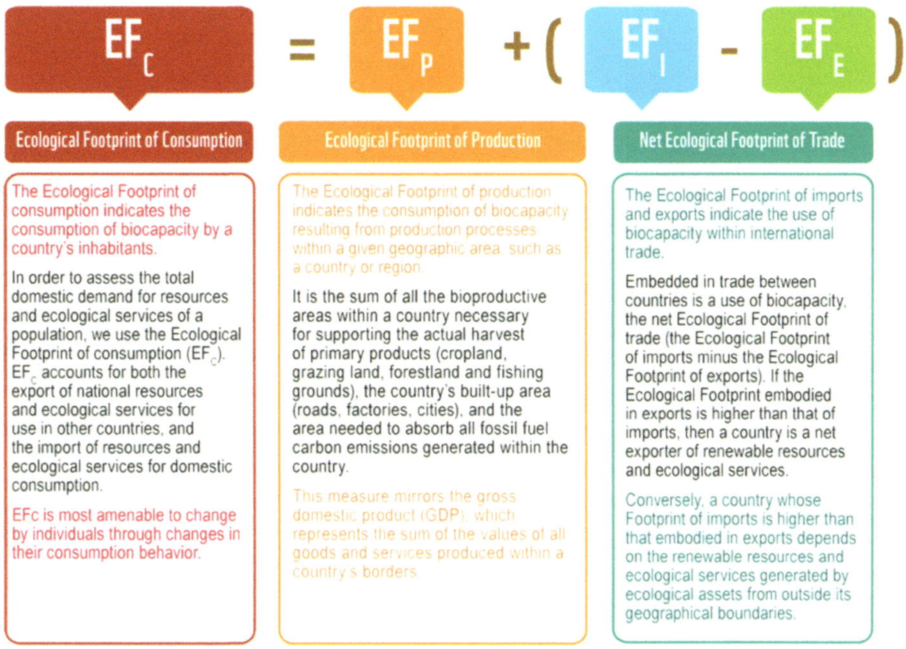

그림 73 순 생태발자국 산출방법

(자료: National Footprint Accounts; Global Footprint Network)

EF_C: 소비에 의한 생태발자국. 자원 및 생태서비스에 대한 국내 총 수요. 개인의 소비 행태 변화를 통해 쉽게 변화. 다른 국가에서 사용하기 위한 국가 자원 및 생태서비스 수출과 국내 소비를 위한 자원 및 생태서비스 수입을 모두 포함.

EF_P: 생산에 의한 생태발자국. 국가나 지역과 같은 특정 지리적 영역 내에서 생산 과정으로 인한 생태용량 소비. 1차 생산물의 실제 수확을 지원하는 데 필요한 국가 내 모든 생물생산 지역(농경지, 방목지, 산림지, 어장), 국가의 건축 면적(도로, 공장, 도시) 및 면적. 국내 발생 모든 화석연료 탄소배출량. 한 국가의 국경 내에서 생산된 모든 재화와 서비스 가치의 합계를 나타내는 국내총생산(GDP)을 반영

EF_I: 수입에 의한 생태발자국, EF_E: 지출(수출)에 의한 생태발자국. 수출입의 생태발자국은 국제 무역에서 생태용량의 활용을 의미. 국가 간 무역에는 무역의 순 생태발자국(수입의 생태발자국-수출의 생태발자국)인 생물용량의 사용이 포함. 수출 생태발자국이 수입보다 높으면 해당 국가는 재생 가능한 자원과 생태서비스의 순 수출국이며, 수입발자국이 수출발자국보다 높은 국가는 지리적 경계 외부의 생태자산이 생성하는 재생가능한 자원과 생태서비스에 의존.

(2) 생태채권

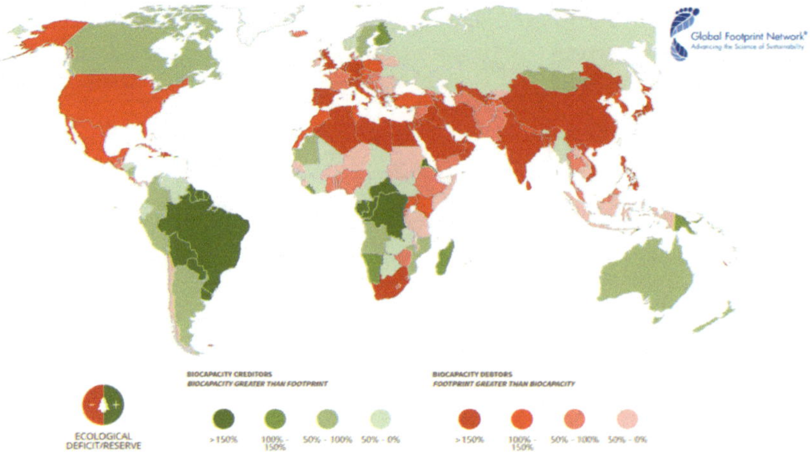

그림 74 나라별 생태채권 및 생태채무 현황
(자료: National Footprint Accounts; Global Footprint Network)

기후변화로 인해 전 세계 인구의 80% 이상이 생태계 순 수요량이 각 나라별 생태계의 순 공급량을 초과하는 국가에 살고 있다. 생태채권은 이러한 생태계 수요량과 공급량의 차이(순수 요량)를 나타낸다. 한 국가의 생태발자국이 생태 용량보다 작으면 생태 적립(금)이 있고, 그렇지 않으면 생태학적 적자를 안고 운영된다. 흔히 전자를 생태학적 채권자, 후자를 생태학적 채무자라고 부른다.

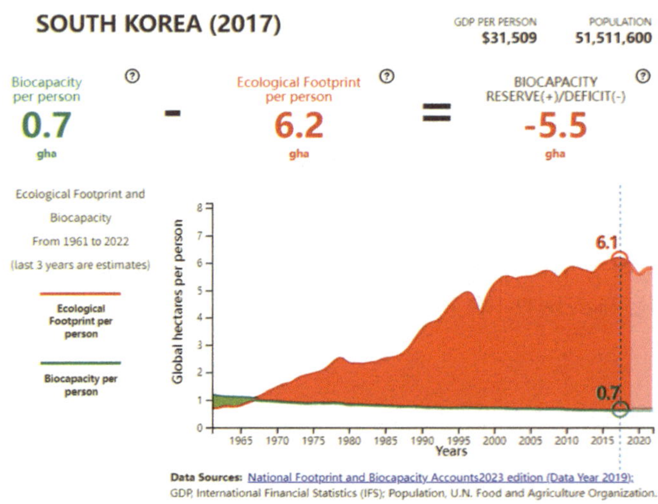

그림 75 우리나라의 생태채권 및 생태채무 현황
(자료: National Footprint Accounts; Global Footprint Network)

(3) 지구 (생태용량) 초과의 날 Earth Overshoot Day

오늘날 대부분의 국가들을 포함한 전 세계가 생태학적 적자를 내고 있다. 세계 인구의 85% 이상이 생태학적 적자 국가에 살고 있다. 세계의 생태학적 적자를 지구 생태학적 초과(overshoot)라고 한다.

이렇게 자연에 대한 인류의 연간 수요가 그 해에 지구가 재생산할 수 있는 것을 초과하는 날짜를 의미한다. 생태발자국과 생태용량을 비교하여 산정한다.

- 1970년 12월 31일(지구의 생태용량과 인류의 생태발자국이 같음).
- 1980년 11월 4일. 1990년 10월 10일. 2010년 8월 21일.
- 2020년 8월 22일(Covid-19로 인해 10년 전 수준으로 회복).
- 2021년 7월 29일. 2022년 7월 28일. 2023년 8월 1일.

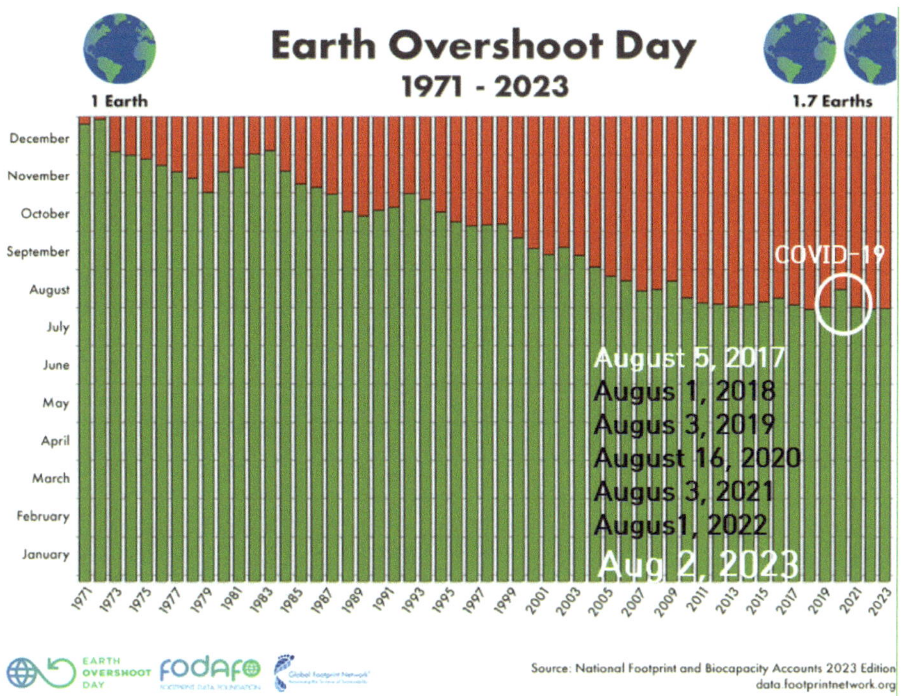

그림 76 지구 생태용량 초과의 날
(자료: National Footprint and Bilcapacity Accounts)

인류가 지금의 삶을 지속한다면 지구 1.7개가 필요하며, 2030년 지구 초과의 날은 6월 28일로 앞당겨질 것으로 예측되어 매우 심각한 현실이다.

인류의 노력으로 매년 지구 생태용량 초과의 날을 5일씩 뒤로 이동하면 2030년 9월 16일로 늦출 수 있으며, 2050년 이전에 파리협정에 따른 '하나뿐인 지구의 번영(One-planet prosperity)'에 도달한다고 예측되고 있다.

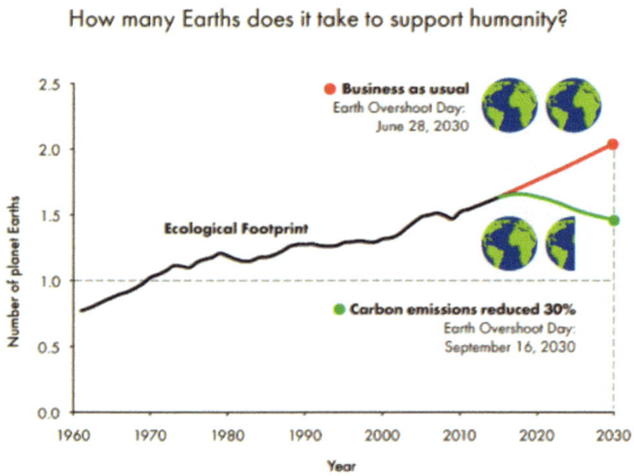

그림 77 생태발자국 변화와 지구 필요량
(자료: One point zero, 2020)

· 나라별 초과의 날

2023년 국가별 생태용량 초과의 날은 카타르 2월 10일, 자메이카 12월 20일 등이다. 우리나라는 4월 2일로서 1년 365일 동안 사용할 자원을 91일 만에 모두 소모한다. 세계인이 우리나라 사람들처럼 생활한다면 지구 4개가 필요하다.

- 2022년 4월 2일, 2021년 4월 5일, 2020년 4월 9일.

그림 78 나라별 생태용량 초과의 날
(자료: National Footprint and Bilcapacity Accounts)

· 국가별 인구대비 생태용량 초과 규모

각 나라별 인구 대비 1인당 소비량(생태발자국)이 가장 큰 곳은 우리나라로서, 2018년 기준으로 한국인에게 주어진 생태용량 1인당 0.7 GHA(글로벌헥타르) 대비 실제 소비량은 1인당 5.7 GHA로서 현재 소비를 감당하려면 8.4배나 큰 땅이 필요하다.
일본 7.8배, 이탈리아 4.6배, 스위스 4.5배, 영국 4.0배, 중국 3.8배 등

그림 79 인구대비 생태용량
(자료: WWF, 2019)

II 편

미래사회와 전환적 사고

Ⅳ장

그린택소노미와 에너지 전환

7절 그린택소노미

1. 기후위기시대 에너지 패러다임 전환

친환경과 지속가능한 사회를 넘어 기후변화라는 큰 흐름 속에서 사회구조를 재편하려는 움직임 속에서 기후위기 대응과 회복탄력성 증진의 전환 속 미래성장동력을 확보할 수 있는 그린인프라, 녹색기술, 지역재생, 생태계서비스, 그린복지의 중요성이 더욱 부각되고 있다.

기후변화 해답은 생태환경문제를 진단하고, 친환경 지속가능한 사고, 생태윤리, 생태문화, 에코디자인, 녹색에너지 등의 방법을 통해 구현할 수 있으며, 국제사회의 공동 목표인 탄소중립사회를 위한 구체적이고 실천적인 대안으로서 온실가스 감축을 위한 미래 녹색에너지 구현과 탄소흡수원 확대 등의 노력이 강조되고 있다.

지속가능한 친환경 녹색에너지 전환을 도모하고 회복탄력성을 증진시키기 위한 기술적 해법과 함께 자연기반 해법으로서 생태요소를 각 공간에 적극적으로 끌어들이기 위한 정책과 계획 등의 방향성에 대한 논의가 이어지고 있다.

탄소중립 녹색사회 구현을 위하여 기후변화 현상 및 적응과 대응 전략에 대한 학술적 이론과 더불어 온실가스 감축과 탄소흡수원 확대 실천 등의 이해와 인식증진 교육이 중요하며, 탄소중립사회를 구현하기 위한 녹색에너지 전환의 학술적 이론과 기술적 실천 과제를 고찰하여 문제점을 인식하고 해법을 찾으려는 패러다임 변화가 요구된다.

에너지는 일을 할 수 있는 능력 즉 사람이나 물체가 일을 할 수 있는 능력을 말한다. 그리스어로 활동이나 운동을 뜻하는 'Ενέργεια(Energia)'에서 비롯되며 사람이나 물체가 활동하는데 근원이 되는 힘이 된다. 에너지 전환은 기후위기 시대를 극복하고 우리 미래의 환경적 지속가능성을 위해 기존 화석연료 기반의 에너지시스템을 친환경·저탄소 에너지시스템으로 전환하기 위한 움직임이라고 할 수 있다.

탈탄소 청정에너지로의 전환을 통해 기후변화와 기후위기에 대응하고 적응역량을 높여 피해를 최소화할 수 있다. 범지구적으로 많은 나라에서 친환경 저탄소 청정에너지로의 전환을 추구하고 있으며 이러한 에너지 전환은 미래 신성장 동력이며 새로운 일자리 창출의 기회가 된다는 기대를 하고 있다.

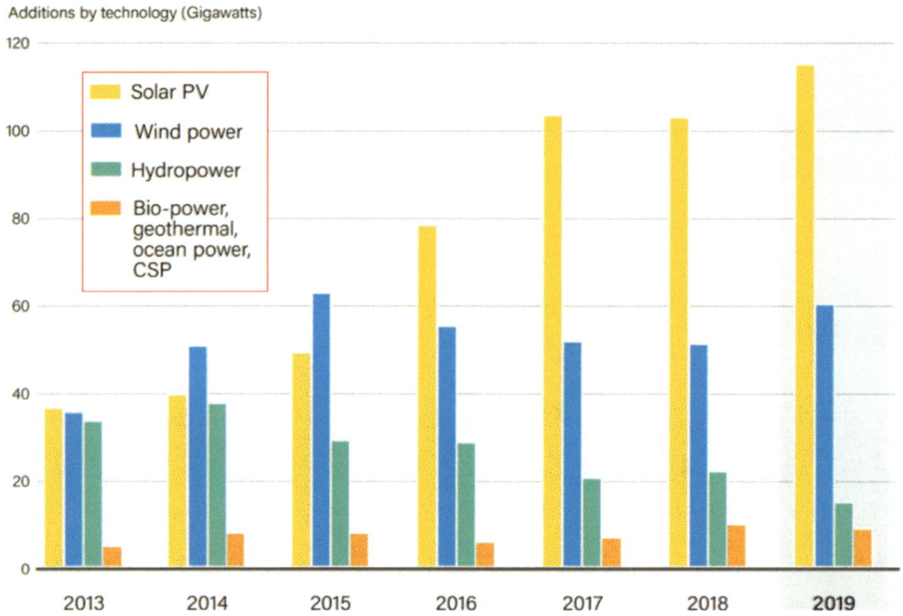

그림 80 신재생에너지 설비용량 변화(2013~2019)
(자료: REN21, 2020)

에너지 전환은 기본적으로는 에너지원의 전환을 의미하며 나아가 에너지 정책-생산-소비-운영 등 각 단계별 에너지 인식 전환, 에너지 이용자의 행동과 규범의 전환, 에너지 생산과 소비의 공간적 배치전환, 생태환경과 건조 환경 전환 등을 포함하는 매우 넓은 의미를 지닌다.

에너지원의 전환은 화석에너지에서 신재생에너지로의 전환으로 요약되며, 에너지 인식 전환은 에너지를 에너지 서비스, 에너지 자원으로 인식하고 효율성을 제고하고 절약을 생활하는 움직임과 실천 행동을 포함한다. 최근에 분산에너지와 같은 공간적 전환도 중요한 이슈로 대두되고 있다.

- 에너지 전환과 인식 증진

에너지 전환의 핵심은 화석에너지를 신재생에너지로 전환하기 위한 노력이며, 단순히 에너지 공급원의 전환을 넘어 에너지 효율개선과 절약을 통해 에너지 수요 자체를 줄여 공급의 필요성을 근본적으로 저감하고 이러한 감축노력에도 불구하고 필요한 에너지는 신재생에너지로 전환하고자 하는 것이다. 우리나라의 2050탄소중립 실현을 위한 2030국가자율목표(NDC)에서도 에너지 전환이 강조되고 있으며, 그 외 산업공정, 토지이용, 농업, 교통, 흡수 등 다양한 전략을 수립한 바 있다.

이와 관련하여 IPCC(2022) 보고서에서도 기후위기 대응을 위해서 에너지 수요를 획기적으로 감축하고 소비패턴을 전환할 것을 강조하고 있으며, 에너지 소비자 스스로의 선택에 의해 지속가능한 요소(buildings, land transport, and food 등)에 대한 친환경적인 '더 나은 선택'을 함으로써 2050년까지 40~70%의 온실가스 배출을 저감할 수 있다는 '선택설계(Choice architecture)'를 제시하고 있다.

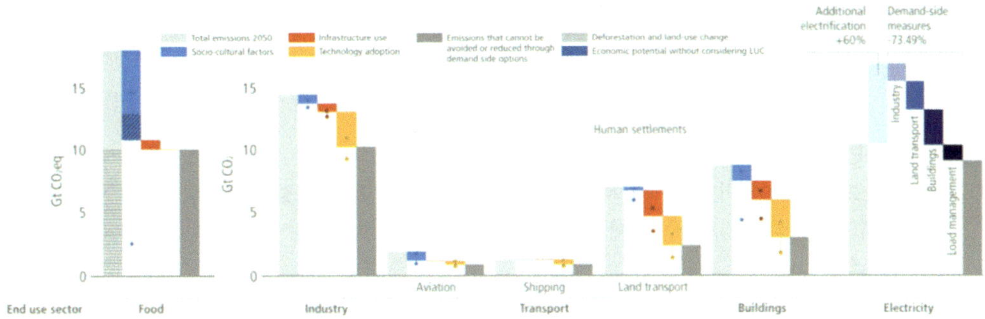

Demand for service	Nutrition	Manufactured products	Mobility	Mobility	Mobility	Shelter
Socio-cultural factors	Shift in dietary choice with reduced animal protein; avoid food waste, avoid over-consumption	Avoid short life span products	Avoid long haul flights; shift to trains wherever possible	Currently not applicable	Teleworking or telecommuting; active mobility such as walking and cycling	Social practices in energy saving; and lifestyle and behavioural changes
Infrastructure use	Enhance the role of choice architectures & information; financial incentives; waste management; recycling infrastructure	Reuse and recycling	Currently not applicable	Currently not applicable	Public transport; shared mobility; compact city; spatial planning	Compact cities; built environment; living floor space rationalisation; architectural design; feedback control systems
Technology adoption	Currently not applicable	Access to materials-efficient services; access to energy-efficient and CO_2-neutral materials	Adoption of energy-efficient technologies; technologies with improved aerodynamics	Adoption of energy-efficient technology/systems	Electric vehicles; efficiency technologies	Adopting energy-efficient solutions; shift to renewables

그림 81 2050년까지 소비에 대한 선택설계를 통한 요인별 온실가스 감축량
(자료: IPCC, 2022)

2. 에너지 자원과 그린택소노미

(1) 그린택소노미

녹색분류체계(그린택소노미 Green Taxonomy)는 기후변화 문제를 해결하기 위한 노력으로서 환경적으로 지속가능한 경제활동의 기준과 범주를 정의하는 기본적인 틀을 말한다. 온실가스 감축을 달성하고 기후변화에 대응할 수 있는 '친환경 산업'을 판단하는 기준으로서 친환경 산업을 선별, 지정하고 이에 대해 금융, 세제 혜택을 지원해서 투자가 활성화 되도록 돕는 목적을 지닌다. 전체적인 구성 방식은 목표를 제시하고 판단 기준을 설정하여 해당 내용만 허용하는 포지티브(positive) 방식으로 구성된다.

* 포지티브 방식: 법률이나 정책에 허용되는 사항만 나열하고 이외의 것들은 모두 금지하는 규제 방식. 반대로 금지되는 사항을 명시하고 이를 제외한 나머지 사항은 원칙적으로 허용하는 규제 방식은 네거티브 방식(포괄주의)

택소노미는 지속가능한 투자를 촉진하기 위해 재무 정보를 포함하여 환경, 사회, 거버넌스(ESG) 노력과 밀접하게 연결되며, 환경이 주요 요소이지만 세 가지 요소 중 어느 것과도 관련될 수 있다. 그린택소노미는 녹색기업, 상품을 표방하면서도 실제로는 그렇지 않은 그린워싱(green washing 위장 친환경행위)을 구별하여 실질적인 친환경성장동력을 개발하기 위한 수단이 될 수 있다.

이러한 의미를 담아 유럽연합을 주축으로 러시아, 남아프리카공화국 등에서 각 국가별 실정을 반영한 녹색분류체계를 개발했다. 또한, 국제표준화기구(ISO; International Organization for Standardization)에서도 "ISO 14030-3: 녹색분류체계"를 발표하였다.

- EU택소노미와 원자력

EU에서는 2050 Net Zero 목표 달성하기 위하여 환경적으로 건전하고 지속가능한 경제 활동으로 인정되기 위한 환경적 기준을 고려하여 경제활동 목록을 정의한 [Taxonomy for Sustainable Activities](EU, 2020)를 제정하였다. 친환경 에너지로 논란이 있던 천연가스와 원자력에너지를 택소노미에 포함한 최종안이 2023년 1월 발효되었다.

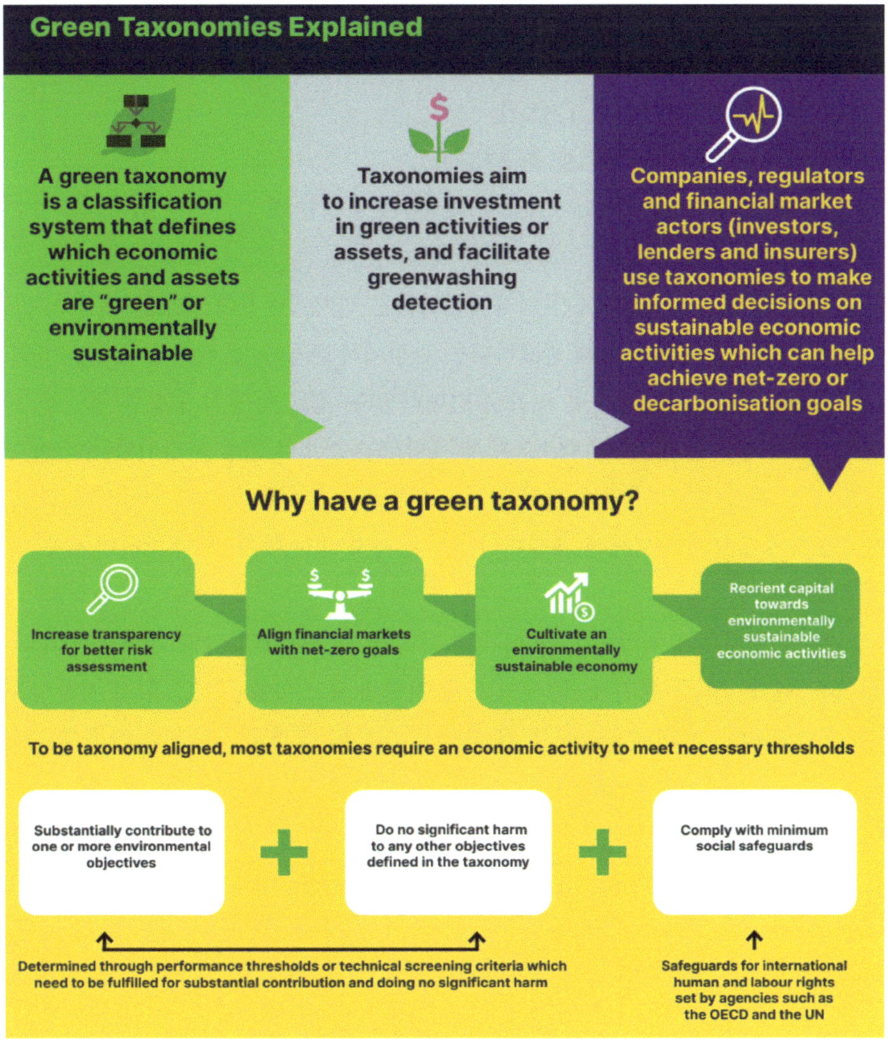

그림 82 그린택소노미 개념 및 구조
(자료: IEEFA, 2022)

EU 택소노미는 1) 온실가스 감축, 2) 기후변화 적응, 3) 수자원 및 해양생태계 보호, 4) 자원순환 경제로 전환, 5) 오염물질 방지 및 관리, 6) 생물다양성 및 생태계 복원 등 6개의 환경 목표를 설정했다.

EU 택소노미는 다음과 같은 4대 기본원칙을 모두 충족했을 때 비로소 택소노미로 인정되어 친환경산업으로서 투자 및 지원을 받을 수 있다.

1) 6대 환경목표 중 하나 이상의 달성에 기여할 것,
2) 하나의 환경목표에 기여하는 과정에서 다른 환경목표에 심각한 위해를 미치지 않을 것 (Do not significant harm, DNSH),
3) 최소한의 사회적 안전장치를 준수할 것,
4) 기술선별기준(technical screening criteria)에 부합할 것

EU 택소노미의 쟁점 중 하나인 원자력에너지는 원자력발전이 탄소를 배출하지 않는다는 점에서 2050년 탄소중립을 위해 필요하다는 관점에서 프랑스, 폴란드 등은 찬성하였고, 독일, 덴마크 등은 방사성 폐기물 등을 이유로 반대하였다. 결국 독일이 주장한 천연가스를 포함하여 원자력에너지와 천연가스를 택소노미에 포함하는 것으로 최종 확정되었다. 2050년 탄소 중립 목표에 꼭 필요하다고 판단해 원전을 과도기적 대체를 위한 하나의 수단으로 인정한 것으로서 탄소중립에 도달하기 위해선 재생에너지와 원자력 발전 이 두 가지 방안이 필수적이라는 시각이 작용하였다.
단, 단서조항이 포함되었는데, 핵폐기물 발생을 최소화하기 위한 폐쇄형 연료 주기 기술 개발, 2025년까지 기존 원전과 제3세대 신규 원전에 사고 확률을 낮춘 사고 저항성 핵연료(ATF·accident-tolerant fuel) 적용, 모든 원전에 중·저준위 폐기물 처분을 위해 운영 가능한 처분 시설을 건설 등 몇 가지 조건을 단서조항으로 설정하였다.

독일의 경우 부분적으로 EU 것과 유사하나 원자력을 제외하고 새로운 가스전 개발은 포함한 그린 택소노미를 발표하였다. 기후 친화적인 기술은 녹색, 기후 중립적인 기술은 흰색, 기후 파괴적인 기술은 빨간색으로 분류체계를 구성하였다.

(2) 우리나라의 (그린) K-택소노미

우리나라에서는 '환경기술 및 환경산업 지원법'에 근거하여 2021년 12월 30일 한국형 녹색분류체계(K-택소노미)를 수립하였으며, 이후 EU택소노미에 원전과 천연가스가 포함됨에 따라 2022년 12월 원자력에너지를 포함한 수정 가이드라인이 확정되었다. 가이드라인은 ▲기후변화 완화 ▲기후변화 적응 ▲수자원 및 해양 보호와 지속가능한 보전 ▲자원 순환 ▲오염 방지 및 관리 ▲생물 다양성 보전의 6가지를 포함한다.

K-택소노미의 원칙에 의하면 녹색경제활동은 3가지 원칙을 준수해야 한다(환경부, 2022).

① 환경목표에 기여할 것: 6대 환경목표 중 하나 이상의 환경목표 달성에 기여해야 함 (SC; Substantial contribution)

※ 6대 환경목표: 온실가스 감축, 기후변화 적응, 물의 지속가능한 보전, 순환경제로의 전환, 오염 방지 및 관리, 생물다양성 보전

② 심각한 환경피해가 없을 것: 환경목표 달성 과정에서 다른 환경목표에 심각한 피해를 주지 않아야 함(DNSH; Do No Significant Harm)

③ 최소한의 보호장치를 준수할 것: 인권, 노동, 안전, 반부패, 문화재 파괴 등 관련 법규를 위반하지 않아야 함(MS; Minimum Safeguards)

그림 83 K-택소노미 원칙
(자료: 환경부)

한국형 녹색분류체계는 탄소중립 및 환경개선에 기여하는 경제활동인 '녹색부문'과 탄소중립으로 전환하기 위한 중간 과정으로서 과도기적으로 필요한 경제활동인 '전환부문'으로 구성되어 있다(환경부, 2022).

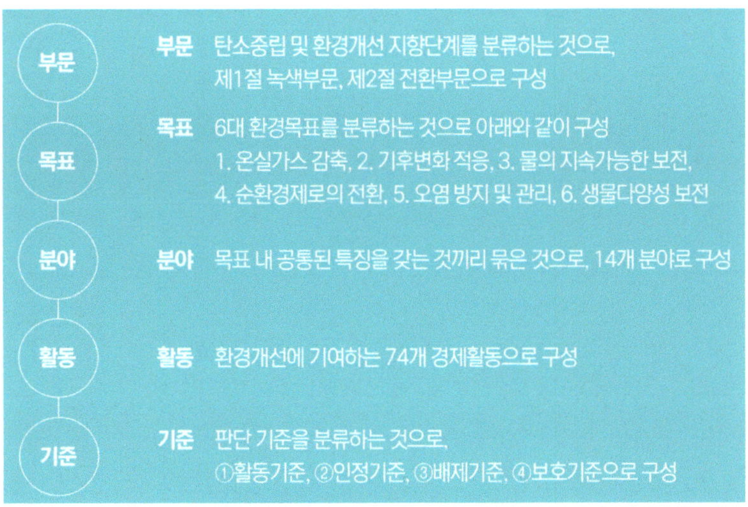

그림 84 K-택소노미 구성내용
(자료: 환경부, 2022)

• 녹색부문

6개 목표, 10개 영역, 총 67개 활동으로 구성되며, 온실가스 감축, 기후변화 적응, 물의 지속가능한 보전, 순환경제로의 전환, 오염 방지 및 관리, 생물다양성 보전 목표 등 67개 녹색경제활동으로 구성되어 있다.

탄소중립 및 환경개선에 기여하는 녹색경제활동을 제시하였으며 화석연료를 100% 활용하는 경제활동 및 이와 연계된 경제활동은 원칙적으로 배제하였다.

- 예시 6. 생물다양성 보전

  가. 생물다양성: 육상 및 해양생태계 보호 복원, 산림 생태계 복원, 도시내 탄소흡수원 조성, 생물종 보호 보전

• 전환부문

'전환부문'으로 분류된 경제활동은 3개 영역, 7개 활동으로 구성되며, 1) 산업 영역에서 중소기업 사업장 온실가스 감축 활동, 2) 발전에너지 영역에서 액화천연가스(LNG) 및 혼합가스 기반 에너지 생산, 원자력 기반 에너지 생산(신규 건설), 원자력 기반 에너지 생산(계속 운전), 블루수소 제조 등 4개 활동, 3) 수송 영역에서 친환경 선박 건조, 친환경 선박 운송 등 2개 활동이다.

화석연료를 일부 포함하지만, 중간단계로서 과도기적으로 필요한 경제활동이므로 한시적으로 녹색분류체계에 포함하였다. 원자력 발전의 경우 기후변화, 에너지 문제 해결을 위한 중요한 전력원으로, 재생에너지와의 조화로운 활용을 통해 2030 국가 온실가스 감축 목표(NDC) 및 2050 탄소중립 목표 달성에 기여할 수 있어 한시적으로 포함하였다.

8절 화석에너지와 신재생에너지

에너지는 '물체 내부에 간직되어 있는 일'이란 뜻의 그리스어로서, 에너지가 사람에게 쓰일 때는 '사람이 활동하는 데 근원이 되는 힘' 즉 '사람이 일을 할 수 있는 능력'을 의미하며, 물체에 쓰일 때는 '물체가 일을 할 수 있는 능력'이라고 정의할 수 있다.

1. 화석에너지

화석에너지는 오래전 지구상에 존재했던 유기체 잔존물로부터 생성된 에너지 자원으로서 천연가스, 석유, 석탄, 셰일가스, 셰일석유 등의 화석연료를 원료로 발생되는 에너지이다. 화석연료는 수백만 년 전 바다나 호수에 산소 결핍 상태로 침전된 동식물성 플랑크톤을 포함한 유기체 잔해들이 혐기성 분해 작용에 의해 생성된다.

지질학적인 시간에 걸쳐 이 유기물질은 진흙과 섞여서 침전된 무거운 층 아래에 매장되며 엄청난 열과 압력에 의해 유기물질이 화학적으로 변이되고 여기에 뜨거운 열이 가해져서 액체나 가스 형태의 탄화수소가 된다. 그런데, 이러한 화석연료를 사용할 때 에너지 사용 후 이산화탄소와 불순물이 포함된 질소산화물(NOx), 유황산화물(SOx) 등이 기체와 입자 상태의 물질로 배출되고 대기 중에 방출되어 환경문제를 일으키게 된다.

(1) 석유

석유(petroleum)의 어원은 그리스어 petro(암석)와 라틴어 oleum(기름)이 합쳐져 생성된 합성어로서 1546년 독일 광물학자 Georg Bauer(또는 G. Agricola)가 처음 사용된 것으로 알려져 있다. 석유는 현대사회에서 가장 많이 사용되는 주 에너지원

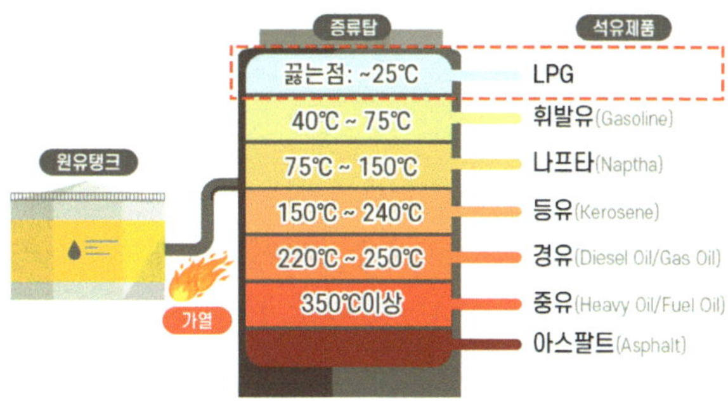

그림 85 원유 분별증류 과정에 따른 석유제품
(자료: 한국가스공사, 2020)

이다. 석유는 자연발생적으로 존재하는 탄화수소의 혼합물로서 탄소(C)와 수소(H)의 결합으로 구성된 여러 탄화수소 분자들이 섞여 있다. 가장 간단한 탄화수소는 메탄(CH_4)으로서 탄소 1개와 수소 4개가 결합한 분자이고, 좀 더 크고 복잡한 탄화수소의 분자에서는 골격을 이루는 탄소들이 사슬 모양(헥산), 고리 모양(벤젠)으로 연결되어 있다.

원유는 지하의 유전에 고인 천연의 광유(鑛油)로 이를 정제하여 여러 가지 석유제품을 얻게 되는데, 석유란 원유와 석유제품을 함께 일컫는 명칭이다. 원유는 해저에 가라앉은 유기물의 부패로 100만 년 이상의 세월이 걸려서 만들어진 이후에 형성된 암반에 퇴적물로 매장되었던 것이다. 석유는 가스와 별도로 매장되어 있는 일은 거의 없고, 가스가 용해한 상태에서 경질유와 결합하고 있다.

석유는 증류 공정에서 각 구성 성분의 끓는 점 차이에 의해 비슷한 물리 화학적 물성을 지닌 성분들이 혼합물에서 분리되어 액화석유가스(LPG), 나프타(납사; naphtha), 휘발유(gasolin), 등유(kerosene), 경유(light oil), 중유(heavy oil), 윤활유(lubricating oil), 아스팔트(asphalt) 등으로 각각 구분된다(자료: 한국가스공사, 2020).

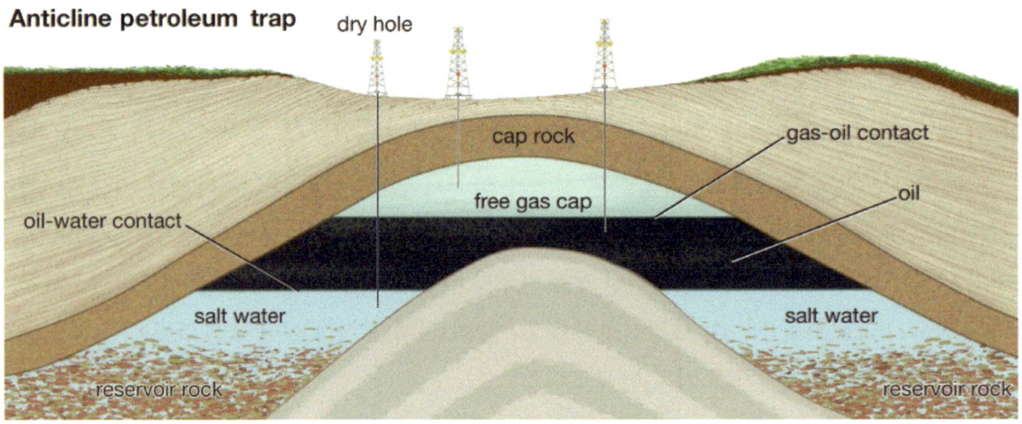

그림 86 원유 및 천연가스 형성
(자료: Encyclopedia Britannica, 2012)

석유는 오래전부터 인류의 역사와 함께 하여 왔으며 구약성서에서는 '역청'으로 불렀다. 구약성서 출애굽기에는 모세가 광야에서 시내산에 올라가서 보았던 떨기나무 불이나 노아의 방주에 방수용으로 쓰였다는 기록이 전해온다.

(2) 천연가스

천연가스(NG: Natural Gas)는 해저, 유전, 탄광지대 등의 지하에서 채취하는 탄화수소의 혼합물로, 메탄(CH_4), 에탄 등 탄화수소를 주성분으로 하는 연소성가스를 총칭하는 것이다. 천연가스는 땅속에 유기물이 변동되어 생긴 화석연료라는 점에서 석유와 공통점이 있지만 석유와 달리 인공적인 과정을 거치지 않고 지하에 기체 상태로 매장된 메탄(CH_4)이 주성분인 화석연료이다.
천연으로 직접 채취한 상태에서 바로 사용할 수 있으며, 액화과정을 거치며 황, 질소, 인 등이 제거되어 연소 시에는 공해물질을 거의 발생하지 않는다. 황 성분이 거의 없는 무독성이고, 발열량이 높음에도 위험성이 타 에너지에 비해 적은 특징으로 도시가스로 가장 많이 활용된다. 그러나 매장되어 있는 곳이 한정적이고 수송비가 많이 들기 때문에 산지와 소비지가 떨어져 있을수록 경제성이 떨어질 수 있다.
천연가스의 생성과정은 석탄과 유사하며, 석유가 생산될 때 함께 섞여서 생산되기도 하나 대부분 별도로 생산된다. 천연가스의 주요성분은 80~85%가 메탄(CH_4)가스로 되어 있는 반면에 공해물질의 함량이 지극히 적다는 이점 때문에 에너지원으로서 이용 가치를 높이 평가받고 있다.

천연가스는 저장 방법에 따라 여러가지로 분류된다.

- LNG(Liquefied Natural Gas, 액화천연가스): 기체 상태인 천연가스를 -161℃에서 냉각해 액화시켜 부피를 1/600 수준으로 줄인 것으로 저장이나 운반이 쉬움. 무색투명하고 공기보다 가볍고 발화온도가 높아 폭발 위험이 적어 안전함. 기화 과정을 거친 후 배관망을 통해 공급되어 발전용, 산업용, 가정용 등으로 사용. 액화 과정에서 미세먼지(PM), 황 등의 불순물이 제거되기 때문에 이산화탄소 배출량이 아주 적어 평균적으로 40~50% 정도이고 질소산화물이 적어 도시가스로 공급.
- CNG(Compressed Natural Gas, 압축천연가스): 기체 상태의 천연가스를 200기압 이상으로 압축해 부피를 줄인 것으로 버스와 같은 대형 차량 연료.

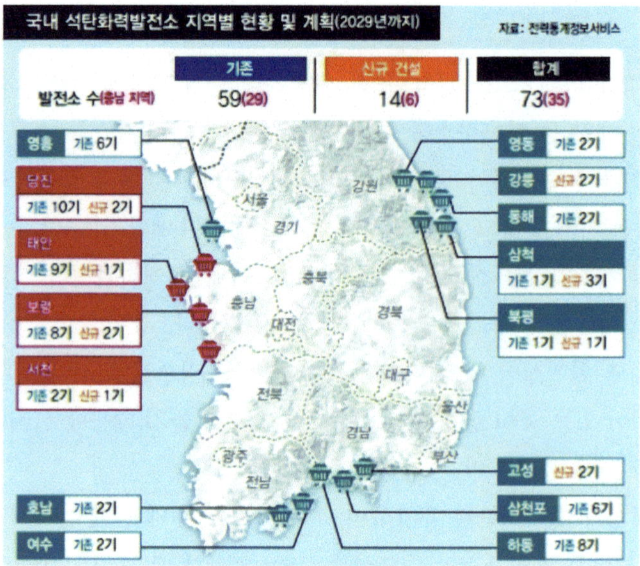

그림 87 석탄화력발전소 분포
(자료: 전력통계정보서비스)

- LPG (Liquid Petroleum Gas, 액화석유가스)

LPG는 휘발유나 경유처럼 원유를 분별증류해서 얻을 수 있으며 프로페인(프로판)과 뷰테인(부탄) 가스의 혼합물이다. LPG는 대기압의 6배 정도 압력에 액화되어 운반과 보관이 쉽기 때문에 소형자동차 연료용으로 유용하다.

LPG는 공기보다 무겁기 때문에 누출 시 바닥으로 가라앉게 되며 불꽃이 발생하면 쉽게 불이 붙는다. 반면에 LNG는 공기보다 가벼워 쉽게 확산되므로 환기만 잘하면 불이 붙을 위험이 거의 없고 불이 붙는 온도도 540℃ 정도로 높아 불이 잘 붙지 않는다.

표 6 CNG, LNG, LPG 비교(저자 작성)

	CNG (Compressed Natural Gas) 압축천연가스	LNG (Liquefied Natural Gas) 액화천연가스	LPG (Liquefied Petroleum Gas) 압축석유가스 =LP가스
원료 주성분	천연가스(NG) 메테인(메탄)	천연가스(NG) 메테인(메탄) 메테인의부피 백분율이 90% 이상이기 때문에 LMG(liquefied methane gas)라고도 불림.	원유(Petroleum) 프로페인(프로판가스) 뷰테인(부탄가스)
저장 방법	200~250 kg/cm²의 고압으로 압축. LNG를 상온에서 기화시키면 CNG가 됨. 부피 LNG의 약 3배.	-161.5℃ 이하로 냉각시켜 액화 : 액화된 메테인의 부피는 기체 상태의 메테인부피의 1/600 정도이고 비중은 0.42(원유 비중의 약 1/2). 수송·저장 수월. 고가의 냉각과정이나 초저온 탱크(단열 장치)가 필요.	원유정제과정에서 프로페인 및 뷰테인 등 끓는점이 낮은 가스를 상온에서 가압하여 액화. 소형의 가벼운 압력용기(봄베)에 충전해서 가정용·업무용·공업용·자동차용 등
특징	부피가 LNG의 3배 정도 높고 고압 연료탱크 사용. 저장용기(연료탱크)가 파열하면 폭발할 위험.	액화공정 전에 탈황·탈습되기 때문에 그 성질이 천연가스보다 뛰어나고 청결하며 해가 없음.	누설되면 부피가 270배로 늘어남. 물보다는 가벼우나 공기보다 무거워 밀폐공간에서는 폭발위험이 큼.
오염 물질	대기오염의 주범인 황산화물, 질소산화물 등의 배출이 거의 없고, 이산화탄소의 배출량도 휘발유(가솔린)나 경유, LPG(액화석유가스)보다 적어 친환경적 연료		
비고	CNG를 연료로 사용하면 냉각과 단열 장치에 필요한 비용을 절감할 수 있어 LNG에 비해 경제적이어서 시내버스용으로 이용되고 있음.	LNG는 천연가스의 부피를 크게 줄일 수 있다는 장점이 있지만 버스나 자동차에서 LNG를 안전하게 이용하려면 초저온 탱크를 달아야 하는데, 탱크는 소형화가 어렵고 비용도 높음. 장거리용 버스에 사용.	최근에는 석유화학용 에틸렌 제조 공정에서 함께 생산되는 저분자 수소가스에서도 프로페인·프로필렌·뷰테인·뷰틸렌등을 분리·정제하여 LPG로 시판.

• PNG(Piped Natural Gas, 배관천연가스): 가스전에서 기체 상태의 가스를 약간의 정화처리를 거친 후 파이프라인을 통해 직접 공급.

(3) 석탄

석탄은 식물자원이 땅속에 묻힌 상태에서 오랜 세월이 흐르면서 가열과 가압 작용을 받아 변질하여 생성된 흑갈색의 가연성 암석이다. 식물이 죽은 후 완전히 물에 잠겨 공기와 접촉이 차단되어 부식이 진행되지 않고 지압과 지열을 받으면서 가압·건류 작용을 받아 석탄화가 진행된다. 식물이 겹쳐 퇴적물 아래에 매장되면 상층부에서 가해지는 중량에 의하여 산소, 탄소, 수소가 치밀하게 모여 석탄이 되고, 물이나 다른 휘발물질은 방출된다.

석탄의 종류는 이탄(peat), 아탄(lignite), 갈탄(brown coal), 역청탄(bituminous coal), 무연탄(anthracite) 등이 있다.

- 이탄(peat): 수목질의 유체가 분지에 두껍게 퇴적된 식물질 덩어리이며, 물의 영향으로 균류 등의 생물화학적인 변화를 받아 주성분인 리그닌, 셀룰로오스 등이 지표에서 분해작용을 받아 생성
- 아탄(lignite): 유연탄의 일종으로 탄화도가 낮은 저품위 갈탄의 일종인 갈색갈탄. 다량의 수분이 건조할 때에 수축하여 목질아탄(목질조직이 어느 정도 보존되어 있어 나뭇결이 보임)은 널빤지 모양으로 벗겨지고 탄질아탄(미세한 석탄질과 광물질로 된 치밀함)은 불규칙한 균열이 생겨서 급속히 가루로 부서짐.
- 갈탄(brown coal): 유연탄의 일종으로 석탄 중에서 가장 탄화도가 낮은 흑갈색 석탄. 탄소 성분이 70%로 낮기 때문에 원목의 형상, 나이테, 줄기 등의 조직이 보이는 경우가 많고 다른 탄에 비하여 고정탄소(수분, 휘발분 및 회분을 뺀 나머지) 함량이 적고 물기에 젖기 쉽고, 건조하면 가루가 되기 쉬움. 점착력이 없고 무른 상태. 대부분 가정 연료나 기타 연료로 사용.
- 역청탄(bituminous coal; 흑탄): 유연탄의 일종으로 흑색 또는 암흑색으로 유리광택 또는 수지광택이 있는 석탄이며 역청 비슷한 물질이 생긴다고 해서 역청탄이라 불림. 불에 탈 때에는 긴 불꽃을 내며 특유한 악취가 나는 매연을 발생. 제철용 코크스, 도시가스로 이용되며 석탄화학공업에서 수소 첨가, 가스화 등의 연구.
- 무연탄(anthracite): 탄화가 가장 잘 되어 연기를 내지 않고 연소하는 석탄. 매우 깊이 매몰되어 용융암체(마그마) 가까이에서 열과 압력을 받아 매우 단단함. 연소 시 불꽃이 짧고 연기가 나지 않으며 점화점이 490℃이므로 불이 잘 붙지는 않지만 화력이 강하고 일정한 온도를 유지하면서 연소.

- 석탄화력발전

발전 과정에서 대표적인 온실가스인 이산화탄소뿐만 아니라 (초)미세먼지 및 원인물질인 질소산화물과 황산화물 등 다양한 오염물질을 배출한다.
우리나라에는 총 60기(3만 5,350.7MW) 내외의 석탄화력발전기가 운전 중에 있는데 점차 폐쇄하거나 가동시간을 축소시키고 있는 추세이다.
총 발전량에서 석탄화력발전이 차지하는 비율은 2020년을 기준으로 44.0%에 이르며 이는 에너지원 중 비중이 가장 높고 국제적으로도 매우 많은 편이다.

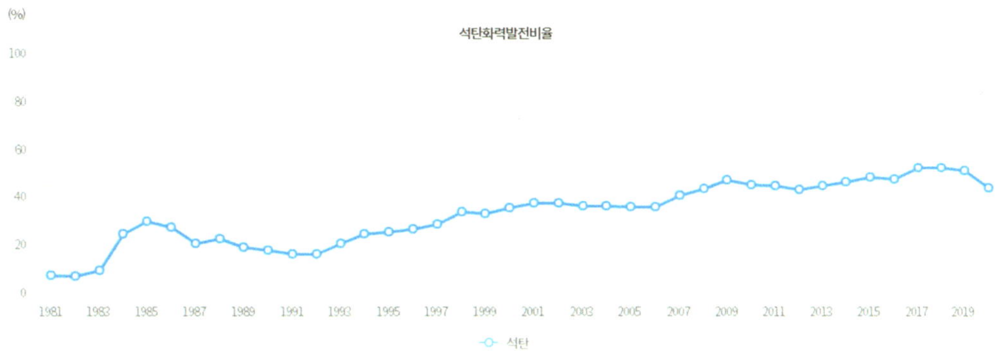

출처: 에너지경제연구원, 「에너지수급통계」
* 자료: 에너지경제연구원, 「2021 에너지통계연보」 2022

주석: 1) 석탄화력발전비율 = (석탄화력발전량 ÷ 총발전량) × 100.

그림 88 석탄화력발전 비율
(자료: 에너지경제연구원, 2022)

(4) 셰일가스, 셰일오일

셰일(shale)은 입자 크기가 작은 모래나 진흙이 오랜 세월 단단하게 뭉쳐져 형성된 퇴적암으로서, 탄화수소가 풍부한 천연가스나 석유가 포함되어 있다(EIA, 2013). 셰일자원은 지하 수천 m에 분포한 진흙 셰일층에 갇혀 있는 석유와 가스자원을 의미한다. 셰일가스(shale gas)는 셰일층에서 뽑아낸 천연가스이며, 셰일오일(shale oil)은 이 셰일층에 갇혀 있던 원유를 의미하는데, 셰일가스와 셰일오일은 천연가스·원유와 성분 차이가 거의 없다.

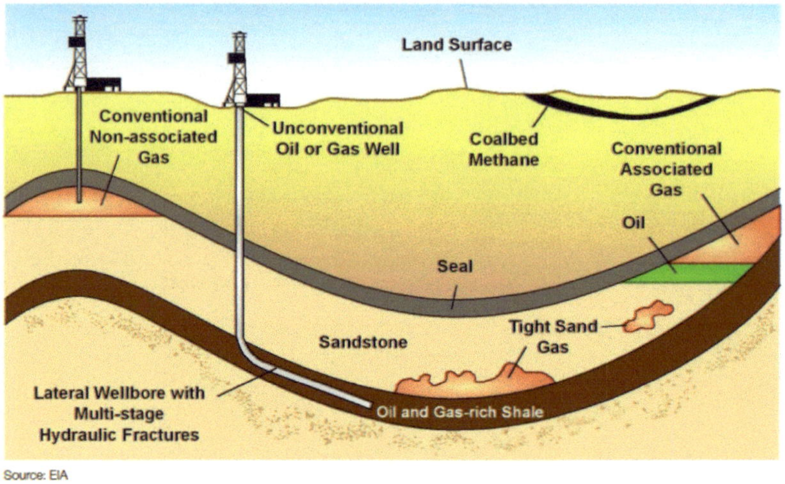

그림 89 셰일가스와 셰일오일
(자료: EIA, 2013)

셰일가스와 셰일오일은 약 200년 전에 발견되었지만 원유나 가스보다 훨씬 깊은 곳에 있어 채굴 비용이 너무 많이 들어 경제성이 떨어지는 자원으로 간주되다가 2000년대 들어 원유 가격이 크게 오르면서 상대적으로 수익성이 높아져 경쟁력이 생겼으며 미국에서 값싸고 손쉬운 채굴 방법이 개발되면서 셰일 산업이 빠르게 발전했다.

셰일가스의 매장량은 천연가스 매장량의 약 3분의 1에 달하며 이는 전 세계가 60년 동안 사용할 수 있는 양으로서 셰일가스가 공급되면서 천연가스 가격은 기존의 1/3 수준으로 하락했다. 또한 셰일오일은 약 4200억 배럴 정도가 매장된 것으로 추산된다(EIA, 2013).

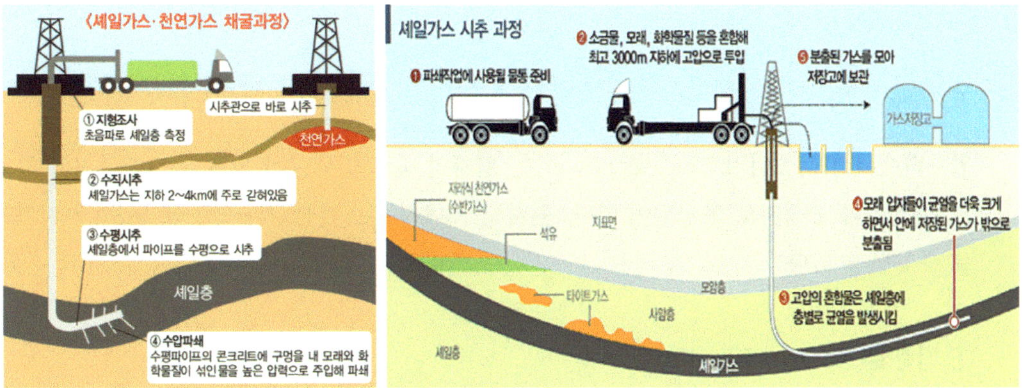

그림 90 셰일가스, 오일 채굴
(EIA, 2013)

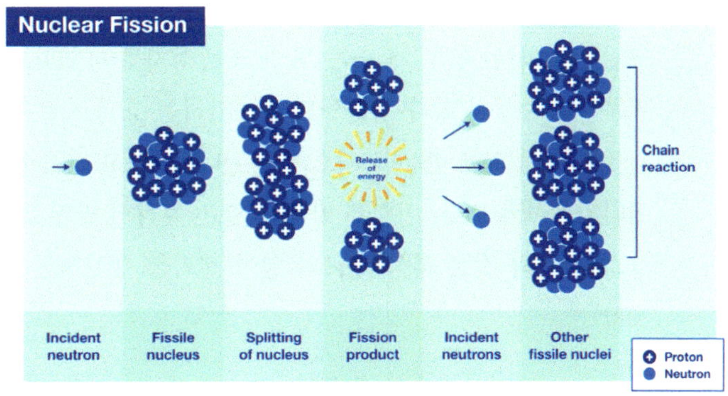

그림 91 핵분열
(자료: IAEA, 2021)

수억 년 전 이 지층에 섞여 들어간 유기물이 변성돼 석유와 천연가스가 만들어지고 이것이 오랜 세월에 걸쳐 암석 틈을 타고 지표면으로 이동해 모여 있는 것이 전통적인 유전과 가스전이라고 한다면, 셰일층에서 생성된 천연가스 중 일부는 지표면으로 이동하지 못하고 그대로 남아 있는데 이것이 바로 셰일가스이다.

기존의 석유와 가스 채굴은 시추기를 수직으로 삽입하여 압력에 의해 채굴하는 방식이며, 셰일자원은 프래킹 기술을 적용하여 시추한다. 수직으로 삽입된 시추기가 셰일층에 이르면 수평으로 삽입한 후 모래와 첨가물로 혼합한 물을 초고압으로 분사해 셰일층을 파쇄하고 흘러나오는 석유나 가스를 추출하는 방식이다.

2. 원자력에너지

(1) 원자력에너지

원자력에너지(핵에너지, Nuclear power)는 원자의 중심인 핵에서 방출되는 에너지의 한 형태로, 양성자와 중성자로 구성되어 있다. 원자력 에너지원은 핵분열과 핵융합 등 두 가지 방법으로 생성될 수 있다.

① 핵분열(Nuclear Fission)

우라늄의 핵분열 때 발생되는 막대한 열로 물을 끓여 증기를 생산하고 그 증기로 터빈을 돌려 전기를 생산한다.

핵분열은 원자핵이 에너지를 방출하면서 둘 이상의 작은 핵으로 분열하는 반응이다. 예를 들어, 우라늄-235의 원자핵은 중성자와 충돌하면 두 개의 더 작은 핵(예를 들어 바륨 원자핵과 크립톤 원자핵)과 두 개 또는 세 개의 중성자로 나뉜다. 중성자들은 주변의 다른 우라늄-235 원자들과 충돌하고 다시 분열되어 증가하는 효과로 추가적인 중성자를 생성하면서 단 몇 분의 1초 만에 연쇄 반응을 일으키게 된다. 그리고 반응이 일어날 때마다 열과 복사의 형태로 에너지가 방출된다. 이렇게 발생된 열은 원자력 발전소에서 전기로 전환될 수 있는데, 석탄, 가스, 석유와 같은 화석 연료의 열이 전기를 생산하는 데 사용되는 방식과 비슷하다(IAEA, 2021).

② 핵융합

핵에너지는 핵융합을 통해서도 생산될 수 있다. 예를 들어, 태양은 수소 원자가 융합하여 헬륨을 형성함에 따라 끊임없이 핵융합을 겪고 있다. 지구상의 모든 생명체는 태양에 의존하기 때문에, 핵융합은 지구상의 생명체를 가능하게 한다고 말할 수 있다. 핵융합 과정이 안전하고 비용 효율적일 가능성이 높기 때문에 핵융합을 연구하고 있다(IAEA, 2021).

(2) 원자력발전 생태환경 영향에 대한 논란

- 원자력발전과 탄소중립

원자력은 석탄, 석유, 가스 발전소와 달리 원자력 발전소는 운영 중에 실질적으로 이산화탄소를 배출하지 않기 때문에 수력, 풍력 등과 함께 저탄소 에너지원으로 보는 견해가 많다.

원자로는 세계 탄소 없는 전기의 3분의 1 가까이를 생산하며 탄소중립 목표를 달성하는 데 중요하다. 그런데, 원자력 발전소를 운영하는 과정에서 다양한 수준의 방사능 폐기물이 발생된다. 원자력 에너지의 부산물은 방사성 물질이다. 방사성 물질은 불안정한 원자핵의 집합체로서 이 핵들은 에너지를 잃고 유기체와 환경을 포함한 주변의 많은 물질들에 영향을 미칠 수 있다. 방사성 물질은 극도로 독성이 있어 화상을 유발하고 암, 혈액 질환, 뼈 부패의 위험을 증가시킬 수 있다.

방사성 폐기물은 원자로 운영에서 남는 부산물이며 방사성 폐기물은 오래간다. 사용된 우라늄 폐기물은 특별한 용기에 보관되어야 하며, 물은 연료를 냉각시키고 외부를 방사능과 접촉으로부터 절연시킨다. 일부 원자력 발전소는 사용한 연료를 지상의 건조 저장 탱크에 저장한다.

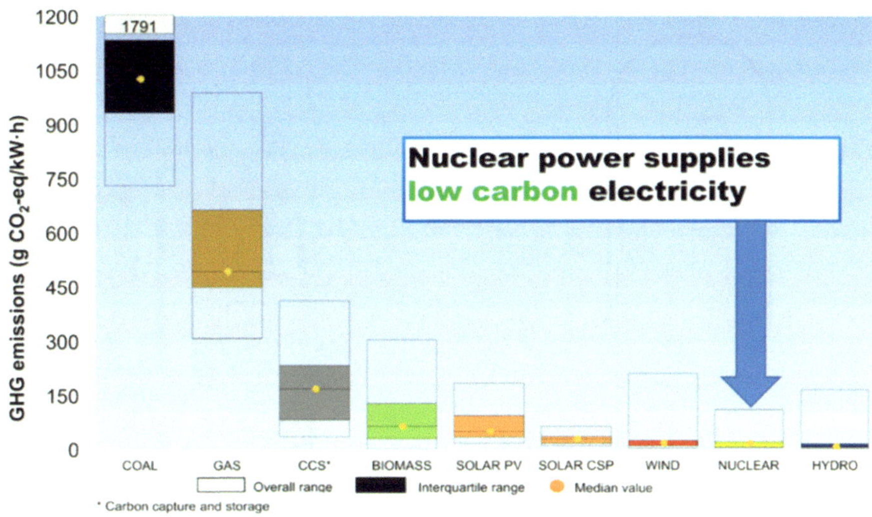

그림 92 에너지원별 온실가스배출량
(자료: IAEA, 2021)

- 냉각방식

원자로는 냉각재의 종류와 사용방법에 따라 나눌 수 있다.

- 가스냉각식 원자로: CO_2나 헬륨으로 원자로 내 열을 증기발생기로 운반하여 증기를 만들어 터빈을 돌림
- 경수로: 일반적으로 사용하는 물과 같은 경수(센물)를 감속재와 냉각재로 사용.
- 가압경수로(PWR): 증기발생기에서 증기 생산(간접생산). 격납용기 내 원자로(반응용기) 안에서 물을 고압으로 유지해서 끓는 온도를 100℃ 이내에서 가열하여 파이프를 통해 반응용기 밖의 (격납고 내) 증기발생기로 운반하며, 이때 뜨거워진 파이프에 의해 연쇄반응으로 격납용기 외부에서 유입된 물을 아주 높은 300℃ 이상의 고온을 끓여서 증기를 만들어 격납

용기 밖 터빈으로 이동하여 발전기 돌림. 원자로 용기에서 제어봉에 접촉한 물은 격납용기 안에서만 순환하여 안전성 높으나 별도의 물순환체계 있어 효율성 낮음.

- 비등경수로(BWR): 원자로에서 직접 증기 생산(직접생산). 격납용기 내 원자로(반응용기) 안에서 감속재로 사용하는 물을 끓여 만든 증기를 파이프를 통해 격납용기 밖 터빈으로 운반해서 발전. 원자로 용기에서 제어봉에 접촉한 물이 증기로 바뀌어 격납용기 밖으로 빠져 나와 발전계통을 지나 다시 격납용기 내로 순환하여 효율성은 높으나 안전성 취약.
- 중수로: 감속재와 냉각재로 중수(D2O)를 사용. 중수는 중수소와 산소의 결합으로 이루어진 물로서 보통의 물보다 분자량이 큰 물.

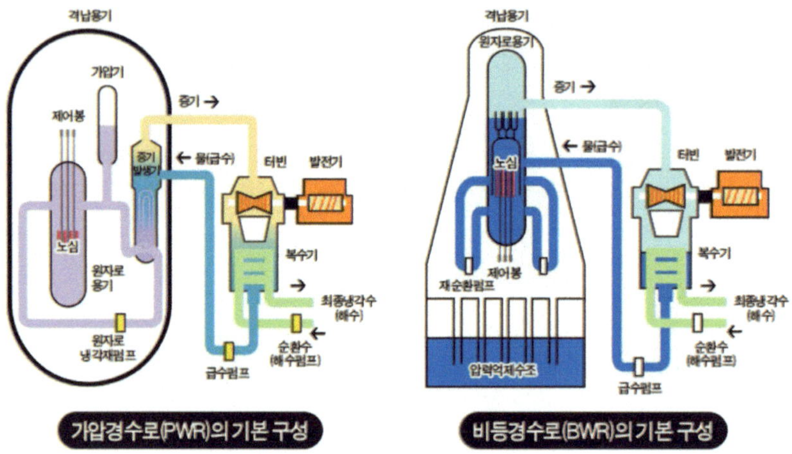

그림 93 가압경수로와 비등경수로 구성
(자료: 한국원자력학회)

원자력발전 과정에서 고온의 원자로를 냉각시키기 위해 굴뚝과 같은 냉각탑에서 공기로 냉각수를 식히는 냉각탑 방식과 바닷물 등을 유입시켜 냉각수로 이용하여 원자로를 냉각시킨 후 배출하는 냉각수 유입 방식 등이 있다. 우리나라의 원전은 냉각수 유입 방식으로서 고온의 냉각수가 바다로 배출되는데 이때 해수 온도가 높아져 열오염을 발생할 수도 있으며 한편으로는 추운 계절에도 어패류를 양식하기도 한다.

3. 신재생에너지

"전기 자동차가 파괴적인 이유는 석유가 필요하지 않다는 것이다. 배터리가 고장 나지 않아 80년 쓰는 자동차가 나오고, 그래서 2030년이 되면 휘발유 자동차의 종말이 온다. 모든 신차 시장은 전기 자동차가 장악하고, 모든 전기 자동차가 자율 주행 자동차가 된다."(스탠퍼드대 토니 세바 교수)

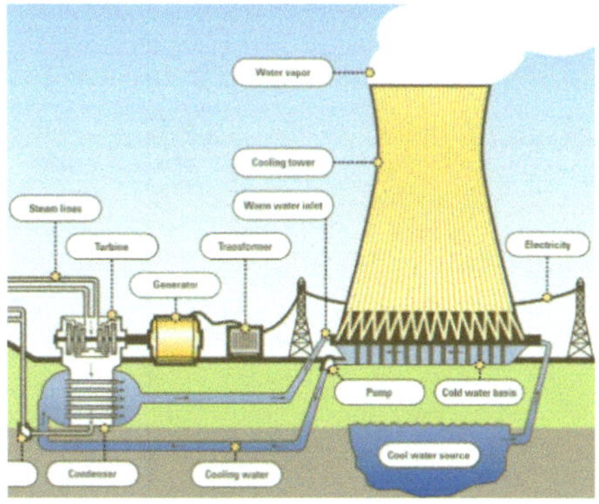

그림 94 냉각탑 방식

(자료: https://www.nuclear-power.com/nuclear-power-plant/turbine-generator-power-conversion-system/cooling-system-circulating-water-system/)

신재생에너지는 「신에너지 및 재생에너지 개발·이용·보급 촉진법」에서는 화석연료를 변환시켜 이용하거나 햇빛·물·지열·강수·생물유기체 등을 포함하여 재생 가능한 에너지를 변환시켜 이용하는 에너지로 정의하며, 신에너지(3개)와 재생에너지(8개)로 분류하고 있다(한국에너지공단, 2021).

- 신에너지: 기존의 화석연료를 변환시켜 이용하거나 수소, 산소 등의 화학 반응을 통하여 전기 또는 열을 이용하는 에너지(수소에너지, 연료전지, 석탄을 액화 가스화한 에너지 및 중질잔사유를 가스화한 에너지). 연료전지, 수소, 석탄액화·가스화 및 중질잔사유 가스화

- 재생에너지: 햇빛, 바람, 물, 지열, 강수, 생물유기체(biomass) 등을 포함하는 재생 가능한 에너지를 변환시켜 이용하는 에너지(태양에너지, 풍력, 수력, 수열, 해양에너지, 지열에너지, 바이오에너지, 폐기물에너지(비재생폐기물로부터 생성된 것은 제외))로서 생산과정에서 탄소 배출을 거의 하지 않으며, 미세먼지 등 대기오염 물질을 발생시키지 않음

- 1차에너지: 자연이 제공한 그대로의 가공하지 않은 에너지. 나무, 석탄, 석유, 천연가스, 우라늄은 재생될 수 없는 형태에 해당하고, 수력, 태양열, 풍력, 바이오매스, 지열, 조력 등의 에너지는 재생가능한 형태에 해당함

- 석탄을 액화·가스화한 에너지(IGCC): 석탄을 액화 및 가스화하여 얻어지는 에너지로서 다른 화합물과 혼합되지 않는 에너지

국제에너지기구(IEA)와 각 나라별 신재생에너지 분류 및 정의는 차이가 있으며, IEA에서 발간하는 자료는 IEA의 고유 기준에 따라 작성되므로 각 나라별 통계 수치와 다를 수 있다(한국에너지공단, 2021).

	2012	2013	2014	2015	2016	2017	2018	2019	2020
	[illegible]	[illegible]	[illegible]	[illegible]	[illegible]	[illegible]	[illegible]		
생산량	8,856.2	9,893.5	11,569.0	13,350.6	14,268.9	16,604.5	18,054.3	10,583.5	12,361.8
(생산비중,%)	3.2	3.5	4.1	4.7	4.9	5.5	5.9	3.5	4.2
태양열	26.3	27.8	28.5	28.5	28.5	28.1	27.4	26.9	26.4
태양광	243.0	358.7	579.1	907.0	1,183.3	1,672.4	2,194.0	3,055.2	4,156.0
풍력	192.7	242.4	241.8	283.5	355.3	462.2	525.2	570.8	671.1
수력	814.9	892.2	581.2	453.8	603.2	600.7	718.8	594.5	826.3
바이오	1,334.7	1,558.5	2,822.0	2,765.7	2,765.5	3,598.8	4,442.4	101.0	97.4
폐기물	5,998.5	6,502.4	6,904.7	8,436.2	8,742.7	9,359.0	9,084.2	224.7	241.0
해양	98.3	102.1	103.8	104.7	104.6	104.3	103.4	21.2	21.3
지열	65.3	87.0	108.5	135.0	162.0	183.9	205.5	4,162.4	3,899.2
수열	0.0	0.0	0.0	4.8	6.0	7.9	14.7	1,119.8	1,166.0
연료전지	82.5	122.4	199.4	230.2	241.6	313.3	376.3	487.2	750.8
IGCC	0.0	0.0	0.0	1.3	76.1	273.9	362.5	219.7	506.4

그림 95 신재생에너지 생산량
(자료: 한국에너지공단, 2021)

※ 신재생 에너지원 유형(Seley, 2023)

7대 신재생 에너지로는 다음과 같은 유형이 있다.

- 태양에너지(Solar)
  - 태양광(Photovoltaic cells to generate electricity)
  - 태양열(Solar thermal hot water generation)
- 풍력에너지(Wind Energy)
- 수력발전(Hydroelectric)
- 바이오매스 에너지(Biomass Energy)
- 지열 에너지(Geothermal Energy)
- 해양(Ocean): 조류와 파도 에너지(tidal and wave energy)
- 수소에너지(Hydrogen)

(1) 태양광/태양열

태양광(Photovoltaic) 패널은 태양광의 열에너지를 전기로 변환하기 위해 설치되는 반면, 태양열(Solar Thermal) 패널은 태양 복사에너지를 열로 변환한다.

■ 태양광(Photovoltaic)

태양광 발전은 태양의 빛 에너지를 변환시켜 전기를 생산하는 발전기술로 햇빛을 받으면 광전효과에 의해 전기를 발생하는 태양전지를 이용한다. 빛 에너지를 받아 태양 전지판을 이용하여 전기를 생산한다.

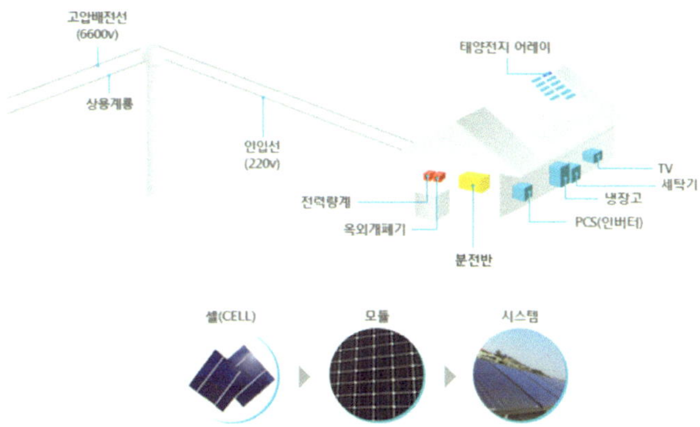

그림 96 태양광발전
(자료: KEPCO (https://home.kepco.co.kr/))

태양광 발전시스템은 반도체로 만들어진 태양전지(Solar cell)로 구성된 모듈(Module)과 축전지 및 전력변환장치(인버터)로 구성되어 있다. 태양빛을 받은 모듈이 광전효과(전자이동이 일어나 전류가 생성되고 전기가 발생되는 원리)로 전기를 생산하는 방식으로서 모터와 같은 기계를 사용하지 않기 때문에 소음공해나 진동이 없고 유지 보수가 쉽다는 장점이 있으나 초기 비용과 발전단가가 높고 전력 생산량이 지역별 일사량에 많이 의존하기 때문에 주된 에너지 생산으로는 큰 어려움이 있다.

- 태양의 빛에너지를 모아 전기로 바꿈
- 햇빛이 있으면 어디서나 설치 가능하며, 오염물질 발생과 소음이 없음

■ 태양열(Solar Thermal)

태양으로부터 오는 복사에너지를 반사물질(집열판)로 흡수하여 열에너지로 변환(또는 저장)시켜 물을 끓여 온수와 난방 등에 공급하고, 한편으로는 수증기를 이용해 터빈을 돌려 전기를 생산한다. 건물의 냉난방 및 급탕, 산업공정열, 발전 등에 활용하는 기술로 집열부, 축열부, 이용부, 제어장치 등으로 구성되어 있다.

태양열은 표면 온도 약 6,000℃인 태양에서 지구에 도달하는 태양의 복사열을 말한다.

태양열 발전은 에너지 효율이 높고 태양열의 흡수, 저장, 열 변환 과정 등을 통해 건물의 온수나 난방에 사용되고 있으며, 또는 터빈을 돌려 전기에너지로 전환도 가능하여 다양하게 이용되고 있다.

- 태양이 복사하는 열에너지를 거울 같은 장치와 관을 이용해 높은 열을 발생
- 유지 비용이 들지 않고 쉽게 설치할 수 있으며 반영구적으로 활용 가능
- 급탕 온수기, 태양열 온풍기 등

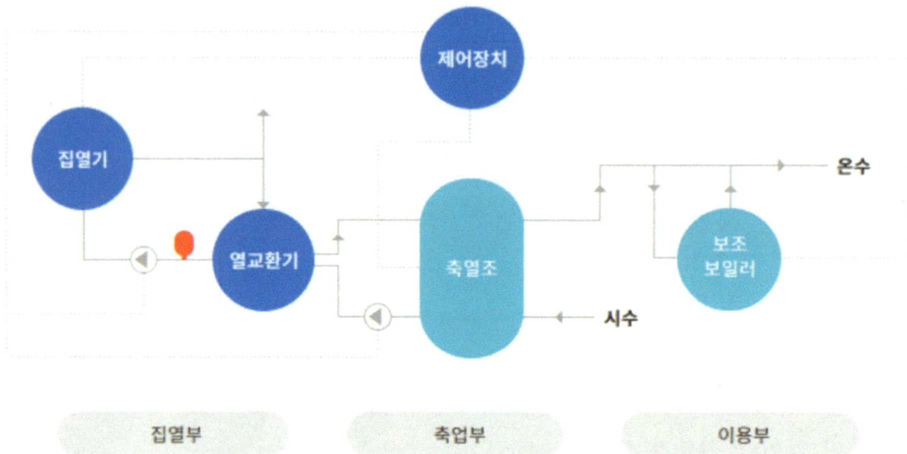

그림 97 태양열발전
(자료: KEPCO (https://home.kepco.co.kr/))

태양열 집열기는 태양광(PV) 발전 시스템과 마찬가지로 시스템이 남쪽을 향할 때 가장 효율적으로 작동하며, PV 패널과 달리 맑은 날에만 작동하기 때문에 상당한 제약이 있고, 춥고 흐린 날에는 상당한 열 손실로 이어진다.

(2) 수소

■ 수소(Hydrogen Energy)

지구상 가장 가벼운 무색, 무미, 무취의 기체로 산소와 결합한 물(H_2O)처럼 다른 원소와 결합된 상태로 지구상에 대량으로 존재한다. 수소는 청정하고 생산, 저장, 운반이 안전하기 때문에 연료로도 매우 유용한 에너지원이다.

수소에너지기술은 물, 유기물, 화석연료 등의 화합물 형태로 존재하는 수소를 분리, 생산해서 이용하는 기술로서, 물의 전기분해로 가장 쉽게 제조할 수 있으나 입력에너지(전기에너지)에

비해 수소에너지의 경제성이 너무 낮으므로 대체전원 또는 촉매를 이용한 제조기술이 연구 개발되고 있다. 수소는 가스나 액체로 수송할 수 있으며 고압가스, 액체수소, 금속수소화물 등의 다양한 형태로 저장 가능한다(자료: KEPCO).

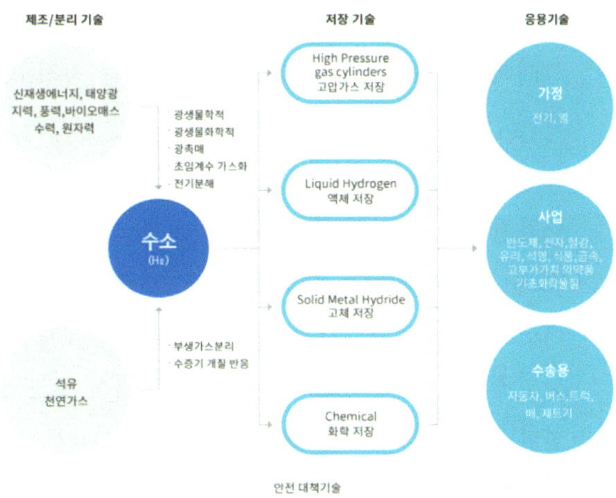

그림 98 수소발전
(자료: KEPCO (https://home.kepco.co.kr/))

- 연료전지(fuel cell)

수소(천연가스, 메탄올, 석탄, 바이오매스)와 산소의 화학에너지를 전기화학반응을 통해 직접 전기에너지로 바꾸는 에너지 변환 장치로서, 배터리와는 달리 연료가 공급되는 한 재충전 없이 계속해서 전기를 생산할 수 있고, 반응 중 발생된 열은 온수생산에 이용되어 급탕 및 난방으로 가능하다(자료: KEPCO).

$H_2 + 1/2O_2 \rightarrow H_2O$ + 전기

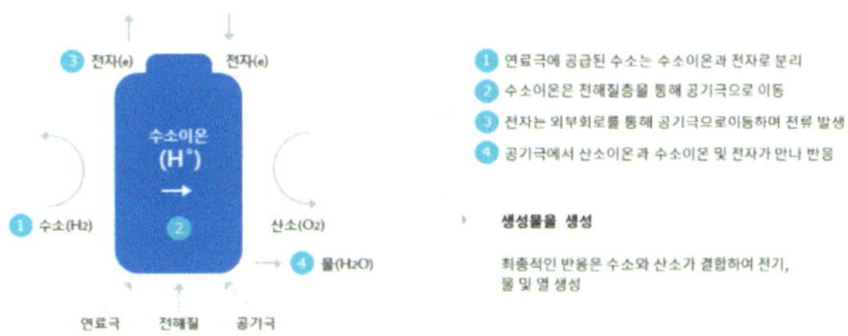

그림 99 연료전지
(자료: KEPCO (https://home.kepco.co.kr/))

■ 수소 종류

수소는 지구상에서 대부분 화합물 형태로 존재하며, 이를 에너지원으로 사용하려면 별도의 과정을 거쳐야 한다. 수소는 생산 방식에 따라 색상으로 구분하여 그레이, 블루, 그린, 청록, 핑크 등 다양한 명칭으로 부른다(Energy Education).

석유화학 공정이나 철강 등을 만드는 과정에서 부수적으로 발생하는 '부생수소', 천연가스를 고온 및 고압에서 분해해 생성하는 '개질(reforming)수소', 물을 전기 분해해 수소를 만드는 '수전해' 방법이 수소를 생산하는 대표적인 방식이다.

- 그레이수소(Grey hydrogen)

부생수소와 개질수소는 그레이수소라고 부른다. 부생수소는 석유화학·제철 공정에서 부수적으로 발생하기 때문에 생산량을 늘리는 데 한계가 있다. 개질수소는 대량생산이 가능하다는 장점이 있으나, 많은 양의 이산화탄소가 부산물로 생산된다.

• 블루수소(Blue hydrogen)

그레이수소의 한계를 보완한 블루수소는 청정수소의 '현실적인 대안'으로 꼽힌다. 그레이수소와 생산 방식은 같으나 생산 과정에서 발생하는 이산화탄소를 포집, 활용 및 저장(CCUS) 기술을 활용하여 제거하기 때문에 청정수소로 불린다.

액화천연가스(LNG) 등의 화석연료를 개질해 수소를 생산하는 과정에서 발생하는 이산화탄소(CO_2)를 CCUS(탄소포집, 활용 및 저장) 기술을 활용해 제거한 청정수소이다. 그레이수소와 비슷한 생산과정을 거치지만 이산화탄소를 배출하는지 여부가 가장 큰 차이로서 블루수소 생산의 핵심은 이산화탄소를 포집하여 저장 또는 활용하는 CCUS 기술이다. CCUS 기반으로 이산화탄소 배출을 최소화하고 대량생산이 가능한 블루수소가 현시점에서는 현실적인 친환경 수소라고 말할 수 있다.

※ 청록수소: 천연가스를 열분해 기술로 만든다. 메탄(CH_4)이 주성분인 천연가스를 고온의 반응기에 주입해 수소와 고체 이산화탄소로 분해하여 생산

• 그린수소(Green hydrogen)

태양광, 풍력 등 재생에너지에서 생산된 전기로 물을 분해해 생산한다. 생산과정에서 이산화탄소를 전혀 배출하지 않는 궁극의 청정에너지로서, 재생에너지로 만든 전력을 활용해 물을 전기 분해하여 생산한다.

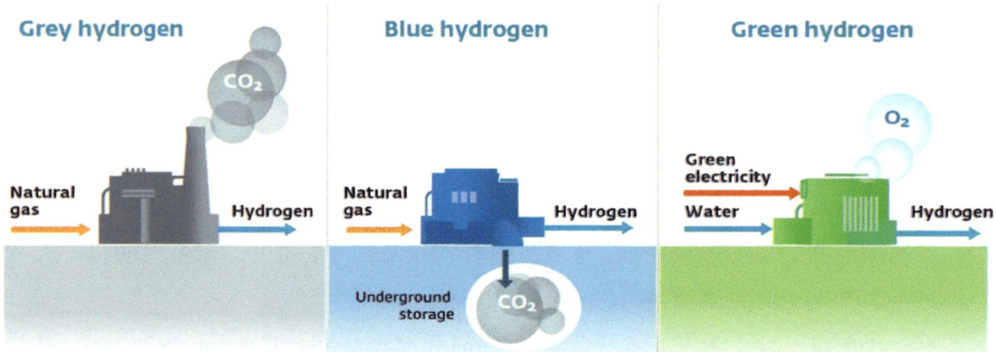

그림 100 그레이수소, 블루수소, 그린수소
(자료: Energy Education)

※ 이외에도 재생에너지가 아닌 기존 전력망을 통해 물을 분해하여 생산하는 수소는 '황색수소', 원자력발전을 통해 생산된 전기로 물을 분해해 생산하는 수소는 '핑크수소' 라고 부르기도 한다.

(3) 풍력

풍력(Wind Power)은 바람이 가진 운동에너지를 변환하여 전기에너지를 생산하는 발전시스템으로서, 바람의 운동에너지를 공기역학적 특성을 이용하여 회전력으로 전환시켜 발전기를 돌려 전기에너지를 생산하는 풍력발전 기술은 신재생에너지 분야 중에서도 경제성과 기술 성숙도가 가장 높다.

풍력발전기의 날개부분(블레이드)이 바람을 받아 회전할 때 회전 운동 에너지가 만들어지게 되며, 증속기(Gearbox)는 기어를 이용해 초기의 저속 회전을 발전용 고속 회전으로 전환하여 회전 운동 에너지를 증폭시키고, 증폭된 회전 운동 에너지는 발전기를 거쳐 전기에너지로 변환되어 소비자에게 공급된다. 최근 기술에서는 증속기가 없는 Direct Drive 형태로도 작동된다.

풍력발전은 바람으로 돌아가는 회전날개가 직접 터빈의 역할을 하며, 간단한 구조로 자연의 힘을 이용할 수 있기에 재생에너지 중 가장 먼저 산업적 규모로 운영되기 시작했다. 풍력발전기는 회전날개, 축, 발전기, 전선 외에도 발전기가 일정한 회전수로 돌아가도록 도와주는 기어 박스로 구성된다.

육상에 설치된 풍력발전기를 육상풍력발전기, 해상에 설치된 풍력발전기를 해상풍력발전기라 분류하며 해상풍력발전기는 설치 형식에 따라 고정식과 부유식으로 분류된다.

풍력은 다른 에너지원에 비해 오염물질이나 온실가스 배출량이 적고 유지 보수가 간편하나 소음과 부피가 크다는 과제가 있다. 해상풍력발전은 이러한 단점을 해결할 수 있는 방법 중 하나이다.

(4) 수력

수력(Hydro Power)은 물의 위치에너지와 운동에너지의 전환 현상을 이용하여 발전하는 원리이다. 높은 곳에 있는 물을 아래로 떨어뜨려 터빈을 돌리는 발전 방식으로 안정적으로 사용할 수 있어서 전력망을 구축하는 국가가 가장 먼저 고려하는 발전 방식이다. 또한 전력을 생산하는 시간이 5분 이내로 짧아서 전력 수요량 변화에 가장 민첩하게 대응할 수 있다. 우리나라의 경우 대부분의 수력발전소가 하루 4~5시간 정도 수요량이 높을 때만 운전하는 '첨두운전'을 하고 있다.

수력에너지는 물 순환 과정과 밀접하게 연계된다. 먼저, 태양에너지는 강이나 호수, 바다 표면의 물을 데워서 물이 증발하여 수증기가 되고, 수증기는 구름 속으로 응결되어 비와 눈이라는 강수로 떨어진다. 강수는 하천과 강에 모이고, 강은 바다와 호수로 흘러들어가 증발하고 다시 순환을 시작한다.

수력발전에 사용할 수 있는 물의 양은 지리적 지역의 강과 하천으로 배수되는 강수량에 따라 결정된다. 강수량의 계절적 변화와 가뭄과 같은 장기간의 강수 패턴 변화는 수력 발전의 이용 가능성에 큰 영향을 미칠 수 있다.

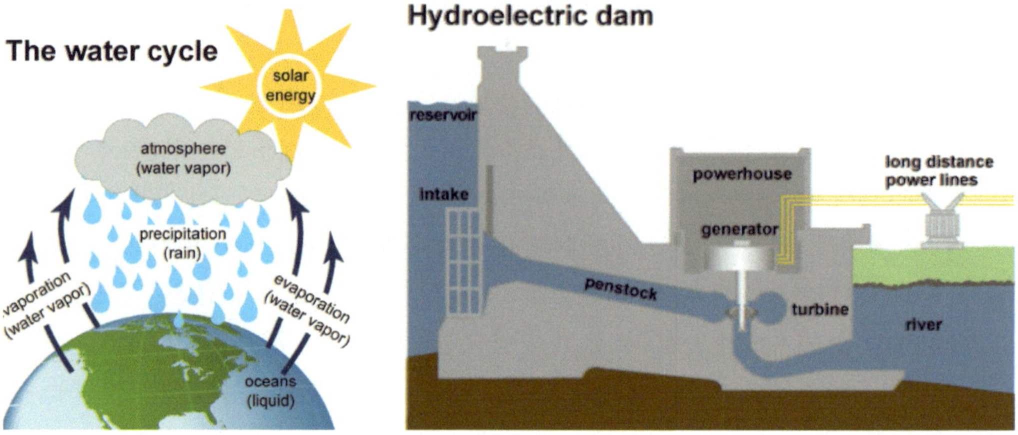

그림 101 물순환과 수력발전
(자료: US Energy Information Administration, 2023)

(5) 해양에너지

해양에너지는 다양한 종류가 개발되고 있는데 바닷물 이용 방식에 따라 조력에너지, 조류에너지, 파력에너지, 해수온도차에너지 등으로 분류할 수 있다.

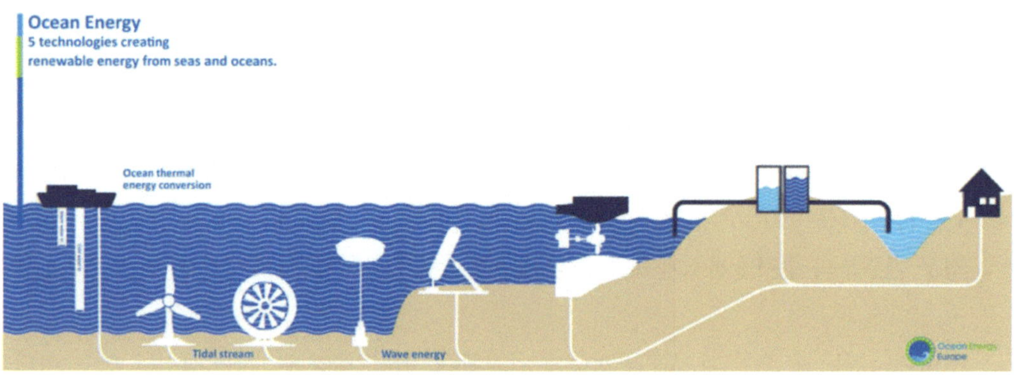

그림 102 해양에너지 유형
(자료: APPA, 2019)

• 조력에너지(tidal energy)

조력과 조류에너지는 태양과 달의 인력 작용, 그리고 지구의 원심력에 의해 해면이 1일 2회 주기적으로 오르내리는 조석(潮汐) 현상에 의해 생기는 에너지를 말한다. 조석이 발생하는 만이나 하구를 방조제로 막아 발전기를 설치하면, 밀물에 의해 바닷물이 들어오고 썰물에 의해 바닷물이 빠져나갈 때 발생하는 에너지를 이용하여 전력을 만드는 것이다(자료: Kwater 시화호 조력발전소).

그림 103 조력발전
(자료: Kwater 시화호 조력발전소)

조력에너지는 밀물과 썰물의 차가 큰 연안에 바닷물을 막는 댐과 수문을 설치해 수위 차이로 터빈을 회전시키는 방식이다. 연료가 불필요하고 발전량을 정확하게 예측 가능하나 바닷물의 염분에 발전설비가 노출되어 유지관리비가 많이 든다.
해수면의 상하운동을 이용해서 전기에너지를 생산하는 방식이다. 기본적 원리는 밀물 때 물을 가두었다가 썰물 시간에 수문을 열면 물이 이동하면서 터빈을 돌려 전기를 발생시키는 것이다. 밀물 때 물을 가두어야 하므로 '조지'라고 부르는 바닷물 저수지를 인공적으로 만들어 활용한다. 바다에 방조제를 쌓고, 자연적으로 변화하는 바닷물의 높낮이 차를 이용하여 에너지를 생산한다. 조력발전은 큰 강 하구나 만처럼 일정한 장소를 정하여 방조제를 건설하고, 조지를 조성해 방조제 안과 밖의 수위차를 이용해야 하므로 고정식이다(자료: Kwater 시화호 조력발전소).

• 조류에너지(tidal stream energy)

조류발전은 밀물과 썰물로 인한 바닷물의 흐름을 직접 이용하며 풍력과 유사한 방식으로 전기를 만든다. 비교적 안정적이나 대량의 조류가 충분한 빠르기로 흐르는 곳이 많지 않다.
조류에너지는 해수의 흐름이 나타나는 해역에 댐이나 방파제의 설치 없이 해류를 이용하여 바닷속에 설치한 터빈을 돌리는 발전 방식이다. 조력에너지와는 달리 조류에너지는 방파제를 건설할 필요가 없기 때문에 조력에너지보다 비용이 적게 든다. 또한 고정식이 아니라 부유식으로 제작이 가능하기 때문에 선박이 다니기 자유로우며, 어류의 이동을 방해하지 않아서 환경친화적인 발전 방식으로 알려져 있다.

- 파력

파력에너지는 파도를 이용하여 전기에너지를 생산하는 방식으로서, 파도의 운동에너지와 위치에너지를 이용해 터빈을 돌려 에너지를 생산한다. 즉, 파도의 상하운동을 발전기 내부의 공기를 이용해 기계 에너지(터빈 회전)로 변환하는 것이다.

설치 장소나 발전기의 유형 제약이 덜해서 소규모 발전도 가능하나 출력 변동이 심한 편이며 배의 운항이나 어업에 방해가 되므로 대규모 조성이 어렵다는 한계가 있다.

(6) 지열

지열에너지는 물, 지하수 및 지하의 열 등의 온도차를 이용하여 난방과 온수 급탕용으로 활용하는 기술로서, 지열이란 지표면의 얕은 곳에서부터 수 Km 깊이에 뜨거운 물과 돌을 포함하고 있는 땅의 에너지를 말하며, 이를 냉·난방시스템으로 이용하여 여름철에는 실내의 높은 온도를 지중으로 겨울철에는 지중으로부터 열을 흡수하여 난방을 수행할 수 있다.

태양열의 약 47%가 지표면을 통해 지하에 저장되며, 이렇게 태양열을 흡수한 땅속의 온도는 지형에 따라 다르지만 지표면 가까운 땅속의 온도는 개략 10℃~20℃ 정도 유지해 열펌프를 이용하는 냉난방시스템에 이용된다. 우리나라 일부지역의 깊은 땅 속의(지중 1~2 km) 지중온도는 80℃ 정도로서 직접 냉난방에 이용 가능하다.

(7) 바이오에너지

바이오에너지(Bio-Energy)는 바이오매스(Biomass, 유기성 생물체)를 직접 또는 생·화학적, 물리적 변환과정을 통해 액체, 가스, 고체연료나 전기·열에너지 형태로 이용하는 화학, 생물, 연소공학 등의 기술을 말한다. 전 세계적으로 재생에너지의 55%, 전 세계 에너지 공급의 6% 이상을 차지하는 최대 재생에너지원이다.

※ Biomass: 태양에너지를 받은 식물과 미생물의 광합성에 의해 생성되는 식물체·균체와 이를 먹고 살아가는 동물체를 포함하는 생물 유기체로서 풍부하고 빠르게 재생되기 때문에 재생가능한 자원이며 탄소중립 전략으로도 유용하다.

바이오에너지는 식물이 광합성을 통해 흡수한 탄소를 포함하는 유기물인 바이오매스에서 생산된다. 그런데 바이오매스를 이용해 에너지를 생산하면 연소 과정에서 탄소가 방출돼 대기로 돌아온다. 더 많은 바이오매스가 생산됨에 따라 동등한 양의 탄소가 흡수되어 현대의 바이오 에너지는 거의 제로 배출 연료가 된다.

바이오에너지는 재생가능한 에너지의 중요한 원천으로서 모든 부문에 걸친 최종 에너지 수요를 비교할 때 바이오에너지가 풍력과 태양광 PV를 합친 것보다 5배나 높다.
바이오 에너지의 가장 큰 용도는 난방용이며, 우주 난방은 점점 더 전기화될 것이지만 바이오 에너지는 잠재적으로 항공 및 해운과 같은 전기 공급이 어려운 분야에서 주요한 역할을 할 수 있다.

바이오에너지는 살아있는 생물체로부터 생겨나는 에너지를 이용하는 것으로 나무를 사용해 땔감으로 사용하기도 하고 식물에서 기름을 추출해 액체 연료로 만드는 등 동식물의 에너지를 이용하여 자연환경을 깨끗하게 유지할 수 있게 된다. 또한 음식물 쓰레기나 축산폐기물을 분해하고 발효시켜 만든다.
쓰레기매립지에서 발생하여 환경오염의 원인이 되기도 하는 매립지가스(LFG: Landfill Gas)를 원료로 발전 설비를 가동하고 전력을 생산하는 과정을 통하여 매립지 주변의 환경오염(메탄가스 대기방출)을 저감하고, 폐기물을 자원으로 재활용할 수 있다. 사용하고 못쓰게 되어 버리는 제품이나 쓰레기 등을 재활용하는 것으로 에너지 함량이 높은 폐기물들을 여러 가지 기술에 의해 연료로 만들거나 소각하여 에너지로 이용한다.

- 성형고체연료(RDF; Refuse Derived Fuel): 종이, 나무, 플라스틱 등의 가연성 폐기물을 파쇄, 분리, 건조, 성형 등의 공정을 거쳐 제조된 고체연료
- 폐유 정제유: 자동차 폐윤활유 등의 폐유를 이온 정제법, 열분해 정제법, 감압증류법 등의 공정으로 정제하여 생산된 재생유
- 플라스틱 열분해 연료유: 플라스틱, 합성수지, 고무, 타이어 등의 고분자 폐기물을 열분해하여 생산되는 청정 연료유
- 폐기물 소각열: 연성 폐기물 소각열 회수에 의한 스팀 생산 및 발전 이용 등

• 바이오에너지 유형

초창기의 1세대 바이오에너지는 주로 각종 식량 작물에서 기름이나 당질을 얻고 이것을 재처리한 것으로서 유채, 콩 등에서 짜낸 기름을 재처리해 만드는 '바이오 디젤'이 대표적인다. 현재 국내 주유소에서 시판 중인 디젤 연료에도 일정 비율 바이오 디젤이 섞여 있다. 남미지역에서는 사탕수수에서 짜낸 당질을 발효 처리해 알코올을 생산하기도 한다. 대부분 사람이 먹을 수도 있는 농작물을 원료로 하며, 굶주림과 빈곤이 해결되지 못하고 있어 식량을 연료로 바꿔 사용한다는 점에서 당위성에 대한 문제 제기도 존재한다.

2세대 바이오에너지는 사람이 먹을 수 없는 원료인 농업 또는 임업 과정에서 나오는 부산물(톱밥 등)을 재처리해 연료를 생산한다. 다만, 재처리 과정에서 오히려 에너지가 다시 투입되어야 하므로 효율성이 떨어진다는 단점이 있다.

3세대 바이오에너지는 물에서 자라나는 '조류(Algae)'를 원료로 사용한다. 즉, 물에 생육하는 녹조나 적조와 같은 미생물이 성장 과정에서 광합성을 통해 대기 중의 탄소를 흡수하여 에너지를 만드는 것이다. 바이오 연료로 사용되는 조류는 유전자 조작을 통해 에너지 생산 확률을 극대화한 새로운 품종들이 사용된다.

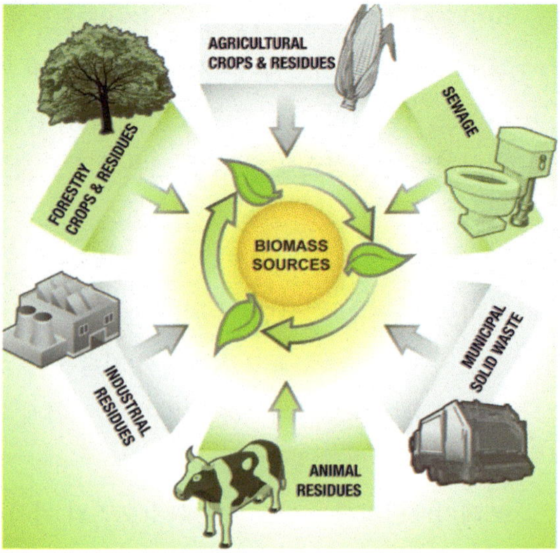

그림 104 바이오에너지 원료
(자료: Zafar, 2022)

미래 바이오에너지는 재생 폐기물을 가공해 바이오에너지로 재활용하는 기술로서 쓰레기 문제를 해결하면서도 친환경 에너지까지 얻을 수 있다는 점에서 주목받고 있다. 폐기물의 종류에 따라 1~3세대 기술을 두루 적용할 수 있으며, 여러 가지 가공 방법을 통해 고체 연료, 액체 연료, 가스 연료, 폐열 등 다양한 형태로 생산할 수 있다. 예를 들어 음식물 쓰레기는 발효과정을 거치면서 가스를 생산할 수 있는데 이때 성분 조정을 거치면 천연가스 등으로 대체할 수 있게 된다.

※ 재생 폐기물: 가연성이 있고 생물학적으로 분해할 수 있는 폐기물.

V 장

지속가능한 미래사회를 위한 전환적 사고

9절 지속가능 교육으로의 전환

1. 기후변화와 지속가능발전교육

(1) 기후변화 대응과 녹색에너지를 위한 교육

1) 그린스마트 교육 전환

기후변화 나아가 기후위기로 인한 기후재난 재해의 증가로 인류는 새로운 전환적 교육을 통해 지속가능한 미래사회를 만들어 나가자는 목표를 세우고 있다. 예를 들면, 공원녹지, 생활권 습지 및 비오톱 정원, 도시농업용지, 야생화 및 자생초화원 등 기타 생태적 요소와 같은 생태자원을 학교 캠퍼스 및 우리 생활공간에 도입하여 교육을 통해 작게는 캠퍼스와 가정에서 크게는 지역사회와 도시를 넘어 국가나 지구의 생태적 건강성을 유지 증진시킬 수 있다.

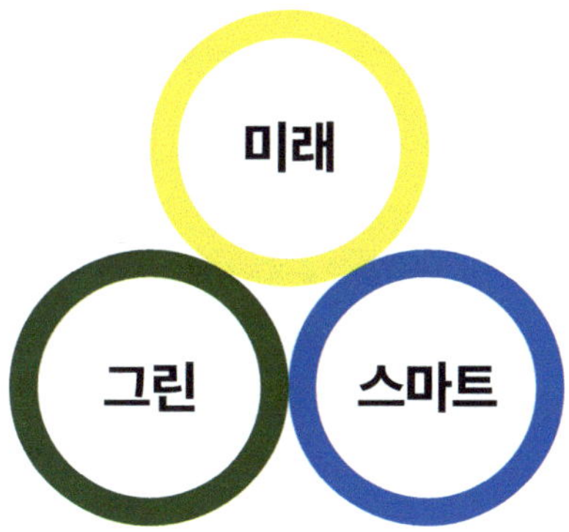

그림 105 그린스마트 교육 전환 (그림: 박미옥)

- 캠퍼스 및 도시공간에 대한 온실가스 배출 인벤토리 작성하고 탄소발자국 제작
- 기후위기 대응, 녹색에너지 연구 교육
- 학생 및 학교 구성원들에게 생태적 마인드와 세계시민으로서 지구환경문제에 대한 인식 증진
- 미래: 미래사회와 교육의 변화에 적응하여 다양한 학습 형태 지원
- 그린: 쾌적한 학습환경을 제공하고 기후변화에 대응하여 지속가능하게 유지관리
- 스마트: 정보통신기술을 활용하여 학습 생태계를 확장하고 배움의 방식을 혁신

2) 그린스마트 스쿨 조성

- 벽면 등 실내 학습공간 스마트가든 만들기
- 미세먼지 그린 zone을 잡아라: 공기정화 식물 심기
- 자원 생태순환: EM, 난각칼슘

• 학교정원 곤충: 생태계 순환과 먹이연쇄
• 탄소중립 기후변화: 양말목 활용 리사이클링으로 탄소중립, 지구온난화
• 아바타 토피어리, 식물공장과 식량자원, 함께 사는 지구-지렁이와 분해자, 반려 식물과 토양 환경

그림 106 그린캠퍼스 설계 사례(럿거스대학교)
(https://acochran.com/work/rutgers-university-livingston-campus-open-space-design-guidelines/)

(2) 지속가능발전교육

1) ESD(Education for Sustainable Development)

"우리는 사람들이 그들의 삶과 진정으로 관련된 것을 배우고 있는지, 지구의 생존을 보장하는 데 도움이 되는 것을 배우고 있는지 점점 더 많이 질문하게 된다. 지속가능발전교육은 사람들로 하여금 그들 자신과 사회를 변혁시킬 수 있도록 하는 지식, 인식, 실천을 제공하고 있다"(스테파니아지아니니 / UNESCO 교육 사무총장보).

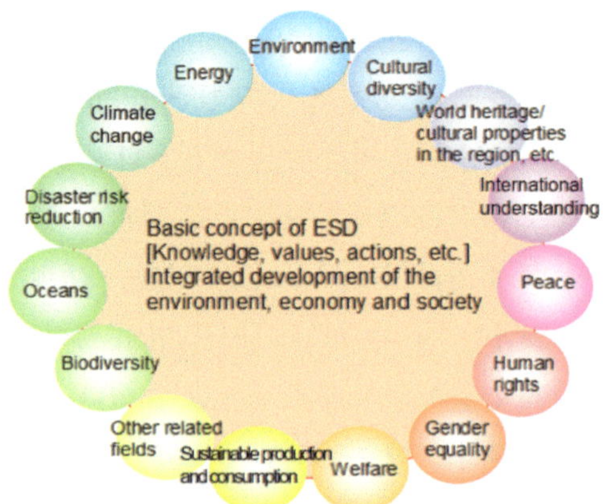

그림 107 ESD 개념
(자료: MEXT)

ESD는 지속가능한 발전을 위한 교육으로서 UNESCO가 선도적으로 글로벌 프레임워크인 'UN지속가능개발교육 10년(DSD)'(2005~2014년), 2002년 제57차 유엔총회에서 채택된 '지속가능개발교육 글로벌 행동프로그램(GAP)'(2015~2019년) 등을 바탕으로 지속가능한 사회의 건설자를 육성하는 교육이다.

오늘날 세계는 기후변화, 생물다양성 손실, 자원 고갈 및 빈곤의 확대 등 인간의 개발 활동으로 인한 다양한 문제에 직면해 있다. ESD는 현대사회의 이러한 문제를 인식하고 인간이 미래세대의 풍요로운 삶을 확보할 수 있도록 우리의 당면한 환경(세계적으로 생각하고, 지역적으로 행동함)의 문제에 대처함으로써 문제 해결을 이끄는 대안적 가치와 변혁적 행동을 개발하고 지속가능한 사회를 구현하는 것을 목표로 하는 학습과 교육 활동으로 구성된다.

2) ESD와 SDGs

ESD는 지속가능발전목표(SDGs) 중 목표 4, "포용적이고 공평한 양질의 교육을 보장하고 모든 사람을 위한 평생학습 기회를 촉진한다" 와 관련된다.

- 목표 4.7, "2030년까지 모든 학습자가 지속가능발전과 지속가능한 생활양식을 위한 교육, 인권, 성 평등, 평화와 비폭력 문화의 증진, 문화 다양성에 대한 세계시민의식과 감상, 지속가능한 발전에 대한 문화의 기여, 모든 사람을 위한 평생학습 기회의 증진 등을 포함하여 지속가능한 발전을 촉진하는 데 필요한 지식과 기술을 습득하도록 보장한다."

ESD는 그 대상 중 하나로 자리매김하고 있을 뿐만 아니라, SDGs의 17가지 목표를 모두 가능하게 하는 핵심 조력자로 2019년 제74차 유엔 총회에서 긍정되기도 하였다. 지속가능한 사회의 구축자를 발전시키는 ESD는 SDGs 달성에 필수적인 양질의 교육 실현에 기여할 것으로 기대된다.

3) 지속가능발전교육 2030(ESD for 2030)

2019년 제40차 유네스코 총회에서는 2020년부터 2030년까지의 ESD 이행을 위한 새로운 글로벌 프레임워크 "지속가능한 발전을 위한 교육: SDGs(2030년을 위한 ESD) 달성을 향하여 (Education for Sustainable Development: Toward for the SDGs for the 2030)"(2020~2030년)을 채택하였다.

이는 유엔 ESD 10년(2005-2014)과 ESD에 관한 글로벌 행동 프로그램(Global Action Program on ESD)(2015-2019)의 후속으로 인류가 공동으로 지켜야 할 일종의 약속으로서, 지속가능발전과 SDGs를 교육과 학습에 통합시키며 나아가 교육과 학습을 지속가능발전과 SDGs를 촉진하는 모든 활동에 통합한다.

유네스코는 2030년 ESD 채택에 이어 구체적인 행동을 나타내는 로드맵을 발표했다. 로드맵은 5개의 우선 실행 영역과 6개의 중점 실행 영역으로 구성된다.

5대 우선 실행 영역

1. 정책 선진화　2. 학습 환경 전환　3. 교육자 역량 구축　4. 청소년 역량 강화 및 동원,
5. 지역 수준 행동 가속화)

6대 중점 실행 영역

1. 국가 차원 2030을 위한 ESD 구현(국가 이니셔티브 개발)　2. 파트너십 및 협업 활용,
3. 행동을 위한 소통　4. 이슈 및 동향 추적(증거 기반 진행 검토)　5. 자원 동원,
6. 진행 상황 모니터링)

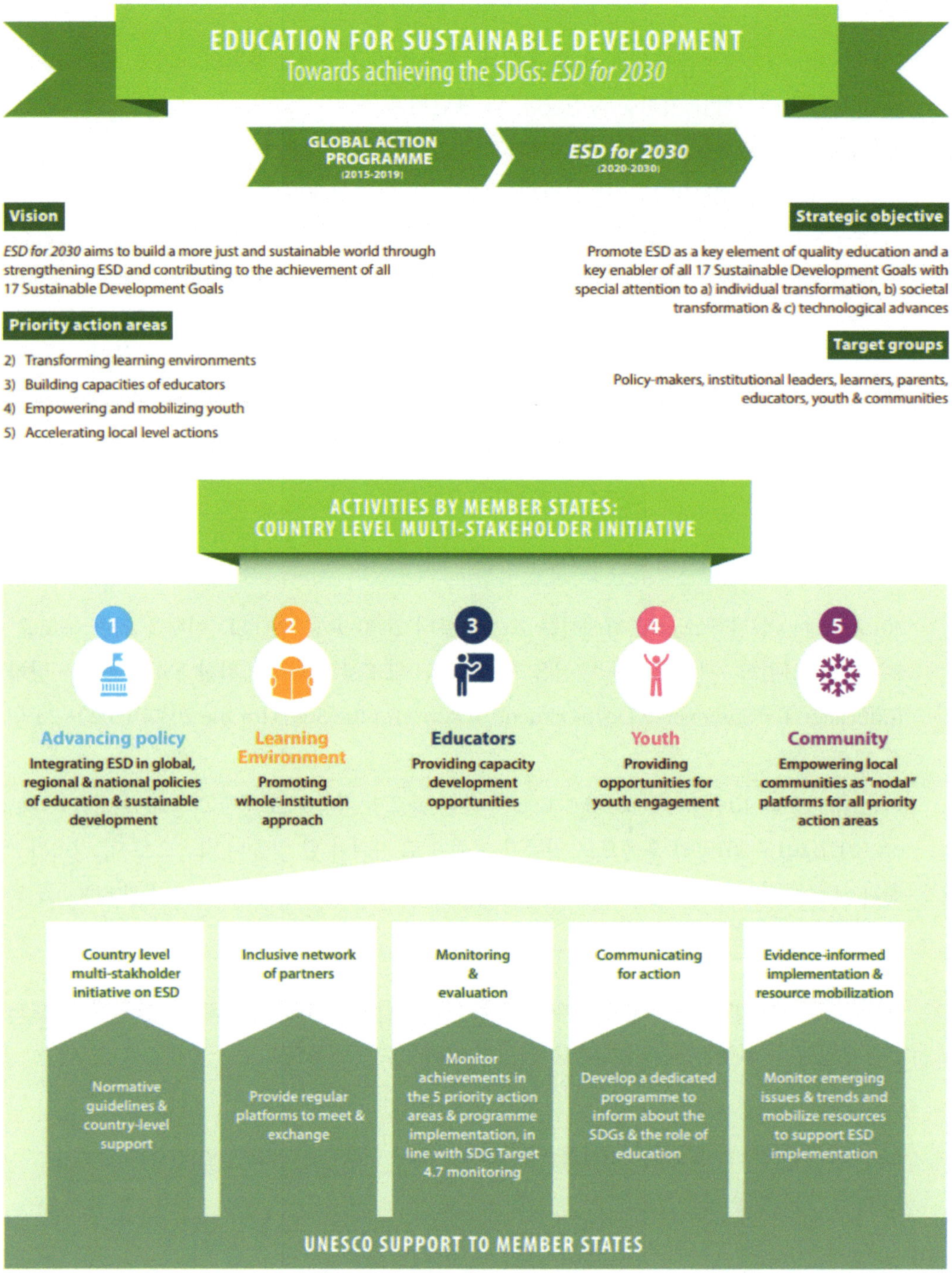

그림 108 ESD2030 framework
(자료: UNESCO, 2020b)

2. 생애주기별 탄소중립 환경교육

(※ 천안시 환경교육센터 탄소중립에 대한 생애주기 환경교육 사례)

(1) 생애주기 탄소중립 환경교육 구조화

학교숲이나 학교공원화 사업을 통해 탄소흡수원으로 조성된 캠퍼스와 지역사회의 커뮤니티 공간을 학생이나 지역주민을 위한 환경교육의 터전으로 활용할 수 있다. 제도적으로 학교환경교육 및 사회환경교육을 통해 생애주기별로 구조화된 환경교육을 실시함으로써 세대맞춤형 프로그램과 실천을 확대할 수 있다.

표 7 탄소중립에 대한 생애주기 환경교육 사례
(박미옥, 2021. 환경교육콘텐츠개발 교육성과물)

생애주기 (나이)	핵심역량	구조화	예시 프로그램
유아, 아동기 (-13세 이하)	환경감성 발달기	(창체) 이산화탄소, 지구온난화	자연바람이 좋아요, 북극곰의 눈물. 탄소발자국을 줄여요
청소년기 (14-19세)	생태비전 키우기 - 꿈 만들기	(과학) 나무의 광합성, 탄소흡수원	나무는 지구온난화를 막아줘요
성인 전기 (20-39세)	녹색전환 실천기 - 그린뉴딜과 지속가능 발전	(교양) 스*텀블러의 감춰진 진실 (탈플라스틱)	내가 마신 커피가 탄소중립을 실천할 수 있을까?
성인 중기 (40-59세)	환경책임 성숙기 - 환경소비와 실천	(평교) 누릴 것인가? 나눌 것인가?	자가용 vs 대중교통 vs 자전거
성인 후기 (60세 이후)	생태여가 확대기 - 환경보건과 건강	(평교) 내 건강의 탄소시그널	공장식 농장(축산)을 통한 밥상

① 유아기(7세 이하)

- 환경감성 발달기
- 주제 우선 순위: 자연환경 > 생활환경
- 적합 유형: 놀이 > 견학, 체험 > 창작 > 노작
- 핵심역량: 환경감수성 > 환경태도 > 환경책임감 > 자기효능감

• 환경정서: 신체적 - 본다, 만진다, 느낀다 등 오감 활용
  심리적 - 호기심이 왕성
• 환경정서 증진 놀이중심 프로그램(자연환경): 자연바람이 좋아요

② 아동기(7-13세 이하)

• 도덕성, 인격적 독립, 사회적 책임감 형성기
• 주제 우선 순위: 자연환경 > 생활환경 > 지구환경
• 적합 유형: 견학,체험 > 놀이
• 핵심역량: 환경태도 > 환경감수성, 환경책임감
• 환경정서: 신체적 - 본다, 만진다, 느낀다 등 오감 활용
  심리적 - 호기심이 왕성
• 환경태도 함양 경험중심 프로그램(생활환경): 쓰레기 분리배출

③ 청소년기(14-19세 이하)

• 생태비전 키우기 - 꿈 만들기
• 핵심역량: 지식 정보처리, 의사소통, 자기관리
• 교육목적: 진로와 직업 연계 - 기후변화 대응 직업군 탐색 및 체험
• 프로그램 구성: 체험/활동 중심 > 지식 중심
• 교육도구: 매체 활용, 자율활동, 인터뷰, 촬영
• 핵심 교육 영역: 변화하는 직업 세계, 기후위기 대응 직업 변화

• 교육프로그램 사례

• 중학생(180명) 환경인식 조사: 탄소중립 인식 전혀 없음, 기후변화 및 지구온난화 인식은 보통(30-50%) 수준
• 기후변화 미래 직업세계 변화: 기후변화 적응을 위한 직업의 변화 예측
• 탄소중립 저글링: 탄소중립 이해 증진, 실천 요소
• 탄소중립 zone: 탄소중립 및 기후위기 홍보 부스

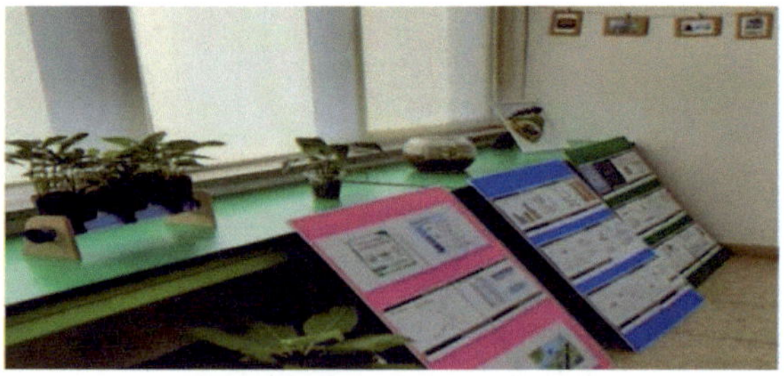

그림 109 탄소중립 zone
(사진: 박미옥)

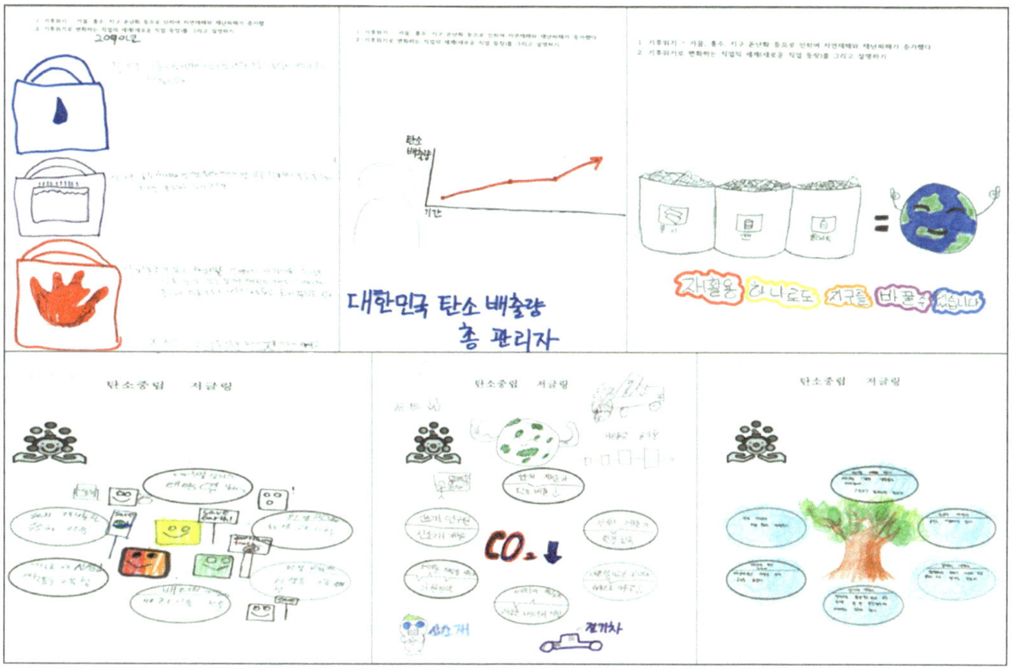

그림 110 생태비전 키우기(꿈만들기) 교육 성과물 사례
위: 기후변화 미래 직업세계, 아래: 탄소중립저글링(사진: 박미옥)

④ 성인 전기(20-39세 이하)

- 녹색전환 실천기, 그린뉴딜
- 교육목적: 미술치료와 상담으로 환경재난에 대한 정서적 대응 능력 강화, 개인과 사회, 국가, 지구 전체의 문제 인식 증진
- 프로그램 구성: 2030세대 스트레스를 미술치료(상담, 심리치료)와 접목
- 교육도구: 자연재료(나무, 돌, 씨앗)
- 핵심 교육 영역: 지구 환경 스트레스, 미술치료

· 교육프로그램 사례

- 스트레스 진단 설문(Wellness 건강 프로그램 측정 방법)
  - 환경재난에 대한 정서적 대응 능력 강화

⑤ 성인 중기(40-59세 이하)

- 환경책임 성숙기, 환경소비와 실천
- 교육목적: 성인학습자 기후변화 인식 증진을 통해 실천적 환경지식 및 소양 함양 - 탄소중립 및 기후변화 인식 증진
- 프로그램 구성: 환경인식 조사, 탄소중립 기능 및 중요성
- 교육도구: 노트북, 핸드폰, 활동지, 조사, 토의, 토론
- 핵심 교육 영역: 탄소중립을 위한 그린인프라 녹색전환

· 교육프로그램 사례

- 환경인식 설문
  - 탄소중립 인식, 탄소중립도시, 그린인프라, 그린리모델링, 녹색교통, 탄소흡수증진

⑥ 성인 후기(60세 이상)

- 생태 여가 확대기
- 교육목적: 성인의 특화된 기후환경교육
- 프로그램 구성: 활동 중심 실천 프로그램 > 지식 위주 수업
- 교육도구: 스토리텔링
- 핵심 교육 영역: 환경보건과 건강

· 교육프로그램 사례

- 기후변화 우리들의 엊그제 이야기 - 나 때는…
- 자연과 함께 하는 스토리텔링: 힐링과 환경 스토리텔링
- 인생사진관: 자연에서 느끼는 행복감이 충만한 사진

(2) 환경교육프로그램 사례

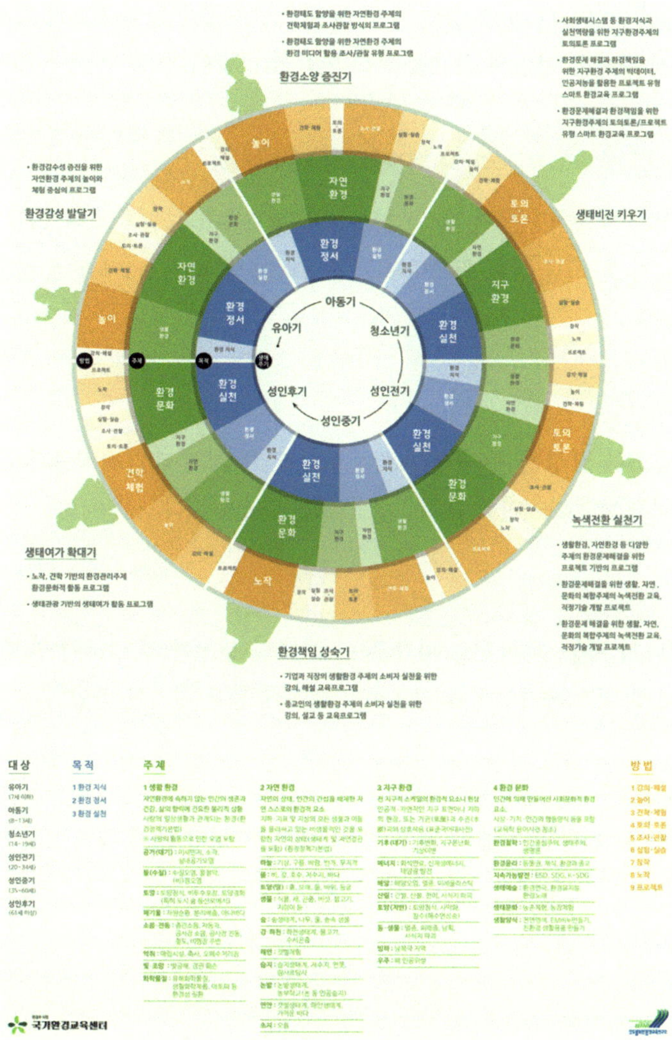

그림 111 환경교육프로그램 사례
(자료: 국가환경교육센터)

3. 탄소중립대학

탄소중립캠퍼스(Carbon-free Campus)는 학교 내 탄소발자국을 줄임으로써 기후변화 대응 전략으로 유용하고, 학교가 환경과 사람의 건강을 위해 변화를 이끌어내도록 도움을 준다.

(1) 미국 탄소중립대학(US Carbon Neutral Universities)

고등교육진흥회의 지속가능성 추적 및 평가 시스템(STARS), 프린스턴 리뷰의 녹색 대학 안내서, 시에라 클럽의 쿨 스쿨 목록 등 3대 탄소중립캠퍼스 평가시스템을 통해 캠퍼스 탄소중립을 추진하고 있다.

1) Colby College, Waterville, ME

2013년 탄소중립을 달성한 첫 번째 대학으로서 5,300개의 태양전지판과 퇴비화 프로그램 등을 실천화여 목표보다 2년 일찍 탄소중립 목표를 달성하였다.

2) Middlebury College, Middlebury, VT

100% 재생에너지 사용, 화석연료 퇴출 등을 목표를 설정하고 2016년 말 탄소중립을 달성(탄소발자국 제로)하여 지속가능성과 기후변화 대응에 높은 평가를 받았다.

3) Bowdoin College, Brunswick, ME

메인 주에 가장 큰 태양열 어레이 설치, 조명 개조, 자전거 문화 캠퍼스 조성하여 캠퍼스 경찰들도 자전거를 타고 근무하는 등의 실천을 통해 목표보다 2년 앞당겨 2018년 지구의 날에 탄소중립을 달성하였다.

4) American University, Washington, DC

지속가능성 문화와 제로 웨이스트, 대체 에너지, LEED 인증 등 실현하여 2020년 목표보다 2년 앞당겼으며, STARS 및 Cool Schools 순위에서 1위 또는 최상위권으로 평가되고 있다. 세 가지 혁신 전략으로서 1) 전체 배출량 감축, 2) 재생 가능 에너지 사용, 3) 소량의 폐기물 상쇄 등의 전략이 강조되고 있다.

5) Colgate University, Hamilton, NY

환경적 스튜어드십, 사회적 정의, 재정적 책임을 증진시키기 위해 교육 기회 촉진, 파트너십 구축, 리더십 제공, 실질적인 해결책에 기여한다는 미션을 토대로, 1,000에이커 이상의 숲을 조성하여 공부와 탄소 격리 장소를 제공하였고, 풍력 발전 프로젝트 지원, 탄소 상쇄 프로그램으로 캠퍼스 전체에 더 많은 나무 식재하는 등의 실천을 통해 2019년 4월 개교 200주년을 기념하여 탄소중립을 달성하였다.

(2) Dickinson College 캠퍼스 기후환경교육

1) 탄소중립 캠퍼스

Dickinson College(Carlisle, PA)에서는 2020년 탄소중립 목표 설정. LED 개조, 12,456개의 태양 전지판(전력의 4분의 1공급), 지속가능한 문화, 탄소 상쇄 프로그램(풍력발전 프로젝트 지원) 등의 탄소중립 캠퍼스 실천 정책을 추진하고 있다.

2) 기후환경교육

교육과정, 글로벌 및 국내 유학 프로그램, 연구 및 현장 체험, Living Lab, 캠퍼스 행사 및 강연 등 학생과 지역사회 대상 기후행동 역량 교육을 실시하고 있다.

기후변화 주제 교육과정으로는 자연과학 및 인문학, 예술학 등 모든 전공 및 교양 50개 강좌 이상 개설하였으며, NASA의 지원으로 "Cooling the Liberal Arts Curriculum - A Campaign for Climate Change Education" 프로그램에 의해 교양교육과정을 통합 운영하고 있다.

국제적인 다학제적 융복합 교육 프로그램인 'Mosaics: Deep Dives into Climate Change'을 운영하며, Study Away라는 국제적인 연구 프로그램을 통해 영국 디킨슨, 프랑스 디킨슨, 독일 디킨슨, 이탈리아 디킨슨, 뉴질랜드 디킨슨, 에코 리그 등과 통합 연계 교육을 실시하고 있다.

Research & Living Labs을 구축하여 학생들이 참여할 수 있는 다양한 연구 및 프로젝트(연구 프로젝트, 독립 연구, 연구 조교제, 학생 교수 연구, 특별 프로젝트, 대학생을 위한 국가 과학 기반 연구 경험(NSF REU) 등을 운영하고 있다.

지역사회 구성원과 협력하여 기후행동, 지속가능한 시스템 만들기, 지역사회 구축을 위한 중요한 역량 배양, 온실가스 인벤토리, 기후행동 계획, 기후 복원력, 지속가능캠퍼스 운영, 캠퍼스 바이크, 유기농, 양봉 등을 실천하고 있다.

(3) 기타 탄소중립캠퍼스 사례

1) MIT 지속가능캠퍼스

MIT에서는 미래를 위한 탄소중립 캠퍼스를 구상하면서 [Fast Foward : MIT's Climate Action Plan for the Decade]라는 실천전략을 수립하였다.

2050년 캠퍼스 탄소 직접배출을 "0"으로 설정하며 2026년까지 탄소중립 캠퍼스를 실현하겠다고 하였다. 또한 캠퍼스 순 배출량을 2014년 대비 최소 32%를 감축하는 것을 담고 있다.

2) 프린스턴대학교 지속가능 탄소중립

캠퍼스 성장을 고려할 때 반복 가능하고 확장 가능하며 혁신적인 솔루션을 사용하여 프린스턴 창립 300주년인 2046년까지 탄소 중립을 선언하였다.

캠퍼스 탄소배출량을 2008년 116CO_2e에서 2026년 102CO_2e, 2026년 73CO_2e 등으로 감축하고, 마침내 2046년 탄소중립을 목표로 설정하였다.

3) 리버풀 대학교 기후플랜

환경에 미치는 부정적인 영향을 최소화하고 긍정적인 영향을 최대화하는 기후 복원력 있는 캠퍼스 구축을 위해 '2035년까지 탄소중립 달성(36% 감축)'한다는 목표(Goals)를 설정하였다.

탄소발자국(Carbon Footprint)이 연간 40,000 tCO_2으로서 매우 높게 나타나, 구체적인 해법(Solutions)으로서 에너지 절감, 열 네트워크의 탈탄소화, 재생 가능한 전력 수요 증가 및 화석연료 배출 완화, 전기차량 100% 달성 등의 솔루션을 설정하였다. 또한 회복탄력성 증진, 탄소제로 회복을 위해 기업, 도시, 지역, 투자자들의 리더십과 지지를 모으는 'Race to Zero 캠페인'을 추진하였다.

(4) 탄소중립캠퍼스 방향

1) 캠퍼스 탄소중립 종합계획(Comprehensive Planning) 및 실천계획(Action Plan)을 수립한다.

학과별, 부서별, 건물별, 공간별 실천방안을 제시한다.

핵심주제로서 탈탄소, 지속가능, 생태계서비스 등 키워드를 포함한 탄소중립 비전을 설정하며, 탄소중립 목표로서 2050 캠퍼스 탄소중립(Net Zero), 2030 캠퍼스 자율감축 목표(2018년 대비 40%, 또는 각 캠퍼스별 탄소배출량 산정하여 최다 배출 연도 대비 40%) 등의 목표를 설정한다.

세부 목표 및 실천 전략으로는 지속가능한 그린인프라 구축(탄소흡수원, 대기 질 개선, 재해/재난 예방), 물 순환 개선, 온실가스 배출 저감, 에너지 소비 탄소 배출의 10% 감축 등 구체적이고 실현 가능한 목표와 전략을 설정한다.

2) 탄소중립 교육 연구 시스템을 구축한다.

교육과정으로는 전공교과, 교양교과, 융복합(융합, 연계 등) 교과를 개설한다.

연구지원 프로그램으로는 탄소중립 특성화 프로그램을 개설하고 탄소중립 연구 인센티브를 제공한다.

학교와 지역사회 구성원이 함께 하는 리빙랩을 구축하여 생활 속 연구 역량을 증진시킨다.

3) 캠퍼스 탄소발자국 및 기후취약성 평가 수행한다

캠퍼스 내 개인들의 작은 활동들은 탄소중립의 출발점이며, 작은 활동들은 캠퍼스를 탄소중립으로 나아가게 할 것이다.

탄소배출 인벤토리 구축, 탄소발자국 산출, 기후취약성(Climate Vulnerative) 평가 등 비용이 적게 들거나 비용이 들지 않는 조치부터 시작한다.

기존의 재활용 프로그램을 포함하여 '현금화하기 위한 쓰레기 처리' 프로그램, 자발적인 구매자에게 쓰레기 판매, 일회용 사용을 방지함으로써 물 사용량 감소, 캠퍼스 내 오토바이 사용 방지 등 탄소 중립을 위해 이전에 시작했던 진행 중인 프로그램을 포함하여 한 걸음 더 나아가 지속적인 프로그램 계획을 수립한다.

4) 그린인프라를 구축한다.

그린인프라 구축을 통해 캠퍼스 회복탄력성을 증진시킬 수 있다. 그린인프라는 Net Zero 실현을 위한 핵심 전략이며, 특히 NbS(자연기반해법) 그린인프라 구축을 통해 탄소중립을 앞당길 수 있다.

구체적으로, 물 순환 시스템을 개선한다. LID 기술 등 물 순환시스템은 에너지 소비 단계에서 지역 탄소배출의 10% 감축 효과가 있다. 온실가스 배출을 감소시키는 최소한의 경작과 같은 보존 원예 관행, 토양 유기 탄소(SOC) 함량을 증가시키는 지속가능한 토양 관리, 습지 보호를 포함한 혼농임업 및 산림 경관 복원을 통해 지상 및 지하 탄소 저장량을 모두 향상시키는 물관리가 효과적이다.

지속가능한 물 순환을 고려한 그린인프라(물 효율적 조경)는 야외 물 사용량의 20-50%를 감소시킨다. 캠퍼스 및 주변 지역과 결합하여 우수 유출 저감과 침투 저류 및 활용에 관한 종합 계획이 필요하다.

플라스틱 프리 캠퍼스, 재생가능한 에너지, 태양열, 태양광, 풍력, 수력, 지열, 바이오매스 등의 순환경제 및 신재생에너지를 실현한다.

4. 세계시민교육

(1) 지속가능발전목표와 세계시민교육(Global Citizenship Education)

"교육은 단지 읽고, 쓰고, 셈을 할 줄 아는 사람을 배출하는 것에 그쳐서는 안 되며, 21세기에 우리가 직면한 도전과제들을 극복할 수 있는 세계시민을 양성하여야 한다."(반기문 UN사무총장)

지구촌 공동의 문제 해결을 위해서는 인류 모두가 세계시민으로서의 자각을 가지고 시민의식을 함양해야 하며, 이를 위해 교육이 핵심적인 역할을 해야 한다.

세계시민교육은 2012년 유엔이 주창한 글로벌 교육우선 구상(GEFI: Global Education First Initiative)을 통해 소개되었고, 유엔 지속가능발전목표(SDGs)에 포함되었다.

글로벌 위기로서 심각하게 대두되고 있는 폭력적 극단주의, 테러리즘 등 안보 위협 문제를 해결하기 위한 수단 중 하나로 관용과 이해를 배우는 세계시민교육의 중요성이 부각되었으며, 혐오와 차별에 대응하여 국제연대와 포용 정신을 증진시키기 위해 유네스코 세계시민교육 우호그룹을 결성하였다.

지속가능발전을 위한 교육(ESD)과 세계시민교육(GCED)는 다음과 같은 관계를 갖는다.

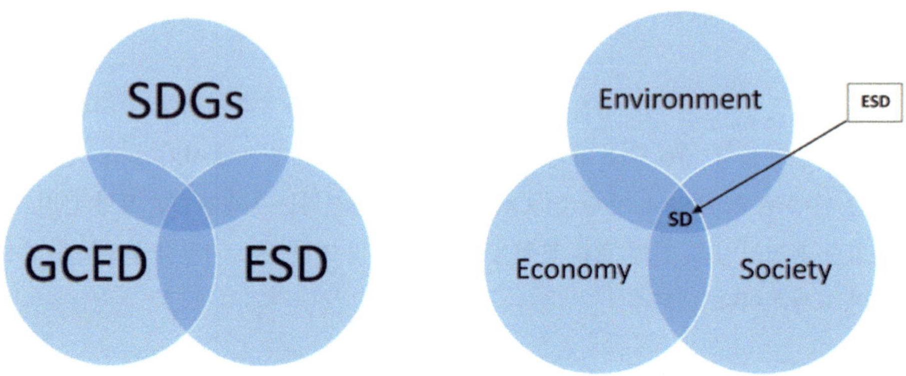

그림 112 지속가능발전 교육(ESD)과 세계시민교육(GCED)
(자료: Chung & Park, 2016)

(2) 인천선언문(Incheon Declaration)

"교육 2030: 모두를 위한 평등하고 포괄적인 양질의 교육과 평생학습을 보장한다"(유네스코 세계교육포럼(World Education Forum), 2015)

2015년 인천에서 개최된 유네스코 세계교육포럼에서는 교육계가 2030년까지 달성해야 할 교육목표로서 4가지 핵심 주제와 과제를 제시하였다.

- 핵심주제: 교육 접근성 확대, 교육 형평성 제고, 교육의 질 향상, 평생학습 진흥
- 세부과제: 교육재정 확보, 취학전 교육 제공, 직업교육과 고등교육 접근성 확대, 위기·분쟁 시 교육 제공

그림 113 세계교육포럼 2015
(자료: 유네스코, 2015)

인천선언문은 교육의 주요 동력으로서 교육의 중요한 역할을 인식하고 교육계의 교육2030과 지속가능발전을 위한 2030 아젠다에 대한 약속을 구성하고 있다. 교육2030 이행을 위한 지침을 제공하는 교육2030 실천 프레임워크는 2015년 WEF에서 논의되었고 인천선언에서 본질적인 요소들이 합의되었다.

행동 프레임워크는 국가, 지역 및 글로벌 수준에서 실천으로 옮길 수 있는 기본적인 방향을 제시한다. 교육과 그 목표에 대해 모든 국가와 파트너를 지속가능개발목표(SDG)를 중심으로 함께 참여하는 것을 목표로 하며, 모두를 위한 포괄적이고 공평한 양질의 교육과 평생학습 기회를 보장하기 위해 교육2030을 시행, 조정, 자금 조달 및 모니터링하는 방법을 제안한다.

그림 114 인천선언문
(자료: UNESCO, 2015)

10절 미래도시의 전환적 사고

1. 탄소중립도시

(1) 탄소중립사회

탄소중립(Net Zero)은 대기 중에 배출 · 방출 또는 누출되는 온실가스의 양에서 온실가스 흡수량을 상쇄(offset)한 순배출량이 '0'이 되는 상태, 즉 온실가스 배출을 최대한 줄이고 불가피하게 배출된 온실가스는 흡수, 제거 등 상쇄시켜 순배출을 '0'으로 만드는 개념이다.

우리나라와 EU와 미국 등 국제사회는 파리협정에 의해 2100년까지 산업화 이전 대비 2℃ 이내로 억제하고 특히 1.5℃ 이내로 제한하는 목표에 합의하였으며, 이를 위해서 2050년까지 탄소중립(Net Zero)을 이룬다는 목표를 선언하였다. 2050 탄소중립을 위해 각 나라별로 2030년에 달성할 국가 온실가스 감축 목표(NDC; Nationally Determined Contribution)와 온실가스 감축 시나리오를 5년 단위로 마련하고 그 이행을 위한 기술적, 제도적 기반 등 녹색전환을 추진하고 있다. 우리나라의 경우 2030년까지 우리나라의 온실가스 배출 정점인 2018년 대비 40%를 감축한다는 목표를 설정하고 에너지전환, 산업, 건물, 수송, 농축산 등 부문별 감축목표를 제시하였다. (구체적인 내용은 'II. 편 4장. 기후변화협약과 파리협정' 참고)

- SSP시나리오 전망

SSP시나리오 전망에 의하면 우리나라의 경우 2100년까지 연평균 기온 2.3℃(SSP-1) ~ 6.3℃(SSP5) 증가되며 폭염일수는 15.4일(SSP-1) ~ 70.7일(SSP5) 증가할 것으로 전망된다.

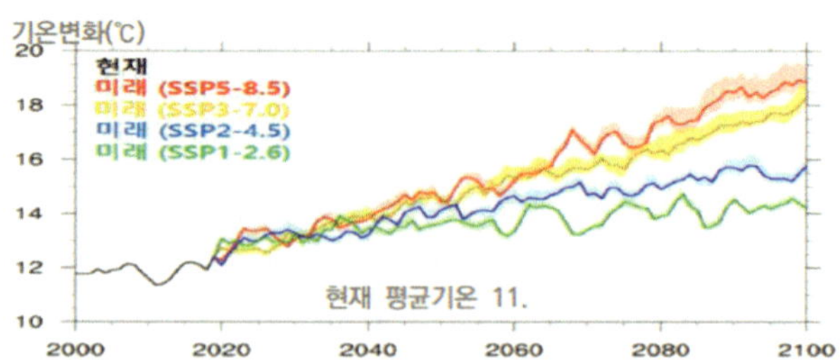

그림 115 2000 ~ 2100년 우리나라 연평균 기온 변화
(자료: 국립기상과학원, 2022)

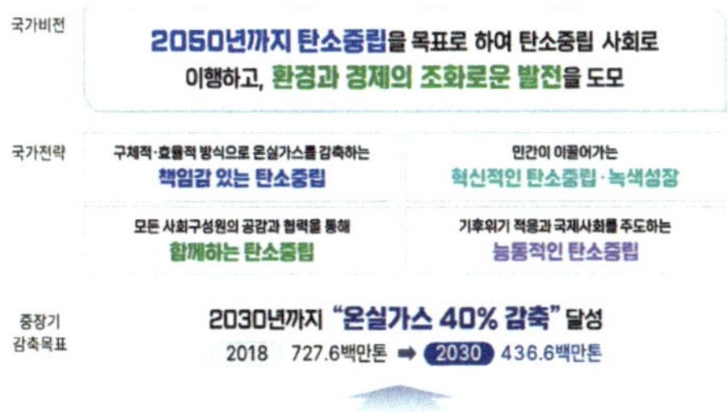

구분	부문	2018 실적	2030 목표	
			기존('21.10)	수정('23.3)
배출량 합계		727.6	436.6 (40.0%)	436.6 (40.0%)
배출	전환	269.6	149.9 (44.4%)	**145.9 (45.9%)**
	산업	260.5	222.6(14.5%)	**230.7 (11.4%)**
	건물	52.1	35.0 (32.8%)	35.0 (32.8%)
	수송	98.1	61.0 (37.8%)	61.0 (37.8%)
	농축수산	24.7	18.0 (27.1%)	18.0 (27.1%)
	폐기물	17.1	9.1 (46.8%)	9.1(46.8%)
	수소	(-)	7.6	**8.4**
	탈루 등	5.6	3.9	3.9
흡수·제거	흡수원	(-41.3)	-26.7	-26.7
	CCUS	(-)	-10.3	**-11.2**
	국제감축	(-)	-33.5	**-37.5**

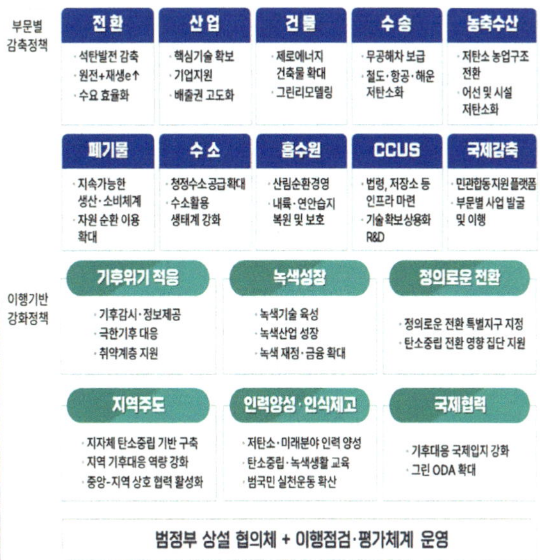

그림 116 우리나라 탄소중립 비전 전략
(정부합동, 2023)

- 국제사회의 탄소중립 사회

EU회원국은 2050년 탄소 중립 목표를 담은 유럽 그린딜(European Green Deal)에 합의하였으며('19.12), EU 집행위는 2030년에 1990년 대비 온실가스 감축목표를 40%에서 50~55%로 상향 조정한 바 있다. 나아가 기후법을 제정하여 2050년 탄소중립을 구체화하며, EU의 모든 정책에서 기후변화 대응에 기여하고 있다. 그 외에도 미국의 그린뉴딜, 중국의 생태문명, 일본 성장전략 등 주요 국가에서 녹색전환을 위한 구체적인 목표와 실천 전략을 수립하여 추진하고 있다.

미국은 온실가스 배출 제로를 목표로 모든 기반 시설의 개선, 재생에너지를 통한 전력 100% 생산, 스마트 그리드 구축, 건물 에너지 효율화, 농업부문의 탄소 중립 등 14개 부문을 제안하였다. 중국은 2018년 중화인민공화국헌법 개정 시 '생태문명'을 헌법의 기본 원칙으로 통합하였으며 60년까지 탄소중립 달성 목표를 발표하였다('20.09).

일본은 2020년 '성장전략' 에너지 및 환경과 관련 정책에서 탈탄소 사회로의 이행, 지속가능한 개발 목표 달성, ESG 투자의 확대를 과제로 선정하였으며('20.07), 비즈니스 주도로 비연속적 이노베이션을 통한 환경과 성장의 호순환을 가속하고, 환경비즈니스 분야에서 고용을 창출하여 탈탄소 사회, 순환경제, 분산형 사회로의 이행을 목표로 하고 있다.

(2) 탄소중립도시

도시에서 이루어지는 모든 행위로 인해 발생하는 탄소를 상쇄하여 탄소중립 상태로 유지하는 도시로서, 탄소중립기본법(제29조)에 의하면 "탄소중립 관련 계획 및 기술 등을 적극 활용하여 탄소중립을 공간적으로 구현하는 도시"로 정의하고 있다.

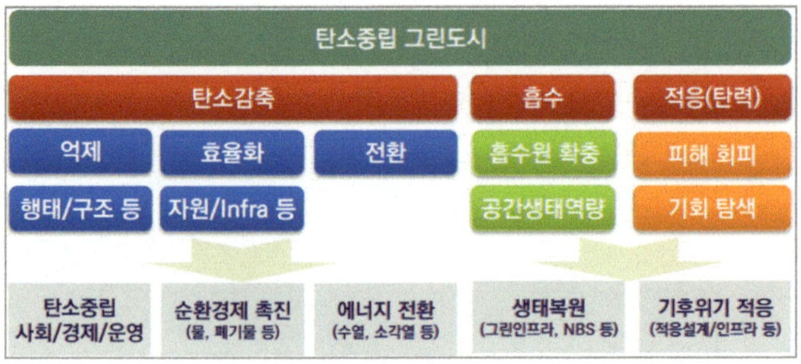

그림 117 탄소중립그린도시
(자료: KEI, 2022)

탄소중립도시는 온실가스 감축 및 흡수원 확대를 통해 Net Zero를 이루는 도시로서 탄소중립 기술을 적용하여 신성장 시장을 창출하고자 한다. 나아가 도시인프라의 탄소중립 달성을 위해 Net Zero 이행에 유리한 기존 인프라가 상당 구비된 지역을 대상으로 하며, 건물 에너지 효율화, 재생에너지 시설 공급, 수소 등 신에너지 공급 기반시설 확대 등 도시차원의 탄소중립 사회 전환을 목표로 한다(신성장 4.0 추진계획).

신성장 4.0 전략 추진계획(인포그래픽) 및 및 탄소중립도시 조성 계획(하)

그림 118 신성장 4.0 전략 추진계획 및 탄소중립도시 조성계획
(기획재정부, 2022; 2023)

기술적으로는 환경기술·인프라를 기반으로 에너지 전환, 흡수원 확충, 순환 경제 촉진 등을 통해 탄소중립을 달성하기 위한 정책을 계획·구현하는 도시이며, 정책적으로는 탄소중립 기반 구축과 사회 전환 프로그램을 담고 있다.

- 탄소중립 기반구축

지역 온실가스 배출현황 진단·분석을 토대로 탄소중립 환경사업 등을 지역 여건에 맞게 패키지화·집적화 추진

1. 에너지 전환: 화석연료에서 친환경 에너지로 전환하기 위한 인프라·기술 확충(수열·하수열·바이오가스, BIPV, 전기·수소차 기반 확대 등)
2. 흡수원 확대: 생태자원을 활용한 탄소흡수원 확대(녹지·습지 등 흡수원 확대, 도심 훼손지 생태복원, 그린인프라 확충 등)
3. 자원순환 촉진: 물·폐기물 등 자원의 순환성 확대 및 재이용 강화를 위한 인프라·기술 확충(스마트 폐기물 수거·선별모니터링 시스템, 물재이용시설 등)
4. 기후변화 적응: 기후변화 적응 및 기상재해 대응을 위한 시스템 구축(자연형 다기능 그늘막, 옥상벽면 녹화, 스마트 재해관리 등)

- 사회전환 프로그램

지역사회와 지속가능한 맞춤형 정책 및 참여형 사회 구조 등을 강화하여 탄소중립 이행체계 구축

(3) 외국의 탄소중립도시

EU 집행위원회는 "2030 기후중립 100개 도시"사업을 추진하고 있다.

- 에너지: 지역생산 전력 활용, 화석연료 기반 열에너지원 제거, 도시 전역 "에너지 관리도시" 사업 개시
- 빌딩: 청정에너지 그리드, HVAC 시스템, LED 조명을 통한 전력 감소 등
- 수송: 대중교통, 자전거 이용 확대, 스마트 교통 시스템, 무인차량 등
- 폐기물: 플라스틱 사용 감축, 제품관리 프로그램 지원, 거주민 및 기업의 재활용 인센티브 제공, 플라즈마 가스화 발전시설

스웨덴은 "2030 기후중립 30개 도시"를 목표로 추진하고 있다. 2020년 12월, 스톡홀름을 비롯한 스웨덴 9개 도시가 유럽 최초로 Climate City Contract에 서명하고 2030년까지 탄소중립을 목표로 하는 등 유럽연합의 "2030 기후중립 100개 도시"사업을 선도하고 있다.

· 코펜하겐 2025 탄소중립도시

코펜하겐은 2009년 세계 최초로 2025년 탄소중립도시를 선언하고 'CHP Climate Plan(2012)'을 수립하였다. 덴마크의 에너지 정책과 코펜하겐의 도시 특성과 여건을 토대로 추진하고 있다. 특이한 점은 분산에너지 분야에서 가장 앞선 정책을 추진하고 있다. 전력과 난방을 동시에 공급하는 분산형 열병합발전소와 풍력발전을 통해 80% 정도를 재생에너지로 생산하는 등 2030년 100% 청정에너지원 공급을 목표로 하고 있다.

■ CopenHill(Amager Bakke)

코펜힐은 2025년까지 세계 최초의 탄소중립도시가 되겠다는 코펜하겐의 기후계획에 의해 조성된 41,000 m² 규모의 폐기물 에너지 발전소이다. 기술적인 인프라를 사회적이면서도 지속가능한 생물다양성 자산으로 전환한 것으로 평가된다.

그림 119 Copenhill 전경
(자료: https://www.greenroofs.com/projects/copenhill/)

옥상과 벽면 등 외부에 덴마크의 조경설계사무실 SLA가 설계한 1만 m² 규모의 옥상공원을 조성하였다. 옥상 공간 중 적어도 20~30%를 대중에게 개방하기 위해 발전소 건물을 예술과 과학을 융합한 인공 산(hill)으로 조성하였다. 옥상과 벽면에는 500 m 규모의 스키 슬로프, 하이킹 코스를 포함한 공원과 벽면을 이용한 암벽등반 시설을 조성하여 지속가능한 도시 휴양 센터 및 환경 교육 허브를 갖추고 있다. 건물 위에 경사로를 얹어 스키 슬로프를 조성하였으며 슬로프의 경사도를 달리하여 여러 사람들이 즐길 수 있도록 하였고 사계절 스키를 즐길 수 있도록 특수 마감재를 설치하였다. 높이 85 m에 이르는 북쪽 수직 벽 일부는 인공 암벽으로 꾸몄고, 스키 슬로프 옆에는 3천 m² 규모의 녹지(tagparken)를 확보해 등산로를 조성하였다. 등산로에는 사업에 자금을 지원한 덴마크 지자체 10곳을 상징하는 10가지 등산 경로를 만들었다. 아마게르 바케 125 미터 높이 굴뚝에는 코펜하겐 시내가 한눈에 들어오는 전망대를 조성하였다.

85 m 높이에서 형성되는 미기후를 해결해 열을 흡수하고 미세먼지 등 대기오염원을 제거하며 빗물 유출을 최소화하는 동시에 생물다양성 등을 야생의 모습으로 재탄생시킨다. 발전시설은 연간 44만 톤의 폐기물을 15만 가구가 전기와 지역 난방을 할 수 있는 충분한 청정에너지로 전환시킨다. 쓰레기를 소각하며 발생하는 섭씨 950~1100℃의 열로 고압 증기를 만들어 전기를 만들거나 온수를 끓여 지역 난방수로 공급한다. 에너지 효율은 90%에 달하며 전기 요금과 난방 수요를 실시간으로 반영해 전기 혹은 온수를 생산하여 16~18만 가구에 에너지와 난방을 공급한다.

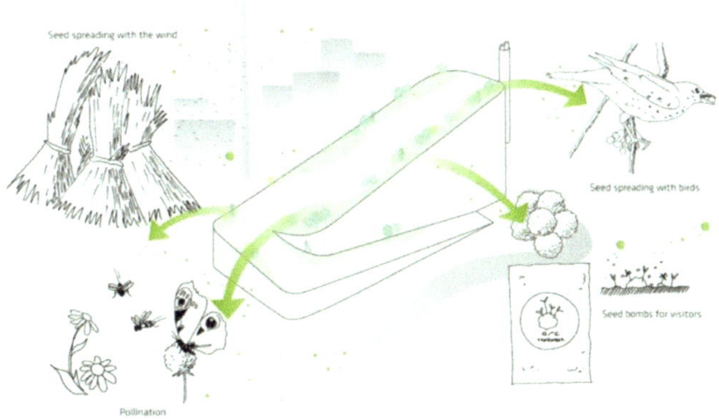

그림 120 코펜힐 지붕 4계절 스키장 미기후
(자료: Wang, 2018)

공정 과정에서 각종 필터와 정화 기술로 이산화황(SO_2) 배출량 99.5%, 질소산화물(NOx) 배출량 90% 수준으로 감축하며 이산화탄소(CO_2) 배출량은 10만 톤 감소한다. 최첨단 시설을 구비해 현존하는 가장 깨끗한 열병합발전소로서 굴뚝에도 오염 물질 제거 장치를 설치하여 연기가 아닌 수증기로 발생한다.

· 동경 2050 탄소중립도시

일본의 동경은 2019년 2050 탄소중립도시를 선언하고 1.5℃ 억제 목표를 달성하기 위한 지속가능한 회복탄력성 전략으로 탄소중립계획(2050 Zero Emission Tokyo)을 발표하였다.

- 기후변화를 막기 위한 완화 조치와 이미 발생하기 시작한 영향에 대비하기 위한 적응 조치를 종합 개발.
- 지속가능한 자원 관리를 기후변화 정책에 완전히 포함시켜 도쿄 이외 지역에서 배출되는 CO_2의 감소에 기여.

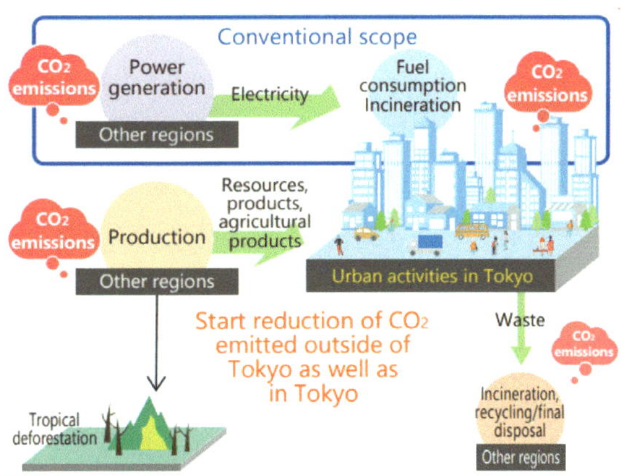

그림 121 도쿄의 온실가스 감축 개념
(Tokyo, 2019)

• 에너지 효율 및 신재생에너지 확대 대책 외에도 플라스틱을 포함한 소재의 지속가능한 관리, 자동차 환경 대책 등 전 분야에 걸친 노력 강화.

그림 122 2050 탄소중립 동경의 모습

(자료: Tokyo, 2019)

• 영국 15분 도시 및 탄소중립용도구역

영국 RTI의 탄소중립도시와 교통 전략으로 15분 도시, 저탄소정비구역 및 탄소 Negative 구역 등 용도구역을 적용한 공간계획 전략을 제시하고 있다.

• 프랑스 파리 15분 도시

15분 도시는 집에서 도보 혹은 자전거 등의 수단을 통해 15분 이내에 접근할 수 있는 거리에 서점, 학교, 문화시설, 의료시설, 공원, 기타 공공 서비스를 접할 수 있는 도시로서, 지역사회 커뮤니케이션을 활성화하고 생활환경을 이루는 도시를 지향하는 의미이다. 이를 통해서 모든 길에 100% 자전거 통행이 가능하고 장애인의 이동이 자유로운 도시 전환을 도모하며, 거주지 200 m 이내에 공원과 정원 등에 접근할 수 있다.

그림 123 영국 RTI 탄소중립도시 용도구역 및 주요 전략
(자료: Powell et al., 2021)

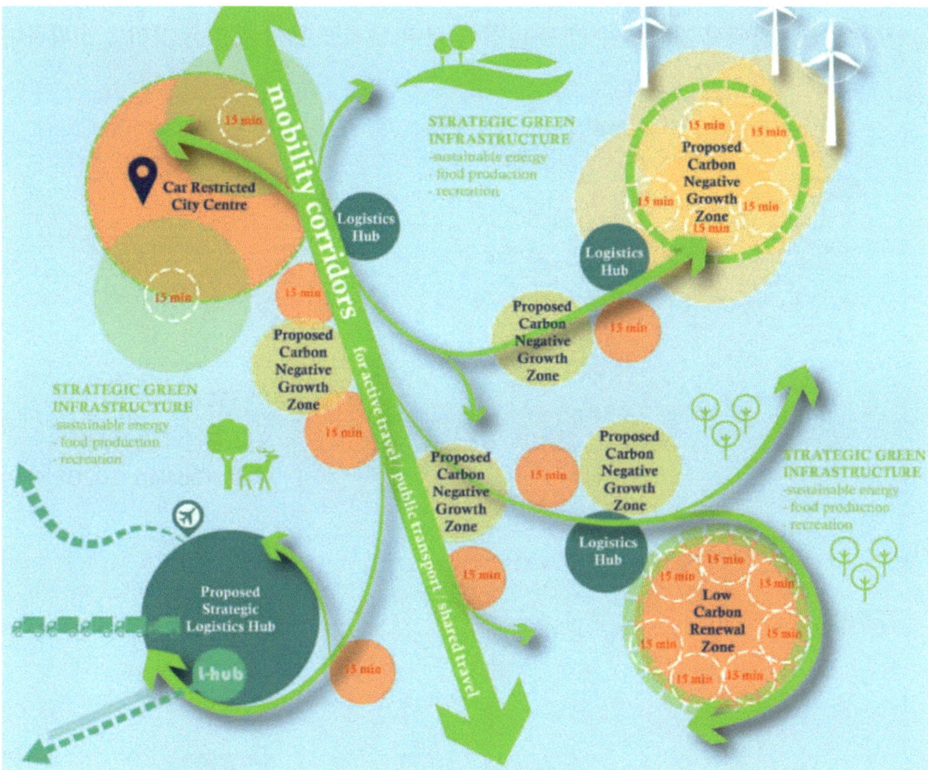

그림 124 영국 RTI 15분도시 및 교통 시스템을 반영한 공간계획 개념
(자료: Powell et al., 2021)

이러한 접근 방법을 통해 기후변화에 대응하여 녹색도시로 전환하게 되며, 하나의 장소를 다양한 목적으로 사용하는 다기능적 토지이용을 통해 효율성을 높인다. 예를 들면, 학교 운동장이나 정원을 녹색공간으로 재조성하여 주말이나 휴일에는 지역주민을 위한 힐링과 쉼터로 개방한다.

그림 125 파리 15분도시 개념
(자료: Hidalgo, 2020)

가로공간은 자동차 중심에서 사람 중심으로 전환하여, 주차장을 테라스와 정원으로 조성하며 보행자와 느린 교통수단이 공유하는 길을 조성하고 현관에서 바로 연결되는 정원, 어린이 안심길, 근거리에서 자전거 수리 등 다양한 서비스 제공 등의 새로운 거리로 전환한다.

그림 126
사람 중심의 거리 개념
(자료: Hidalgo, 2020)

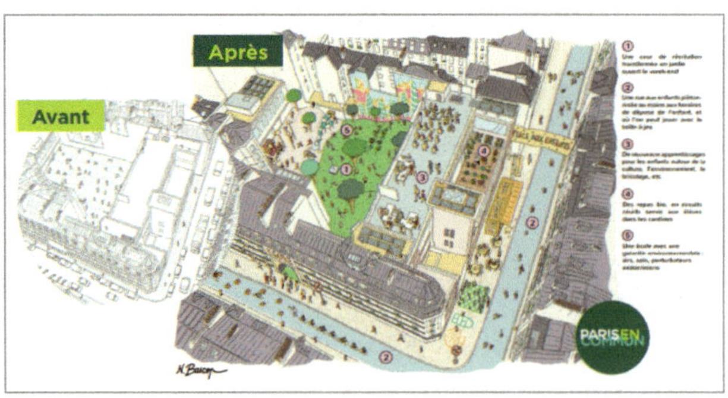

그림 127
학교 공간 전환 개념
(자료: Hidalgo, 2020)

2. 지속가능/회복탄력도시

(1) 지속가능도시

좋은 도시는 지속가능한 사회의 기초라고 할 수 있다. 지속가능발전 목표 11(SDG11)은 "도시와 거주지를 포용적이고 안전하며 회복력이 있고 지속가능하게 만드는 것(make cities and human settlements inclusive, safe, resilient and sustainable)"을 목표로 설정하고 있다.

도시의 급격한 성장으로 도시 공간에서 수용능력, 적응능력, 대응능력에 문제가 발생하게 된 바, 도시는 각종 재해에 취약하고 지속불가능한 상태가 되며, 이러한 도시문제를 중심으로 SDGs를 바라보면 대부분 SDG 11로 수렴 또는 연계된다. 예를 들어 SDG11 세부목표 중 Target 11.3은 "2030년까지 포용적이고 지속가능한 도시화를 확대하며 주거지에 대한 참여적, 통합적, 지속가능한 계획과 관리 역량을 강화한다"는 구체적인 세부 목표를 설정하고 있다.

그 외에도 빈곤(SDG 1), 보건(SDG 3), 교육(SDG 4), 물(SDG 6), 에너지(SDG 7), 일자리(SDG 8), 인프라(SDG 9), 불평등(SDG 10), 소비(SDG 12), 기후변화(SDG 13), 생태계(SDG 15) 등 목표는 급격한 도시화와 연동하지 않고는 결코 해결할 수 없다.

ICLEI(2018)에서는 지속가능 도시를 위한 5대 발전목표로서 자연기반 발전, 회복력 있는 발전, 탄소중립과 저배출 발전, 순환적 발전, 형평성 있고 인간중심 발전 등 5개 목표를 설정하고 있다.

- 자연기반 발전: 지역의 경제, 복지 및 회복력을 뒷받침하는 도시 내부와 주변의 생물다양성 및 생태계를 보호 강화
- 회복력 있는 발전: 환경 기술 사회적 변화에 의해 야기된 충격 및 스트레스를 예방 흡수 회복할 수 있는 기능 개선
- 탄소중립과 저배출 발전: 기후변화를 억제하고 새로운 경제 기회 창출, 탄소중립과 저배출 강조
- 순환적 발전: 재활용 재생 공유 가능한 자원을 사용하는 지속가능한 사회 구축, 새로운 소비 생산 모델 구축
- 형평성 있고 인간중심 발전: 정의롭고 살기 좋고 포용적인 도시 공동체 건설

그림 128 지속가능도시를 위한 5대 발전 목표와 전략
(자료: ICLEI,2018. The ICLEI Montreal Commitment Strategic Vision 2018-2024 pp.4-5.)

유엔 재난위험 감소 사무소(United Nations Office for Disaster Risk Reduction; UNDRR)가 발표한 새로운 보고서에 따르면 21세기는 기후와 관련된 재난이 급격하게 증가했다.

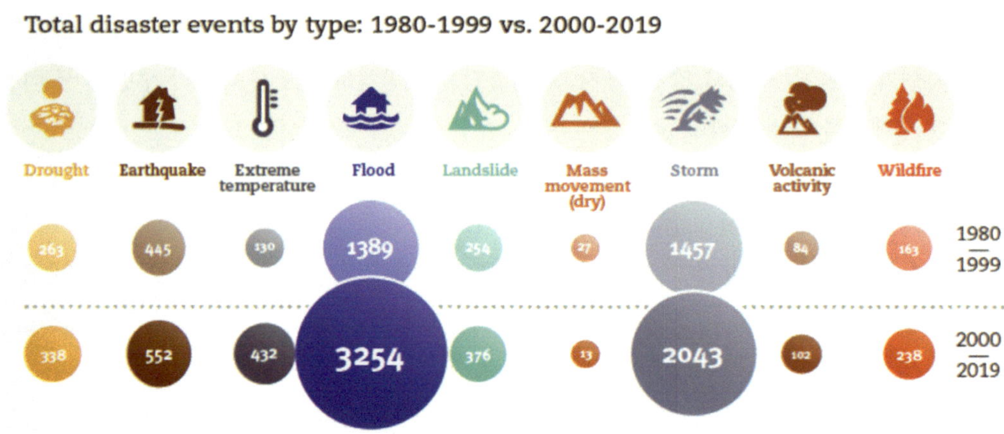

그림 129 2000년 이전 및 이후 재난 유형별 발생 비교
(UNOSA, 2022)

2100년까지 지구 온도가 2.7℃ 증가한다고 할 때 2020년에 출생한 사람들은 1960년에 출생한 사람들에 비해 생애주기 동안 기후재난에 노출될 가능성이 2~7.5배 증가할 것으로 예측하고 있다(https://wwww.statista.com). 재난 유형별로는 폭염 7.5배, 가뭄 3.6배, 농작물 피해 3배, 하천 등 홍수범람 2.8배, 산불 2배 등으로 예측한다.

1) 회복탄력성(Resilience)

회복탄력성(Resilience)은 교란이 발생한 후 기존의 상태로 돌아가거나 유지하려는 것으로서(Holling, 1973) 생태학적 의미에서는 외부 교란에 대응하여 신속히 피해로부터 회복되는 생태계의 능력을 말한다.

접근 방법에 따라 몇 가지 유사하면서도 차별적 정의를 내릴 수 있다.

- 생태적 회복탄력성: 시스템 구조가 변화하기 전에 변수와 프로세스를 변경하여 영향을 흡수할 수 있는 교란의 크기
- 기계적 회복탄력성: 교란 후 기존 상태로 되돌아가는 속도와 비율 (Gunderson and Holling, 2002)
- 물리학 분야: 외부 충격에 대한 탄성과 재료의 개념으로 해석
- 교육, 심리, 의학 분야: 위기와 역경을 이겨 이전의 상태로 돌아가려는 개인 차원의 복원력

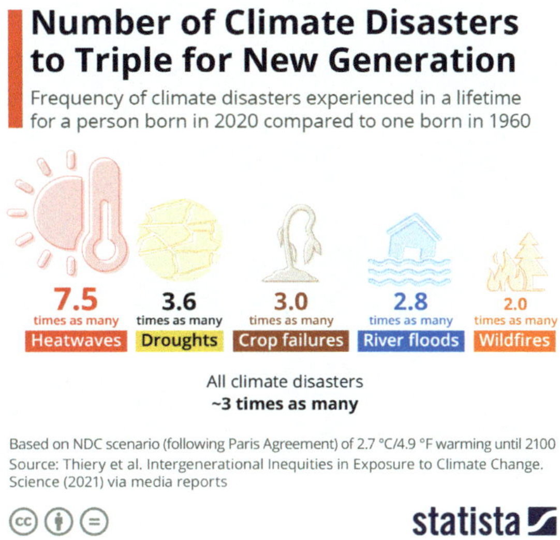

그림 130 1960년대와 2020년대 세대의 기후재난 증가 (https://www.statista.com%2Fchart%2F25877%2Fclimate-disaster-increase-new-generation)

회복탄력성과 관련된 개념으로 생태적 수용능력(carrying capacity)에 대한 이해가 필요하다. 생태적 수용능력은 생육에 좋은 조건일 때 생물의 성장 초기에는 기하급수적으로 증가하나 외부 및 내부의 영향으로 성장률이 감소하고 성장이 멈추게 되어 S자 형태의 성장곡선을 이루게 된다. 이때 더 이상 성장하지 않는 상태를 수용능력이라 하며 기호는 K로 표기한다. 생태환경문제는 자연형성과정에 의해 수용력 범위까지는 자정작용에 의해 스스로 조절 가능하며 이를 탄력성이라고 부른다. 반면에 수용능력의 한계를 벗어나면 자정능력을 상실하게 되어 조절 어려우며 이를 비가역성(비탄력성)이라고 한다. 리질리언스는 단순히 원래 상태로 복귀만을 의미하는 것이 아니라 위기 이전의 상태의 '안정성(Stability)'과 변화된 환경에 대한 '적응력(Adaptability)'을 확보하면서 새로운 수준의 '전환능력(Transformability)'까지 포괄한다.

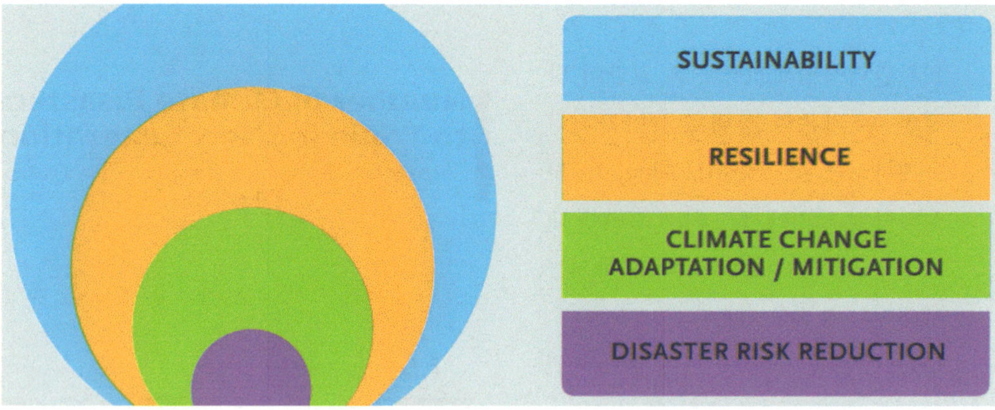

그림 131 지속가능성, 회복탄력성, 기후변화 적응 및 감축, 재해위기 저감 관계 (SMR, 2020)

2) 회복탄력도시

회복탄력도시(Resilient city)는 시공간 차원에 걸쳐 바람직한 기능으로 빠르게 유지 또는 복귀시키고 변화에 적응하며, 현재 또는 미래의 적응 능력을 제한하는 시스템을 빠르게 전환시킬 수 있는 능력을 가진 도시를 의미한다. 매우 유기적이고 스트레스나 위협으로부터 지속적인 전환을 추구하는 과정의 도시이며, 현재 도시가 직면한 문제를 전환(Transition) 과정을 통해 리질리언스 도시를 구현함으로써 지속가능성을 실현할 수 있다.

회복탄력도시는 도시 생태계가 예측되거나 혹은 예측되지 않은 피해까지도 견뎌낼 수 있도록 도시 생태계의 '회복력(resilience)'을 제고하는 것이 매우 중요하다. 여기서 회복력을 갖춘 도시란, 도시 내 기업과 기관, 지역 사회, 개인이 살아남고 적응하며 성장할 수 있는 능력을 갖춘 도시라고 할 수 있다.

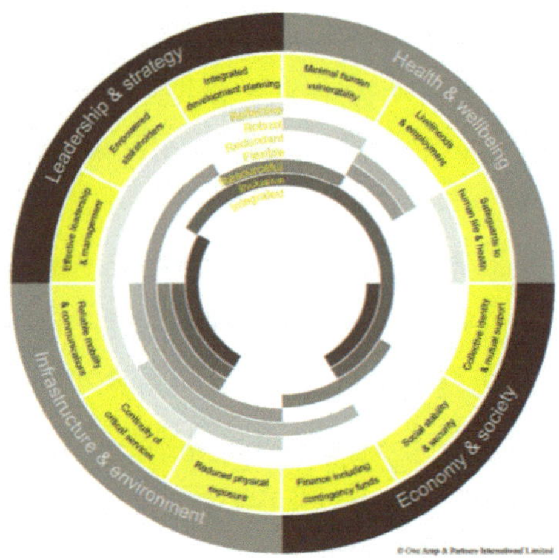

그림 132 회복탄력도시를 위한 기본요건 (Arup & Rockefeller Foundation, 2014)

회복력 있는 도시는 도시생태계 및 생태계 서비스 유지를 넘어 생태계가 그 자체로 기후변화에 맞서 회복력을 갖출 수 있어야 하며, 다음 사항을 요구한다.

(1) 도시 내 자연공간의 질, 양, 다양성 유지 및 개선

(2) 자연 공간 및 녹색 인프라의 활용 범위 확장, 활성화

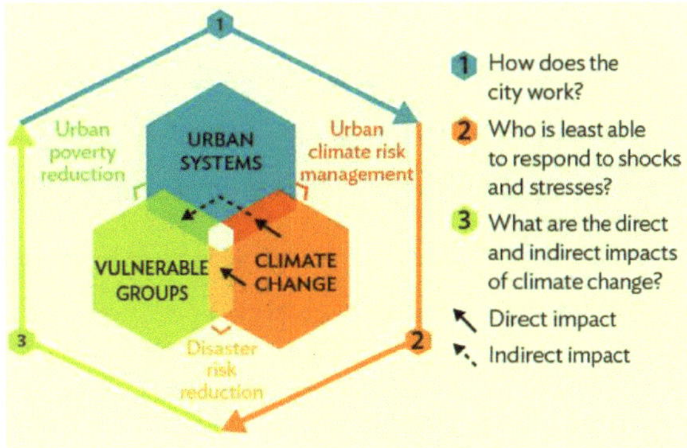

그림 133 기후변화에 대한 도시 리질리언스개념 다이어그램
자료: ADB(2014); Da Silva, et al.(2012)

3) 기후변화적응도시(City for Adaptation to climate change)

기후변화 적응 도시는 도시의 교통, 에너지, 건축, 수자원 관리 등의 물리적인 측면과 함께 생활패턴의 변화에 대한 요구, 취약계층 관리, 재난관리 및 헬스케어서비스 등의 비물리적 측면의 통합적인 전략이다.

기후변화 적응력을 증대시키기 위해서는 도시공간 위험요소에 대하여 분석하고 예측하는 능력은 물론 이에 대응하는 사회·생태학적 시스템의 다양성 확보가 중요하다.

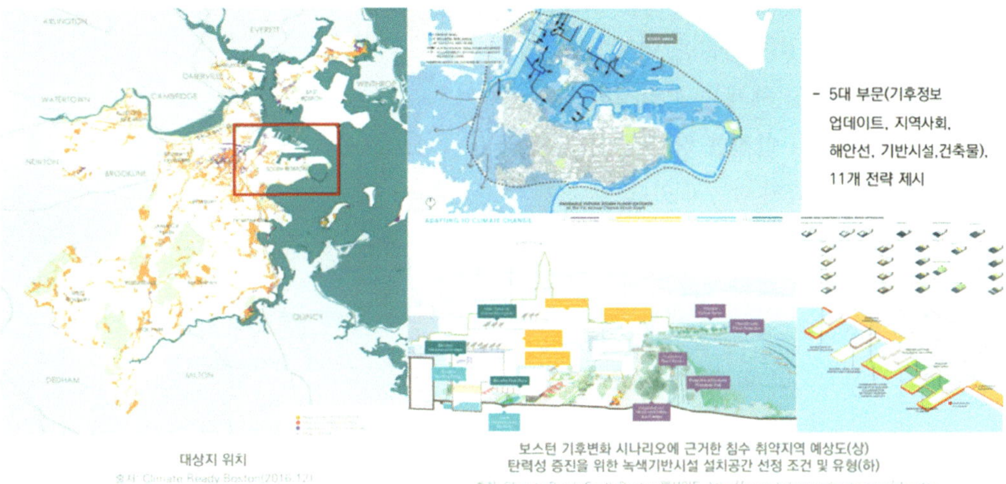

그림 134 보스턴 기후변화 적응도시
(자료: Boston, 2016)

도시생태계는 기후변화의 주요 요인인 온실가스 감축을 이루지 못한다면 폭염, 폭우, 해수면 상승 등의 기후 재난을 초래하게 된다. 보스턴시는 기후변화 시나리오에 따라 50년을 준비하는 기후변화 적응형 도시를 목표로 설정하여 미래 기후변화 위험성을 해결하기 위해 기후변화 영향력을 파악하고 취약성을 정량화하여 복원계획을 수립 추진하고 있다. 기후변화 시나리오에 근거하여 보스턴 침수 취약지역을 도출하고 회복탄력성 증진을 위한 그린인프라 설치공간을 선정하여 유형별로 추진한다.

4) 회복탄력도시 평가

기후 변화, 인구 증가 및 세계화로 인한 도전에도 불구하고 도시가 인간 거주, 생산 및 문화 발전의 중심지로 번창할 수 있는 능력은 회복력에 따라 결정된다. 회복력(Resilience)은 도시가 불리한 사건을 피하거나 다시 회복할 수 있는 능력으로 취약성과 적응력의 상호 작용에서 비롯된다. 취약성은 규모와 빈도 모두에서 도시가 충격에 노출되는 것으로서 인구 증가와 산업화는 많은 이점에도 불구하고 행성 체계를 불안정하게 만들고 이전의 안전한 장소를 이전보다 더 취약하게 만들고 있다. 또한 도시는 적응력이 있다. 거버넌스, 제도, 기술, 계획 성향 등의 요인들이 적응력에 영향을 끼친다. 회복탄력성은 도시가 적응 능력이 더 높을 때 증가하고 더 취약할 때 감소하게 되며, 이를 기준으로 세계에서 가장 중요한 도시 50곳의 회복탄력성을 수치화하였다(Grosvenor, 2014).

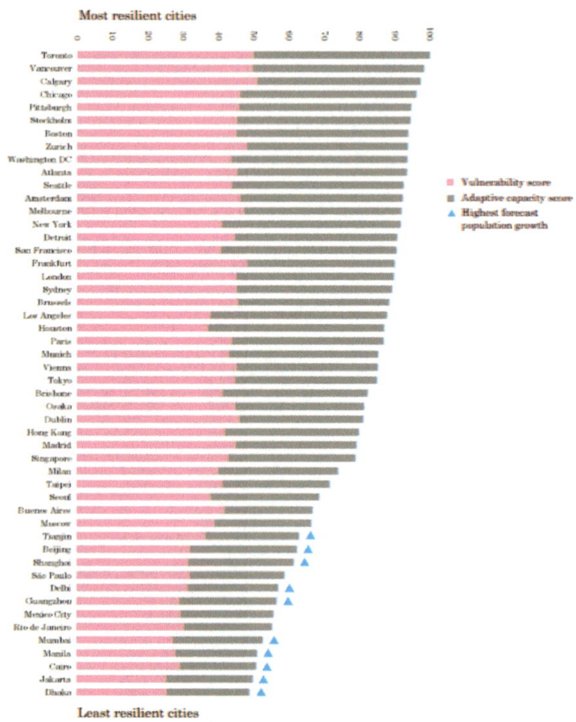

그림 135 회복탄력도시 평가
(자료: Grosvenor, 2014)

평가과정은 6단계로 구성된다.

1) 취약성과 적응력 핵심 구성 요소 결정.
2) 문헌자료를 바탕으로 각 구성 요소에 대한 데이터셋 구축.
3) 취약성과 적응력 데이터셋을 통합 평가할 수 있도록 데이터 분포와 단위를 동일한 순서형 순위 체계로 변환
4) 취약성과 적응력 각 개별 구성 요소에서 도시 순위 산정
5) 가중치가 없는 산술평균을 통해 취약성과 적응력에 대한 도시의 전체 순위 작성
6) 가중치를 산정한 가중평균을 산출하여 회복력 순위 산출

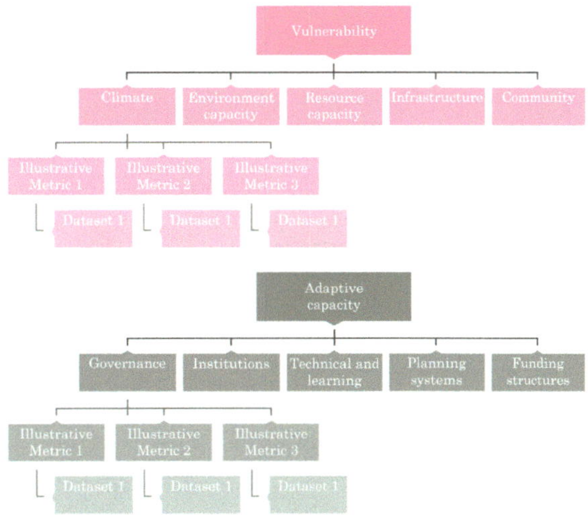

그림 136 회복탄력도시(회복력, 적응력) 평가 항목 및 단계
(자료: Grosvenor, 2014)

(2) 그린인프라와 회복탄력성

그린인프라(Green Infrastructure)는 생명을 유지하고 삶의 질을 풍요롭게 하는 다양한 필수 서비스를 제공하는 깨끗한 대기와 물, 자연자원을 유지하고 삶의 질과 생태계서비스를 증진시키는 오픈 스페이스, 공원 녹지 및 공공공간, 물과 습지, 숲과 정원, 농경지, 가로수, 야생동물 서식지, 입체녹화, 기타 생태공간의 네트워크이다. 그린인프라는 생태계서비스를 제공하고 생물다양성과 생태계 건강성을 보전, 복원, 향상하고 생물종의 부양 및 이동 등의 기반이 되는 녹지와 물 요소를 포함한다.

이러한 그린인프라는 생태계서비스 제공은 물론 기후재난/재해 등 도시와 생활공간의 회복탄력성을 증진시켜 안전하고 지속가능한 도시와 생활권을 유지하는 기능을 하게 된다.

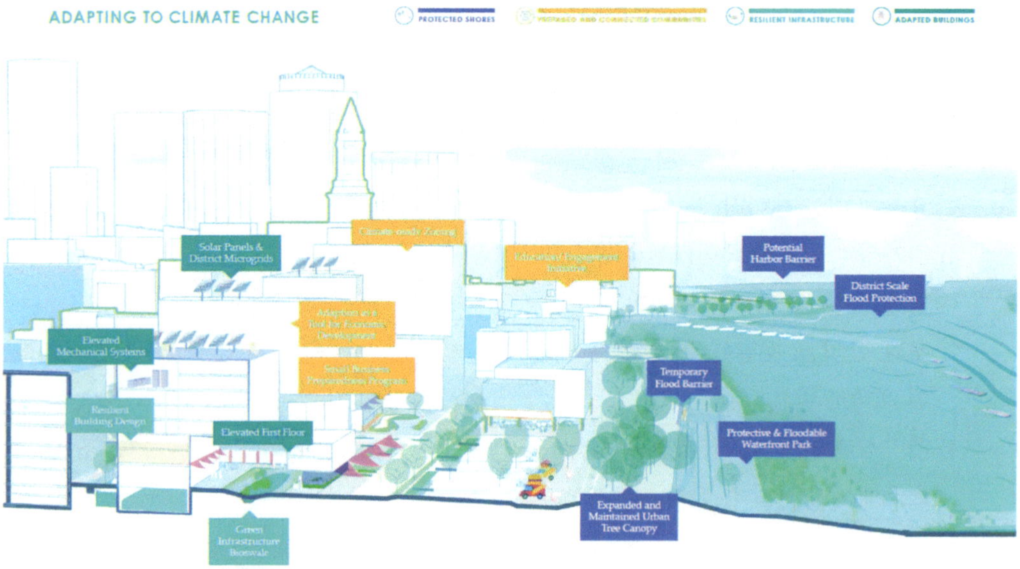

그림 137 회복탄력성 증진을 위한 그린인프라 설치공간 선정 조건 및 유형
(출처: Boston, 2016)

그림 138 블루그린 인프라는 도시의 회복력과 지속성 증진
(자료: Wetland International, 2018)

도시공간에 그린인프라를 도입하는 사례의 하나로서 파나마시의 후안 디아스 유역에서 빈번한 도시 홍수에 대한 해결책으로서 블루그린인프라를 구축함으로써 홍수 재해 위험을 방지하고 저감하기 위한 전략을 수립하였다(Wetland International).

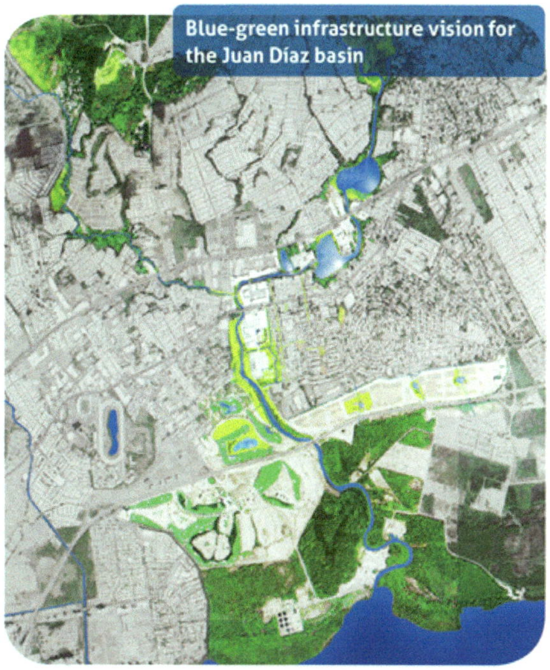

그림 139 파나마시 후안 디아스 분지의 홍수방지 그린인프라
(자료: Wetland International, 2018)

• 습지

기후변화는 극심한 자연재해를 야기하고 있으며 일상생활을 위협하고 있다. 자연재해의 90%는 물과 관련된 것이며 건강한 습지생태계는 이러한 재해의 영향을 줄이는 데 도움이 될 수 있다.

- 자연재해 보호: 습지는 홍수, 폭풍해일, 침식 및 폭염과 같은 다양한 극한 기상 현상으로부터 보호
- 물관리: 내륙, 건강한 하천 및 범람원과 소택지는 많은 양의 물을 저장하고 대수층을 보충할 수 있으므로 유해한 홍수와 토양 침하를 줄일 수 있을 뿐만 아니라 건기에 가뭄 피해 완화
- 기후변화 적응 및 완화: 습지는 기후변화에 적응하는 데 있어 장기적인 해결책을 제공하면서도 많은 양의 탄소배출량을 저장하는 생태계
- 시민참여: 도시환경에 습지를 통합하여 시민들이 휴양하고 자연과 다시 연결할 수 있는 살기 좋은 환경 조성
- 경제활동: 습지는 관광 외에도 생물다양성과 수산업 지원 가치

그림 140 그린인프라와 회복탄력성 - 습지
(자료: Wetland International, 2018)

(3) 회복탄력성 증진 사례

- 덴마크 코펜하겐 홍수예방

2011년 1,000년에 한번 기록될 만한 극심한 홍수 발생하여 재해 위험성이 증가하였는데, 대규모 홍수 원인은 지구온난화에 따른 해수면 상승으로 분석되었다. 이러한 홍수에 대한 대책으로 cloudburst concretization masterplan을 수립하였다. 이 종합계획은 부분적 계획이 아닌 도시 전체적인 계획이고, 도시의 기본적인 서비스이며 장기적인 탄력성 증대를 목표로 한다. 도시의 리질리언스를 증진시키기 위해 공원, 광장, 도로, 도시 운하, 녹색 길 조성 등 그린인프라를 중심으로 도시 전반적인 계획을 나타내고 모두 도시 내 하천과 발트해로 배출될 수 있게 연결하였다.

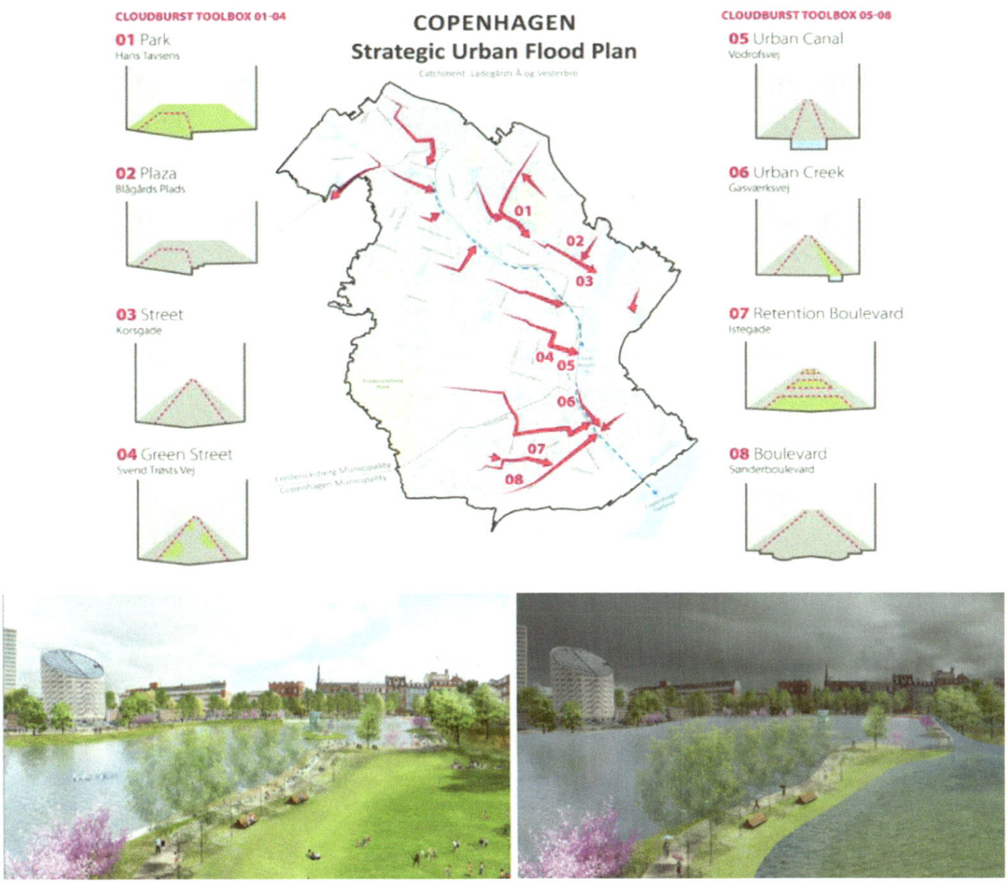

그림 141 코펜하겐 그린인프라 마스터플랜
(Larsen, 2015)

구체적으로는 다음 요소들이 적용되었다.

- 완충지역 지표면 유출량 저장: 홍수 시 공원을 일시적인 호수로 사용해 탄력적으로 대응이 가능하며 녹화를 통해 원활한 배수.
- 도로 지하에 배수가 가능하게 레인가든 형성.
- 투수성 포장 면적 확대: 지표면에 침투되는 빗물의 양을 증가시켜 하천, 하수관거로 짧은 시간 내 유출되는 빗물의 양을 증가시킬 수 있게 조성

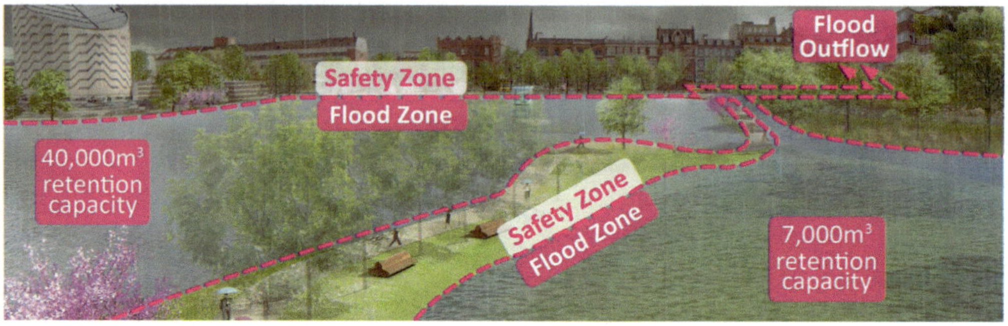

그림 142 코펜하겐 홍수재해 위험 분석
(Larsen, 2015)

출처 : http://www.landezine.com/index.php/2015/05/copenhagen-strategic-flood-masterplan-by-atelier-dreiseitl/

그림 143 코펜하겐 홍수재해 예방 저감을 위한 도로 레인가든
(Larsen, 2015)

• Bridging Berm / New York(홍수피해 완화 설계)

그림 144 뉴욕 맨하튼 공원녹지 연결하는 "더 하버 버름"(The Harbor Berm)
(자료: Hernandez, 2018)

뉴욕 맨하튼 해안지역의 회복탄력성을 증진시키고 홍수 피해를 최소화하기 위한 그린인프라 전략으로 다음과 같은 계획안이 제시되고 있다.

- 공원과 녹지를 연결하는 브릿징범(Bridging Berm)이나 12피트 제방 비탈면은 그린 인프라스트럭처 기능과 커뮤니티의 증진 효과
- 홍수 방지를 위해 생태학, 조경계획 및 환경계획, 생태복원 등의 학술적 이론을 근거로 적응형 경계(Adaptive Edge), 인프라스트럭처보호 시설인 얇은 경계(Thin Edge), 역동적 공간 활용이 가능한 두꺼운 경계(Thick Edge)로 계획
- 산호초 구조물인 '리프 스트리트(Reef Street)'가 해안침식의 진행을 막고 퇴적 작용을 유도하는 생태적 해법

• 리질리언스 증진 그린인프라 적지 분석(서울시 사례)

그림 145 서울시 리질리언스 취약지도 및 그린인프라 구축 전략
(자료: 서울시)

• 탄소흡수원 토양

식물 광합성 작용에 의해 고정된 탄소가 생물의 잔해로 토양으로 들어온 후 토양 내에서 분해 과정을 통해 토양 유기탄소가 축적되며, 느린 속도로 분해되면서 장기간 토양 속에 존재하며 지표면 위 토양 탄소 저장과 대기 CO_2와의 관계를 조정한다.

3. 생명정원도시

(1) 도시 속 정원, 정원 속 도시

도시문제에 대한 해답을 찾기 위한 노력은 다양한 형태로 진화하고 있다. Howard의 정원도시(garden city) 개념 이후, 크게는 광역도시권에서 작게는 지구 단위에 이르기까지 도시와 단지 수준에서 도시인의 삶의 질을 증진하기 위한 전략들이 제시되고 있다. 대표적으로 이상적 미래 도시의 하나로서 '정원도시(Garden city)'에서 '정원 안의 도시(City in a Garden)'로 진화되는 '생명경관의 정원도시(BioLandscape of Garden City)'를 들 수 있다.

• Howard의 정원도시(garden city) 운동

Howard의 정원도시운동(Garden City Movement)은 19C 빅토리아시대 노동자 주거단지, 공장도시, 광산도시 등의 과밀과 지저분함과 무계획적 도시에 대한 대안으로서, 도시(town)와 전원(country)의 장점을 복합한 3 Magnetics 개념으로 제시된다.

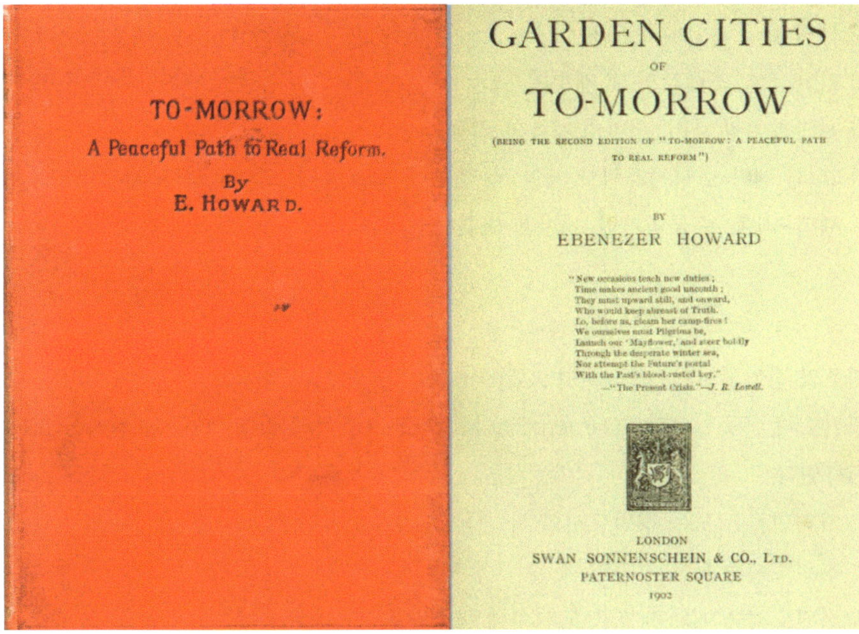

그림 146 Howard의 정원도시(garden city)
(왼쪽) To-morrow: A Peaceful Path to Real Reform(1898) / 초판
(오른쪽) Garden Cities of To-morrow(1902) / 개정판
(사진출처: https://en.wikipedia.org/wiki/Garden_Cities_of_To-morrow#/)

하워드의 정원도시는 도시(town)와 전원(country)의 복합 도시로서 도시(town)는 직업의 기회, 유흥, 높은 임금 등을 보장하고, 전원(country)은 아름다움과 신선한 공기, 싼 임대료 등의 장점이 있다. 이를 복합적으로 구현한 정원도시는 도시-전원(town-country)이라는 틀을 바탕으로 자본주의 경제 시스템 고려하면서도 개인과 지역사회 균형을 이루면서 녹지와 저렴한 가격의 주택이 충분히 제공되는 유토피아라는 사상을 담고 있다.

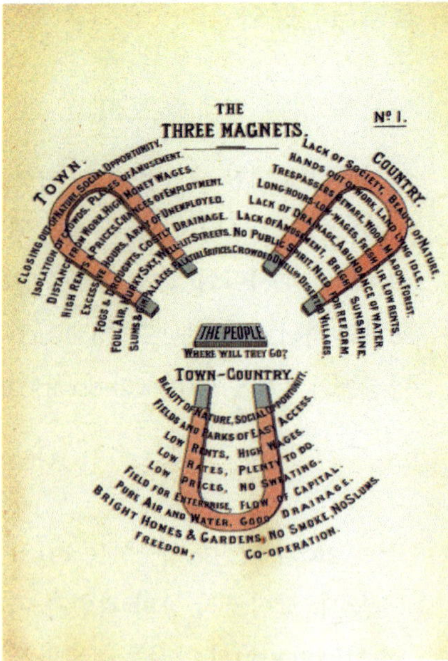

그림 147 3 Magnetics 개념. (Ebenezer Howard, To-morrow : A Peaceful Path to Real Reform.)

정원도시 세부 전략은 다음과 같다.

1) 인구 규모 제한
2) 토지공개념(임대 기간 99년, 250년, 999년 등)
3) 그린벨트와 농업지대: 도시의 물리적 확장 억제, 식량 자급자족
4) 산업 유치 자급자족 도시
5) 기반시설, 조세감면 및 재투자
6) 시민참여형 관리, 시민의 자유와 협동
7) 그 외 제반 도시시스템도 제안: 행정조직, 물공급시스템, 슬럼화되지 않고 매연 없는 도시, 세입-지출, 준공영기업, 지자체 대행사업, 기타

- New Garden City Movement

최초의 정원도시인 Letchworth Garden City 시장인 Philip Ross 시장은 2013년 새로운 미래의 정원도시 운동인 'New Garden City Movement'을 선언하고, 12개의 원칙들(principles)을 제시하였다.

1. 지역민들은 모두 정원도시의 시민들.
2. 정원도시는 모든 시민의 것.
3. 정원도시는 에너지 효율 도시이며 탄소제로 도시.
4. 시민 모두에게 거주와 일터 공간 제공.
5. 공정한 거래 원칙 수호.
6. 부의 공평한 분배.
7. 모든 시민은 평등하며, 또한 다름.
8. 공정한 대표권 및 직접 선거.

9. 시민참여형 계획 설계를 통한 정원도시 창조.

10. 권리의 도시 - 도시에 대한 권리를 수호.

11. 모든 지식은 공공에 의해 창출되고 분배되며 강화됨.

12. 복지와 조화의 평가 척도는 행복

- 미래도시는 생명정원 The city of To-morrow is the Bio Garden

하워드는 1903년 첫 번째 정원도시 Letchworth를 조성한 이후, 1920년 Welwyn 등을 조성하였고 이후 미국(뉴욕, 뉴저지, 보스턴, 버지니아, 로스엔젤리스 등), 캐나다(Cite Jardin, Montreal), 브라질, 페루, 호주, 이태리, 독일, 스톡홀름, 이스라엘, 부탄 등 세계의 다양한 도시들이 가든시티의 개념을 적용한 신도시나 도심 속 녹지공간 등과 저가 양질의 주택 등을 제공하는 정원도시 운동으로 확산되고 있다.

가든시티 운동을 거치면서 점차 21세기형 미래의 생명정원도시 개념이 정립되었다. 미래의 도시 즉 생명정원도시는 단순한 도시 속 녹지율을 증진시키는 물리적 전략을 넘어 시민 모두가 함께 하며 도시 전체를 아우르는 녹색 생명의 틀 안에서 도시 구조와 기능을 담는 전략이라고 할 수 있다.

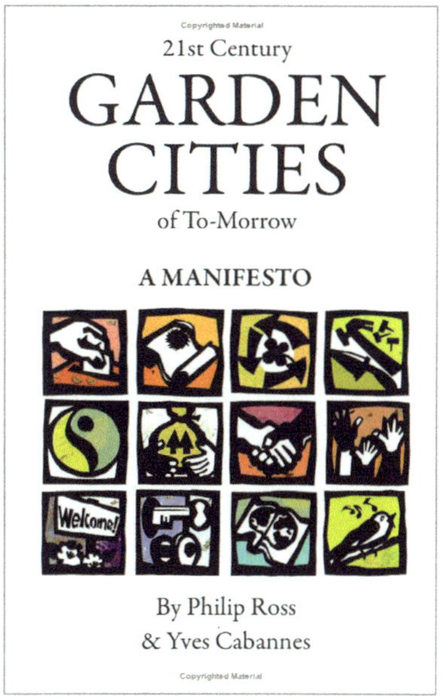

그림 148 미래의 가든시티 (Ross & Cabannes, 2013)

이 책에서는, '도시는 정원이다(The city is the Garden); Garden City'를 넘어 '미래의 도시는 생명정원이다(The city is the Bio Garden); BioLandscape of Garden City'라는 시각에서 접근해 보고자 한다.

(2) 싱가폴 생명정원도시 전략

1963년 6월 16일 싱가폴 Garden City program이 시작되었다. 주요 전략 및 계획으로는 건물 등 도시화지역에 식재, 가로수 및 가로녹지 조성, 자연보호구 및 핵심보호구역 확대, 시민을 위한 녹지 다양성 확충, 법제 정비(공원 및 수목법 등), 식생피복도 증진 등의 전략을 수립하였다.

그림 149 싱가폴 2030 생명정원도시 전략
(자료: Singapore)

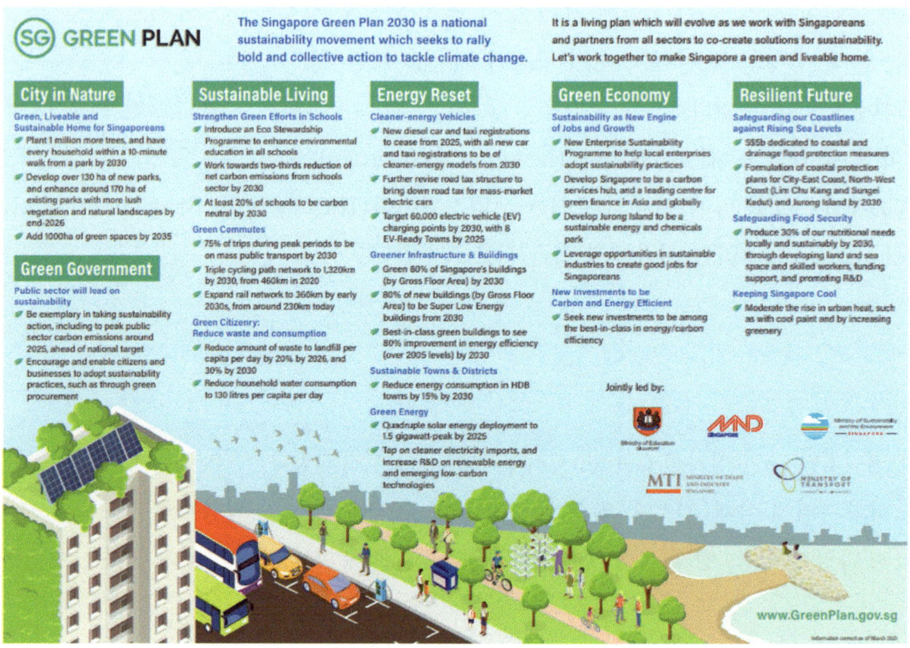

그림 150 Green Plan 2030 - 시민을 위한 녹지 다양성 확충

그림 151 National Biodiversity Strategy and Action Plan

5대 실천전략으로는 다음과 같은 전략을 설정하였다.

- Strategy 1: Safeguard Our Biodiversity 생물다양성 유지,
- Strategy 2: Consider Biodiversity Issues in Policy and Decision-making 정책수립이나 의사결정과정에서 생물다양성 고려,
- Strategy 3: Improve Knowledge of Our Biodiversity and the Natural Environment 생물다양성과 자연환경에 대한 지식 및 인식 증진,
- Strategy 4: Enhance Education and Public Awareness 교육 및 대중인식 증진,
- Strategy 5: Strengthen Partnerships with All Stakeholders and Promote International Collaboration 이해당사자 및 국내외 기구와 파트너쉽 강화

• 도시생물다양성을 위한 싱가폴지표(City Biodiversity Index)

도시 생물다양성 지수(City Biodiversity Index on City' Biodiversity) 또는 싱가폴 지수(SI)는 도시가 자신의 개별 기준선에 대해 생물다양성 보전 노력의 진행 상황을 평가하고 모니터링하기 위한 자체 평가 도구로서 23개 지표로 구성된다. 지표들은 1) 도시에 대한 배경 정보를 제공하는 "도시의 프로필"과 2) 싱가폴 '생물다양성 지수 사용자 매뉴얼'에 제공된 가이드라인(그림 152)과 방법론을 기반으로 토종 생물다양성, 생물다양성이 제공하는 생태계 서비스, 생물다양성의 거버넌스 및 관리를 측정하는 도구로 유용한 지표이다.

싱가폴 지수는 정량 지표로서 0~4점 사이의 5점 척도로 측정되며, 최대 점수는 총 92점이다. 각 도시별로 최초 평가년도를 기준년도로 하고, 생물다양성 보존에 대한 발전 현황을 도표로 나타내어 비교 평가할 수 있다.

SINGAPORE INDEX ON CITIES' BIODIVERSITY

PART I – Profile of the City

- Location and size (geographical coordinates (latitudes and longitudes); climate (temperate or tropical); rainfall/precipitation (range and average); including maps or satellite images where city boundaries are clearly defined)
- Physical features of the city (geography, altitude, area of impermeable surfaces, information on brownfield sites, etc.)
- Demographics (including total population and population density; the population of the region could also be included if appropriate, and for the purpose of placing it in the regional context)
- Economic parameters (Gross Domestic Product (GDP), Gross National Product (GNP), per capita income, key economic activities, drivers and pressures on biodiversity)
- Biodiversity features (ecosystems within the city, species within the city, quantitative data on populations of key species of local importance, relevant qualitative biodiversity data)
- Administration of biodiversity (relevant information includes agencies and departments responsible for biodiversity; how natural areas are protected (through national parks, nature reserves, forest reserves, secured areas, parks, etc.)
- Links to relevant websites including the city's website, environmental or biodiversity themed websites, websites of agencies responsible for managing biodiversity

PART II - Indicators

Core Components		Indicators	Maximum Score
Native Biodiversity in the City	1.	Proportion of Natural Areas in the City	4 points
	2.	Connectivity Measures	4 points
	3.	Native Biodiversity in Built Up Areas (Bird Species)	4 points
	4.	Change in Number of Vascular Plant Species	4 points
	5.	Change in Number of Bird Species	4 points
	6.	Change in Number of Butterfly Species	4 points
	7.	Change in Number of Species (any other taxonomic group selected by the city)	4 points
	8.	Change in Number of Species (any other taxonomic group selected by the city)	4 points
	9.	Proportion of Protected Natural Areas	4 points
	10.	Proportion of Invasive Alien Species	4 points
Ecosystem Services provided by Biodiversity	11.	Regulation of Quantity of Water	4 points
	12.	Climate Regulation: Carbon Storage and Cooling Effect of Vegetation	4 points
	13.	Recreation and Education: Area of Parks with Natural Areas	4 points
	14.	Recreation and Education: Number of Formal Education Visits per Child Below 16 Years to Parks with Natural Areas per Year	4 points
Governance and Management of Biodiversity	15.	Budget Allocated to Biodiversity	4 points
	16.	Number of Biodiversity Projects Implemented by the City Annually	4 points
	17.	Existence of Local Biodiversity Strategy and Action Plan	4 points
	18.	Institutional Capacity: Number of Biodiversity Related Functions	4 points
	19.	Institutional Capacity: Number of City or Local Government Agencies Involved in Inter-agency Co-operation Pertaining to Biodiversity Matters	4 points
	20.	Participation and Partnership: Existence of Formal or Informal Public Consultation Process	4 points
	21.	Participation and Partnership: Number of Agencies/Private Companies/NGOs/Academic Institutions/International Organisations with which the City is Partnering in Biodiversity Activities, Projects and Programmes	4 points
	22.	Education and Awareness: Is Biodiversity or Nature Awareness Included in the School Curriculum	4 points
	23.	Education and Awareness: Number of Outreach or Public Awareness Events Held in the City per Year	4 points
		Native Biodiversity in the City (Sub-total for indicators 1-10)	**40 points**
		Ecosystem Services provided by Biodiversity (Sub-total for indicators 11-14)	**16 points**
		Governance and Management of Biodiversity (Sub-total for indicators 15-23)	**36 points**
		Maximum Total:	**92 points**

그림 152 도시생물다양성을 위한 싱가폴 지표

(자료: Chan et al., 2014)

- "Garden City"에서 "City in a Garden"으로

이러한 전략을 바탕으로 싱가폴은 전통적인 가든시티를 넘어 정원 속 도시라는 적극적인 생명정원도시 전략을 수립하였다.

1) 세계적 수준의 정원(world-class gardens) 조성
2) 도시공원의 활력을 되찾고 거리풍경을 활성화
3) 도시공간을 녹지와 레크레이션으로 최적화
4) 생물다양성이 풍부한 도시환경 조성
5) 정원산업(도시경관 및 원예산업 등) 활성화
6) 녹색이 심화된 싱가폴을 공동 창출할 수 있도록 지역사회 참여와 의식 고취

표 8 싱가폴 City in a Garden 전략

1. 세계 수준 정원(world-class gardens) 조성

2. 도시공원 활력을 되찾고 거리풍경 활성화

3. 도시공간을 녹지와 레크레이션으로최적화

4. 생물다양성이 풍부한 도시환경 조성

5. 정원산업(도시경관 및 원예산업 등)활성화

6. 녹색이 심화된 싱가폴을 공동 창출할 수 있도록 지역사회 참여와 의식 고취

(3) 생명정원도시 구현을 위한 3목표 14전략(Browning et al., 2014)

3 목표:

- 목표 1. 자연이 풍부한 도시 Nature in the Space (7전략)
- 목표 2. 자연에서 배우는 언어 Natural Analogues (3전략)
- 목표 3. 공간의 자연 Nature of the Space (4전략)

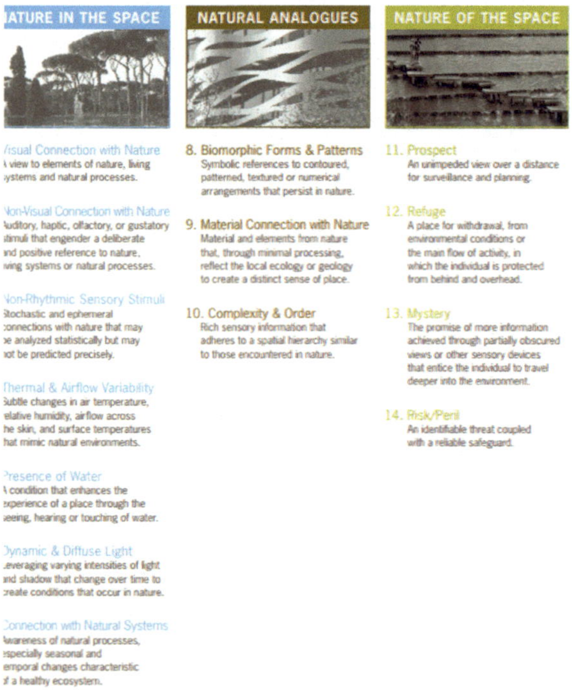

그림 153 생명정원도시 구현을 위한 3목표 14전략 (Browning et al., 2014)

	14 PATTERNS	•	STRESS REDUCTION	COGNITIVE PERFORMANCE	EMOTION, MOOD & PREFERENCE
NATURE IN THE SPACE	Visual Connection with Nature	• • •	**Lowered blood pressure and heart rate** (Brown, Barton & Gladwell, 2013; van den Berg, Hartig, & Staats, 2007; Tsunetsugu & Miyazaki, 2005)	**Improved mental engagement/ attentiveness** (Biederman & Vessel, 2006)	**Positively impacted attitude and overall happiness** (Barton & Pretty, 2010)
	Non-Visual Connection with Nature	• •	**Reduced systolic blood pressure and stress hormones** (Park, Tsunetsugu, Kasetani et al., 2009; Hartig, Evans, Jamner et al., 2003; Orsega-Smith, Mowen, Payne et al., 2004; Ulrich, Simons, Losito et al., 1991)	**Positively impacted on cognitive performance** (Mehta, Zhu & Cheema, 2012; Ljungberg, Neely, & Lundström, 2004)	**Perceived improvements in mental health and tranquility** (Li, Kobayashi, Inagaki et al., 2012; Jahncke, et al., 2011; Tsunetsugu, Park, & Miyazaki, 2010; Kim, Ren, & Fielding, 2007; Stigsdotter & Grahn, 2003)
	Non-Rhythmic Sensory Stimuli	• •	**Positively impacted on heart rate, systolic blood pressure and sympathetic nervous system activity** (Li, 2009; Park et al, 2008; Kahn et al., 2008; Beauchamp, et al., 2003; Ulrich et al., 1991)	**Observed and quantified behavioral measures of attention and exploration** (Windhager et al., 2011)	
	Thermal & Airflow Variability	• •	**Positively impacted comfort, well-being and productivity** (Heerwagen, 2006; Tham & Willem, 2005; Wigö, 2005)	**Positively impacted concentration** (Hartig et al., 2003; Hartig et al., 1991; R. Kaplan & Kaplan, 1989)	**Improved perception of temporal and spatial pleasure (alliesthesia)** (Parkinson, de Dear & Candido, 2012; Zhang, Arens, Huizenga & Han, 2010; Arens, Zhang & Huizenga, 2006; Zhang, 2003; de Dear & Brager, 2002; Heschong, 1979)
	Presence of Water	• •	**Reduced stress, increased feelings of tranquility, lower heart rate and blood pressure** (Alvarsson, Wiens, & Nilsson, 2010; Pheasant, Fisher, Watts et al., 2010; Biederman & Vessel, 2006)	**Improved concentration and memory restoration** (Alvarsson et al., 2010; Biederman & Vessel, 2006) **Enhanced perception and psychological responsiveness** (Alvarsson et al., 2010; Hunter et al., 2010)	**Observed preferences and positive emotional responses** (Windhager, 2011; Barton & Pretty, 2010; White, Smith, Humphryes et al., 2010; Karmanov & Hamel, 2008; Biederman & Vessel, 2006; Heerwagen & Orians, 1993; Ruso & Atzwanger, 2003; Ulrich, 1983)
	Dynamic & Diffuse Light	• •	**Positively impacted circadian system functioning** (Figueiro, Brons, Plitnick et al., 2011; Beckett & Roden, 2009) **Increased visual comfort** (Elyezadi, 2012; Kim & Kim, 2007)		
	Connection with Natural Systems				**Enhanced positive health responses; Shifted perception of environment** (Kellert et al., 2008)
NATURAL ANALOGUES	Biomorphic Forms & Patterns	•			**Observed view preference** (Vessel, 2012; Joye, 2007)
	Material Connection with Nature			**Decreased diastolic blood pressure** (Tsunetsugu, Miyazaki & Sato, 2007) **Improved creative performance** (Lichtenfeld et al., 2012)	**Improved comfort** (Tsunetsugu, Miyazaki & Sato 2007)
	Complexity & Order	• •	**Positively impacted perceptual and physiological stress responses** (Salingaros, 2012; Joye, 2007; Taylor, 2006; S. Kaplan, 1988)		**Observed view preference** (Salingaros, 2012; Hägerhäll, Laike, Taylor et al., 2008; Hägerhäll, Purcella, & Taylor, 2004; Taylor, 2006)
NATURE OF THE SPACE	Prospect	• • •	**Reduced stress** (Grahn & Stigsdotter, 2010)	**Reduced boredom, irritation, fatigue** (Clearwater & Coss, 1991)	**Improved comfort and perceived safety** (Herzog & Bryce, 2007; Wang & Taylor, 2006; Petherick, 2000)
	Refuge	• • •		**Improved concentration, attention and perception of safety** (Grahn & Stigsdotter, 2010; Wang & Taylor, 2006; Wang & Taylor, 2006; Petherick, 2000; Ulrich et al., 1993)	
	Mystery	• •			**Induced strong pleasure response** (Biederman, 2011; Salimpoor, Benovoy, Larcher et al., 2011; Ikemi, 2005; Blood & Zatorre, 2001)
	Risk/Peril	•			**Resulted in strong dopamine or pleasure responses** (Kohno et al., 2013; Wang & Tsien, 2011; Zald et al., 2008)

그림 154 생명정원도시 구현을 위한 14patterns
(Browning et al., 2014)

(4) 매슬로우 욕구 위계와 생명정원도시

매슬로우의 욕구 위계를 정원이나 공원 등 생태적 사회적 공간과 연계하여 설명하면 다음과 같이 설정할 수 있다(박미옥, 2017).

1) 초월 욕구 - 생명정원도시

- 정원은 자연과 문화의 연결고리이며 상징
- 신화창조와 존재에 대한 기초적 의문을 표현

2) 자아실현 욕구

3) 심미적 욕구

공원에서 아름다움은 경험, 토론, 도전, 성취.

4) 인지적 욕구

- 정원에서 역사 문화, 생태, 심미적 지식 구현

5) 자존의 욕구

- 사적 정원은 상징성으로 작용
- 공원은 장소(도시) 이미지 구현

6) 소속감과 애정 욕구

- 정원과 공원은 사회적 만남과 사교의 장소, 스포츠 운동장, 사회계층에 문화적 경험 제공

7) 안전 욕구

- 잘 가꾸어진 공원과 정원은 이용자에게 안전하게 시간을 보낼 수 있도록 함

8) 생물학적, 생리적 욕구

- 정원은 식량생산의 도구와 기술 상징

그림 155 매슬로우 욕구 위계와 생명정원도시
(자료: 박미옥, 2017)

(5) 바이오필릭 시티(Biophilic city)

Beatley & Newman(2013)는 '친환경 도시'나 'Biophilic city' 등이 'Resilient Cities' 모델이라고 하였다. 바이오필릭 시티는 자연과 매일 밀접하게 접촉할 수 있는 환경이 조성된 도시로서 자연에 대한 인식과 배려를 담고 있다. 인간이 자연에 대한 선천적인 사랑과 자연과의 연결에 대한 욕구와 필요성을 가지고 있다는 생각에서 출발하며, 독특하고 다양한 환경 속에서 자연을 더욱 풍부하게 만들기 위해 계획과 디자인이 자연세계를 주민들의 일상 속에 풍부하게 담아내는 도시이다. Beatley(2020)는 자연은 단지 여기저기 공원에서 발견할 수 있는 것이 아니라 도시를 공원, 또는 숲으로 다시 상상할 필요가 있다고 하면서, 바이오필릭 시티를 '지속가능한 도시(sustainable cities)', '회복탄력 도시(resilient cities)', '재생 도시(regenerative cities)' 등과 유사하면서도 자연을 인프라의 일부로 보지 않고 도시의 자연화를 강조한다는 점에서 차별성이 있다고 하였다.

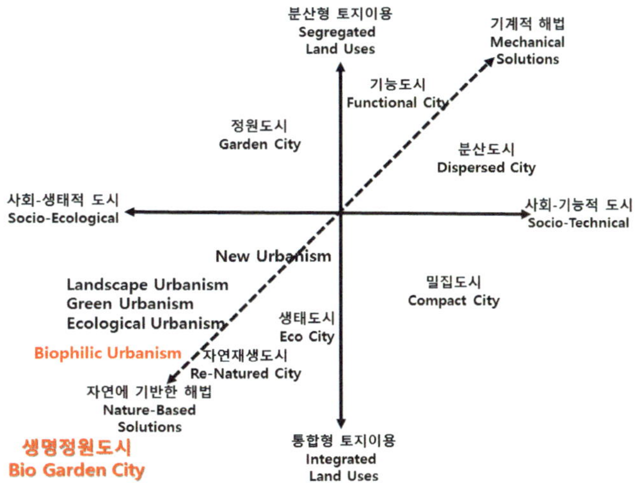

그림 156 도시 흐름과 회복탄력 도시
박미옥(2016)의 그림을 수정

비틀리와 뉴먼(2013)은 'Green Urbanism' 발표 이후 'Biophilc City' 모델을 개발하고, 경제, 사회, 생태학적으로 도시의 장기적인 리질리언스를 구축할 수 있게 해줄 수 있다고 설명하고 있다.

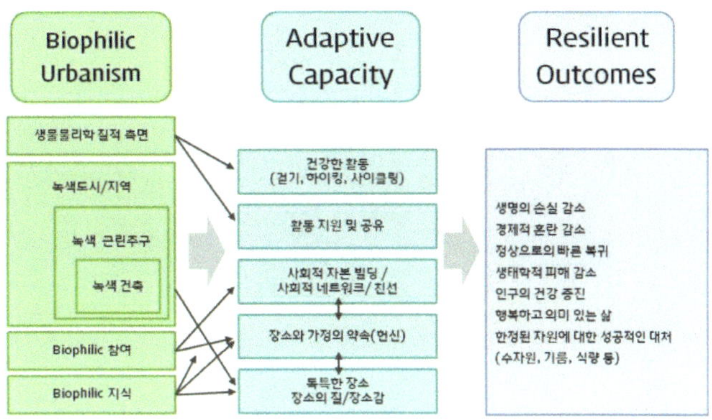

그림 157 도시 리질리언스를 위한 Biophilic urbanism의 흐름
출처: Beatley & Newman(2013)

기후변화로 인해 엄청난 압력에 직면하고 있는 도시문제에 대한 핵심적인 대응전략은 나무와 도시공원, 녹지, 습지 등 생태적으로 도시를 냉각시키는 것과 같은 자연과 자연에 기반한 해결책(NbS)이 되어야 한다는 점을 강조한다.

(6) Biophilic Urbanism

1980년대 초반 올라가 윌슨(E. O. Wilson)에 의해 생명사랑(biophilia)은 인간과 자연 생명체가 선천적으로 감정적인 교감을 하여 하나가 되는 것이라고 정의되었다. 바이오필릭어바니즘은 생태 및 지속성, 생명사랑, 도시디자인, 인간과 생물다양성 등이 어우러져 형성되는 이념적, 사상적 흐름을 말하며, 생명사랑도시는 바이오필릭 어바니즘 이념을 구현한 물리적 실체라고 할 수 있다. 생명정원도시는 사회-생태적 도시구조에 통합적 토지이용을 구현하고 있으며, 고전적 정원도시와 생태도시, 자연재생도시 등을 통합한 개념이다. 생명정원도시의 배경에는 랜드스케이프 어바니즘에서 그린(또는 에코) 어바니즘을 넘어 바이오 어바니즘의 이념과 사상을 기반으로 한다.

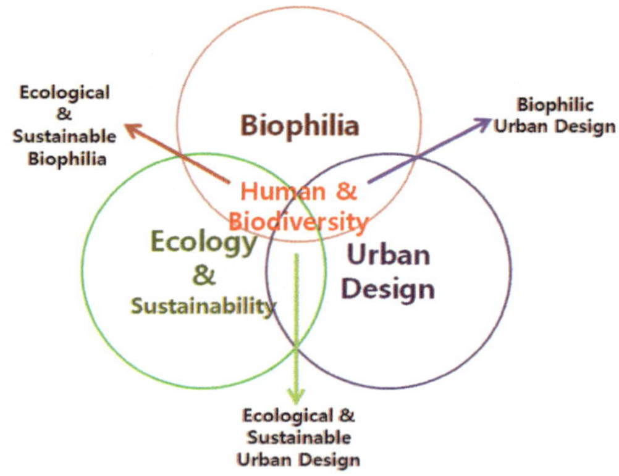

그림 158 바이오필릭 어바니즘
(자료: 박미옥, 2017)

그림 159 도시를 바라보는 시각의 변화와 생명정원도시
(자료: 박미옥, 2017)

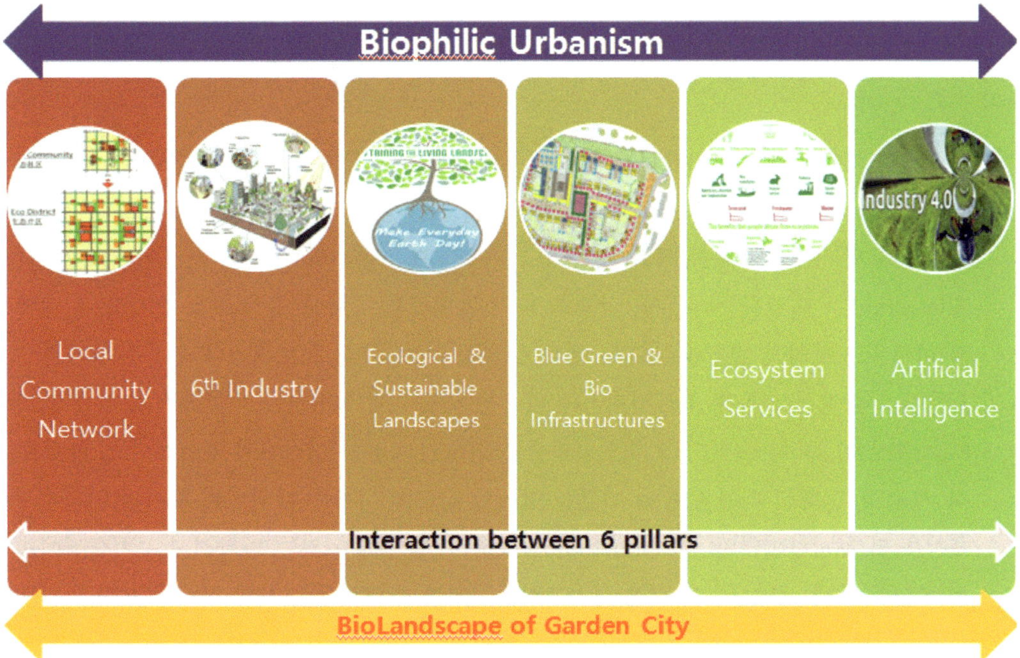

그림 160 바이오 어바니즘 전략: 6 pillars
(자료: 박미옥, 2017)

4. 녹색사회와 녹색치유

(1) 비의료 치유

비의료적 치유는 질병을 치료하는 행위가 아니라 건강한 삶을 누릴 수 있도록 돕고 면역력을 높이며 스트레스를 감소시키는 등의 치유활동이다.

병원에서 약물이나 수술을 통해 병을 고치는 의료적 '치료(treatment, remedy)'와는 달리, '치유(healing)'는 의료활동이 아닌 인체의 자기 복원성을 강화하여 심리적, 감성적, 신체적 안정과 회복을 도모하고 병을 다스리는 행위 등을 말하며, 특히 스트레스나 우울증과 같은 사회적 질환이나 환경성 질환을 회복시키거나 마음을 깨끗하게 정화하는 비의료적 행위를 의미한다. Kaiser(1994), Linton(1995) 등의 연구자들에 의하면 치유는 영적이며 경험적이고, 환경적, 심리적, 사회적, 문화적 지원을 통해 건강한 상태로 접근해 나가는 행위이며 환자의 인간적 측면에 초점을 맞추는 하이터치(high touch)가 중요하다. 반면에 치료는 과학적이고 기술적이며 의학적 수단을 통해 질병상태를 건강상태로 회복시키는 행위로서 환자의 신체에 초점을 맞추는 하이테크(high tech)가 중요하다.

비의료 치유에는 생태문화자원을 활용하여 재활과 상담을 포함한 건강의 회복과 유지, 증진을 도모하기 위한 활동은 물론 휴양, 여가 등 동적 혹은 정적 활동을 통해 심신의 재충전을 도모하여 불안감을 해소하려는 예방관리 기능도 포함한다.

비의료 치유는 치료기관에서 치료를 받고 있는 경증 환자들에게도 심신 회복, 생활습관 개선 등 신체와 건강을 회복하는데 보조적 효과가 있다.

중장기적으로 의료기관에서 의사, 한의사 등의 처방에 따라 경증환자들에게 비의료 치유 활동을 허용하는 것도 가능할 것이다. 다만, 이런 경우에 기존에 수행되던 치유활동을 제도적으로 규제하는 것은 오히려 비의료 치유의 활성화에 역행하는 것이므로 지나친 제도화로 비의료 치유가 제한되지 않도록 하는 것이 중요하다.

이와 같이 제도적으로는 법에서 정한 정의와 기준이 어느 정도까지는 갖추어졌다고 판단되며, 지자체 조례나 각종 기본계획에 반영하려는 노력이 필요하다고 하겠다.

내용적으로는 비의료 치유를 위한 다양한 프로그램 개발, 다양한 유형의 치유정원 조성, 빅데이터 구축을 위한 비의료 치유 진단키트 개발 등 일반화 보편화하기 위한 노력이 시급한 과제이다.

비의료 치유는 기후위기 시대 기후불안과 미세먼지, COVID-19 등 기후불안 세대가 경험하고 예측하는 현재와 미래의 '불안'을 해소하기 위한 유력한 에코힐링 수단이다. 정신적으로나 신체적으로 스트레스나 우울증 같은 사회적 질환이나 환경성 질환의 회복만을 대상으로 하지 않으며, 정상적인 삶을 살아가는 모든 사람들을 위한 예방관리의 의미가 매우 크다.

(2) 녹색치유

녹색치유는 생태문화자원이 지니는 생태계서비스와 원초적인 치유기능을 확장하여 자연기반(NbS)의 비의료적 치유 수단으로 활용하게 된다. 국내외 중요 학술논문 데이터베이스 KCI와 RISS에 등재된 학술지 데이터와 박사학위논문 데이터베이스에서 '치유'라는 키워드로 도출된 학회지(65,302편)와 학위논문(102,532편)을 텍스트마이닝(text mining) 기법으로 분석한 결과, 녹색치유 유형으로 그린케어, 생태치유, 환경치유, 자연치유, 정원치유, 해양치유, 산림치유, 원예치유, 농업치유 등으로 구분할 수 있었다. 결국 녹색치유란 사람에 적합한 스트레스 등의 치유목적에 따라 해양, 정원, 숲, 산림 등 자연환경에서 활동을 수행하는 행위를 의미한다.

녹색치유는 도시문제와 같이 현대 사회문제에서 발생되는 스트레스와 특히 최근의 코로나블루와 같이 앞으로도 발생할 수 있는 각종 감염병 등 질환과 환경성 질환에 의한 스트레스 등 심리적 아픔과 사회적 질환에 대한 녹색복지의 핵심 전략이라고 할 수 있다. 이렇게 녹색복지의 가장 효과적인 수단으로서 녹색치유라는 틀을 만들고 대상자별 속성에 적합한 정원치유 프로그램 개발이 필요하다.

기후위기의 재난과 재해 위험에 상시 노출된 기후불안 세대에게 불안감을 해소하고 신체적·정신적 건강 증진과 생태계서비스 확대 등과 같은 생태적 삶의 질 향상은 물론, 폭염, 홍수, 감염증 등 기후재해 취약성을 근원적으로 해소하고 회복탄력성을 증진시키는 에코힐링과 녹색치유가 가장 효과적인 해답이 될 것이다.

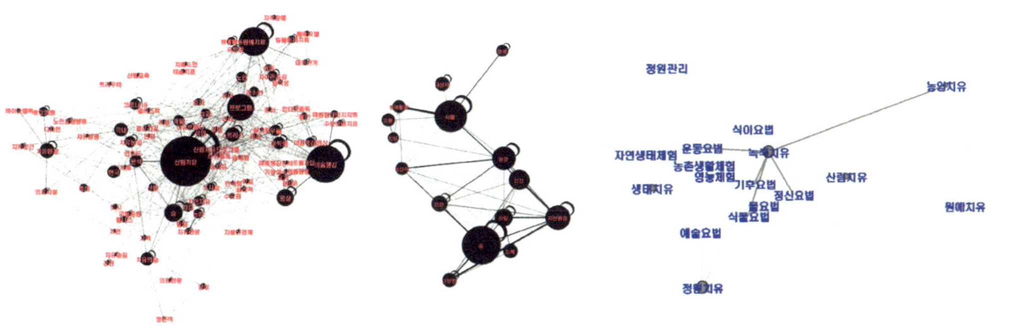

비의료치유 범주 | 비의료치유 개념 | 녹색치유 활동

그림 161 텍스트마이닝으로 도출한 비의료치유 및 녹색치유 개념
(자료: 박미옥 등, 2022)

(3) 정원치유

정원치유 활동은 의료적 치료가 아닌 비의료적 치유로서, 생활권 주변에서 일상적인 정원활동과 운동요법을 통해 정원에서 녹색치유 활동을 수행함으로써 스트레스나 우울감, 정신질환과 같은 사회적 질병을 치유하고, 건강한 삶을 회복하기 위한 실천수단이다.

정원치유의 효과를 검증하기 위해 2021~2023년에 진행한 '사회적 약자 가드닝 치유 프로그램' 사례를 살펴 보면, 정원치유 프로그램 활동 전후 뇌파검사 측정 결과 좌뇌와 우뇌 점수가 균등하게 증가되고 이성적 기능과 감성적 기능이 균등하게 발전하였고, 스트레스 척도 검사에서는 우울증과 스트레스가 모두 0.1% 신뢰수준에서 정원치유 활동의 효과성이 검증됐다. 유사한 사례로 영국의 Eden Project는 정원치유 프로그램을 통해 참가자 100% 전원의 정신건강이 개선되었고 50%는 더 이상 의료서비스 필요성을 느끼지 않았다고 하여 정원치유와 사회적 처방을 통해 정신건강부터 당뇨에 이르기까지 대안적 치료 수단으로서의 효과를 확인할 수 있었다.

정원법(수목원 정원의 조성 및 진흥에 관한 법률) 제2조에 의하면 "정원치유"란 정원의 다양한 기능과 자원을 활용하여 신체적, 정신적 건강을 회복하고 유지·증진시키는 활동을 말한다. 정원법 제4조에서는 정원의 종류를 정하고 있는데, 주제정원의 하나로 치유정원을 '정원치유를 목적으로 조성하는 정원'으로 규정하고 있고, 정원치유프로그램과 연계하여 정원을 구성하고 프로그램 및 활동에 필요한 식물을 식재할 것을 규정하고 있다.

외국의 경우 주요 선진국들은 대부분 사회적 처방 수단으로 정원치유를 중심으로 다양한 형태의 비의료 치유를 시행하고 있다.

영국에서는 중앙정부에서 전문적인 정책 마련을 위한 전담 부서를 설치하고 '사회적 처방(Social prescription)' 정책의 하나로 녹색처방(Green prescription)을 시행하고 있는데, 이든프로젝트(Eden Project)를 포함하는 다양한 정원치유 프로그램이 녹색처방의 대표적인 사례로서 정원치유 전문가에 의해 수행되고 있다. Eden Project는 빅토리아 시대 영국의 대표적인 정원이었으나 폐허가 된 정원-헬리건의 잃어버린 정원(The Lost Garden of Heligan)을 새롭게 복원하여 치유와 힐링, 친환경 교육 공간으로 재창조한 프로젝트를 의미한다. 프랑스에서는 병원과 호텔 등에서 정원치유를 중심으로 한 비의료 치유 활동이 활성화되고 있으며, 그 외 미국, 호주 등지에서 유사한 목적과 수단으로 비의료치유가 사회적 처방 정책에 의해 수행되고 있다.

정원치유는 작게는 우리 집안과 동네 또는 지역사회와 같은 생활권 내에서 일상생활을 통해 쉽게 접근해서 치유와 힐링의 기회를 얻을 수 있다는 점에서 차별성과 강점이 있다. 특히 보행 접근성이 불리하여 이동이 불편한 사회적 취약계층에게는 가장 효과적이면서도 거의 유일한 기회라고 할 수 있다. 정원은 꽃과 식물, 물, 햇빛과 산소, 음이온, 피톤치드 그리고 여러 가지 정원 기능과 자원을 통해 정원을 찾는 사람들이 신체적 정신적 건강을 회복할 수 있도록 돕고 치유할 수 있는 효과적인 수단이다.

참고문헌

1. 관계부처 합동. 2021. 지속가능발전목표(K-SDGs).
2. 기획재정부. 신성장 4.0 추진전략 추진계획 보도자료.
3. 기획재정부. 2023. 비상경제장관회의 보도자료.
4. 박미옥. 2017. 생명경관의 정원도시화 전략: 산업사회 가든시티를 넘어 21세기 바이오가든시티로의 진화. 4차산업혁명시대의 생명경관도시. 한국바이오텍경관도시학회 2017 학술발표회.
5. 박미옥. 2023. 기후위기와 미래사회, 교양 원격수업(이러닝) 교과목 개발, 나사렛대학교 오웬스교양대학 연구보고서.
6. 박미옥, 진혜영, 서주영, 구본학. 2022. 텍스트마이닝 기법을 활용한 정원치유 개념과 활동의 정의에 관한 연구. 한국정원디자인학회지 8(3) : 208~216.
7. 서울대학교. 2013. 미래 대기환경 전망을 위한 RCP시나리오 활용 연구 (II). 국립환경과학원 보고서.
8. 에너지경제연구원. 2022. 2021 에너지통계연보.
9. 유네스코 아시아태평양 국제이해교육원. 2021. 평화문화를 만들어 가는 세계시민교육. 2022 개정 교육과정을 위한 제안.
10. 한국가스공사. 2020. 에너지 이야기 132.
11. 한국에너지공단 신재생에너지센터. 2021.「신재생에너지 보급 통계」
12. 환경부. 2022. 한국형 녹색분류체계(K-Taxonomy).
13. 박미옥, 진혜영, 서주영, 구본학. 2022. 텍스트마이닝 기법을 활용한 정원치유 개념과 활동의 정의에 관한 연구. 한국정원디자인학회지 8(3) : 208~216.
14. AACU. 2007. College Learning for the New Global Century.
15. APCEIU. 2021. Fostering Global Citizenship for a Peaceful and Sustainable Future. 2021 APCEIU Annual Report.
16. APPA. 2019. Blue Energies: A big challenge for Europe.
17. Boston. 2016. Climate Ready Boston.
18. Browning,W. Ryan, C.O., Clancy, J. 2014. 14 Patterns of Biophilic Design: Improving Health and Well-Being in the Built Environment. : Terrapin Bright Green llc.

19. Burck,J., Uhlich,T., Bals, C., Hohne,N., Nascimento,L., Tavares,M., Strietzel,E. 2022. Climate Change Performance Index. 2023. Germanwatch, NewClimate Institute, Climate Action Network International.
20. Carson, R. 1962. Silent Spring. Mariner Books Classics.
21. Chan, L., Hillel, O., Elmqvist , T., Werner , P., Holman , N., Mader, A. and Calcaterra , E., 2014. User's Manual on the Singapore Index on Cities' Biodiversity (also known as the City Biodiversity Index). Singapore: National Parks Board, Singapore.
22. Chung, B., Park, I.Y. 2016. A Review of the Differences between ESD and GCED in SDGs: Focusing on the Concepts of Global Citizenship Education. J. of international cooperation in education 18 : 17-35.
23. DAVOS FORUM. 2021~2023. World Economic Forum Annual Meeting.
24. EIA. 2013. Technically Recoverable Shale Oil and Shale Gas Resources: An Assessment of 137 Shale Formations in 41 Countries Outside the United States.
25. Encyclopedia Britannica. 2012.
26. Energy Education (https://energyeducation.ca/encyclopedia/Types_of_hydrogen_fuel)
27. Global Footprint Network. 2009. Ecological Footprint Standards 2009. Oakland: Global Footprint Network.
28. Goodland, R. 1995. The Concept of Environmental Sustainability. Annual Review of Ecology and Systematics. Vol. 26, pp. 1-24. World Bank.
29. Grosvenor. 2014. RESILIENT CITIES : A GROSVENOR RESEARCH REPORT.
30. Greenroof.com. (https://www.greenroofs.com/projects/copenhill/)
31. HARDIN, G. 1968. The Tragedy of the Commons: The population problem has no technical solution; it requires a fundamental extension in morality. SCIENCE 162(3859) : 1243-1248. DOI: 10.1126/science.162.3859.1243.
32. Hernandez, D. 2018. Design Disruption Episode 8: Resilience and Community with Kai-Uwe Bergmann. Archdaily.
33. Hidalgo, A. 2020. Le Paris du quart d'heure. Dossier de Presse. Paris en Commun.
34. IAEA. 2021 IAEA ANNUAL REPORT 2021.
35. Trivedi, S., Srtvastava,S. 2022. Fact Sheet: Green taxonomies explained. IEEAF.
36. IPCC. 2000. IPCC SPECIAL REPORT EMISSIONS SCENARIOS. A Special Report of IPCC Working Group III.

37. IPCC. 2007. Climate Change 2007. Synthesis Report.
38. IPCC. 2014. Climate Change 2014. Synthesis Report.
39. IPCC. 2018. Global Warming of 1.5℃. Special Report.
40. IPCC. 2021. Climate Change 2021. The Physical Science Basis. Summary for Policymakers.
41. Jung,M., Arnell,A., deLamo,X., García-Rangel,S., Lewis,M., Mark,J., & Visconti,P. 2021. Areas of global importance for conserving terrestrial biodiversity, carbon and water. Nature Ecology & Evolution, 1-11.
42. Kwater 시화호조력발전소. 조력발전원리. https://www.kwater.or.kr/
43. KEPCO. 신재생에너지현황 (https://home.kepco.co.kr/)
44. Larsen, H. 2015. Copenhagen Strategic Flood Masterplan.
45. Meadows, DH., Meadows, DL., Randers, J., Behrens III, WW. 1972. Potomac Associates - Universe Books.
46. MEXT (Ministry of Education, culture, Sports, Science and Technology) JAPAN. ESD.
47. National Footprint Accounts. 2016. Working Guidebook to the National Footprint Accounts: 2016.
48. OECD. Education at a Glance 2016 - Indicators. 2016.
49. OAK LIDGE National Laboratory, 2013. ORNL researchers improve soil carbon cycling models.
50. One Point Zero. 2020. Our Shocking Success.
51. Powell, S., Oakes-Ash, L., Curtis P., Harris, J. 2021. Net Zero Transport : The Role of Spatial Planning and Place-based Solytions. RTPI.
52. REN21. 2020. RENEWABLES 2020 GLOBAL STATUS REPORT
53. Ross & Cabannes. 2013. 21st Century Garden Cities of To-morrow.
54. Rutgers University Livingston Campus. Open Space Design Guidelines
55. Sealy. 2023. Renewable Energy Studies.
56. SMR(Smart Mature Resilience). 2020. European Resilience Management Guideline.
57. Tokyo. 2019. Zero Emmission Tokyo Strategy.
58. UNCED. 1992. REPORT OF THE UNITED NATIONS CONFERENCE ON ENVIRONMENT AND DEVELOPMENT.

59. UNESCO. 2014. Global Citizenship Education: Preparing Learners for the Challenges of the twenty-first Century.
60. UK Forest Research, 2018. https://www.forestresearch.gov.uk/tools-and- resources / statistics/forestry-statistics/forestry-statistics-2018/uk-forests -andclimate-change/forest-carbon-stock/
61. UNESCO. 2015. Education 2030 : Incheon Declaration and Framework for Action for the implementation of Sustainable Development Goal 4.
62. UNESCO. 2020. Global Citizenship Education: Topics and Learning Objectives. 2015.
63. UNESCO. 2020. Education for sustainable development: a roadmap. https://doi.org/10.54675/YFRE1448.
64. UNOSA(UN Office for Outer Space Affairs). 2022. The United Nations Platform for Space-based Information for Disaster Management and Emergency Response (UN-SPIDER).
65. US Energy Information Administration. 2023. (https://www.eia.gov/energyexplained/hydropower/)
66. US Forest Research. 2020 RPA Assessment.
67. Wang, L. SLA unveils year-round ski slope to cap Copenhagen's massive trash incinerator. InHabitat 2018.1.4.
68. WCED. 1987. Report of the World Commission on Environment and Development: Our Common Future.
69. WEF. 2023. Climate change: 5 charts from the IPCC report that show why every increment of warming matters.
70. WEF. 2024. The Global Risks Report 2024. 19th Ed. Insight Report.
71. Wilson, E.O. 2016. Half-Earth: Our Planet's Fight for Life. Liveright.
72. WWF. 2019 WWF-US Annual Report.
73. Zafar, S. 2022. An Introduction to Biomass Energy.

색인

[3]

[A]

[B]

[C]

[D]

[E]

[F]

[G]

[H]

[I]

[L]

[M]

[N]

[O]

[P]

[R]

[S]

[T]

[U]

[W]

[Z]

[ㄱ]

[ㄴ]

[ㄷ]

[ㄹ]

[ㅁ]

[ㅂ]

[ㅅ]

[ㅇ]

[ㅈ]

[ㅊ]

[ㅌ]

[ㅍ]

[ㅎ]

기후위기와 미래사회
Climate Crisis & Future Society

초판발행 | 2024년 8월 5일

저　　자 | 박미옥
발 행 인 | 이성범
발 행 처 | 문운당
주　　소 | 서울시 종로구 혜화로5길 16(명륜1가 45-3)
전　　화 | (02)762-6010
팩　　스 | 영업 (02)745-0265 / 편집 (02)762-8758
이 메 일 | 영업 munun2@daum.net
편집 munundang@naver.com
홈페이지 | http://munundang.co.kr

ISBN 979-11-5692-769-3 (93520)

• 본 연구는 2024년도 나사렛대학교 학술연구지원비로 이루어졌습니다.

정가 23,000원